北京仲裁

BEIJING ARBITRATION QUARTERLY

BIAC 北京仲裁委员会 Beijing Arbitration Commission 北京国际仲裁中心 Beijing International Arbitration Center

第 113 辑（2020年第3辑） Vol. 113（2020, No. 3）

主　办：北京仲裁委员会／北京国际仲裁中心
协　办：中国国际私法学会
武汉大学国际法研究所

中国法制出版社
CHINA LEGAL PUBLISHING HOUSE

目录

特载

专论

办案札记

Contents

2019年商事仲裁中文文献综述

王思敏　郑春媛　贺万忠 *

● 摘　要

基于对2019年收录于各中文数据库、国家图书馆以及纸质期刊上的商事仲裁中文类研究文献的整理，本综述梳理和归纳了2019年中文类商事仲裁研究的主要内容和基本特点。2019年商事仲裁中文类研究文献在数量上较去年有所增长；研究内容主要集中于仲裁协议、仲裁程序、司法监督与审查、涉外仲裁裁决的承认与执行、“一带一路”与自贸区仲裁以及特殊领域的仲裁等事项，其中国际投资领域的仲裁问题仍然是一大热点。而随着“一带一路”倡议的推进，对此背景下商事仲裁问题的研究也保持着较高热度。专家们在继续探讨我国仲裁制度中传统研究板块的相关事项的同时，还聚焦于国内外实践中涌现的新的法律现象及立法动态，对相关问题进行深挖剖析，形成众多创新理论成果，为我国仲裁制度进一步完善提供经验借鉴和学理支持。

● 关键词

商事仲裁　研究综述　理论与实务研究　中文文献

---

* 王思敏，外交学院法律硕士研究生；郑春媛，外交学院法律硕士研究生；贺万忠，外交学院国际法系教授。

Abstract：Based on the collation of Chinese research documents on commercial arbitration in 2019 collected in various Chinese databases，the National Library and several paper periodicals，this research summary has covered and highlighted their main content and basic characteristics. Overall，the number of the aforementioned research documents exceeds that of last year. In terms of research field，2019 has seen a concentrated study on arbitration agreement，arbitral procedure，judicial review of arbitration，recognition and enforcement of foreign arbitral awards，International commercial arbitration in the context of One Belt And One Road，free trade zone arbitration and arbitration in special areas，among which the international investment arbitration is still a hot topic. With the promotion of One Belt And One Road initiative，the commercial arbitration issues under this background have also maintained a high degree of heat. While continuing to discuss the relevant issues in the traditional research section of Chinese arbitration system，scholars and experts also focus on the new legal phenomena and the latest legislative developments emerging in practice at home and abroad，carrying out in-depth analysis of the relevant issues，forming a number of innovative theoretical achievements，which provides experience and theoretical basis for the improvement of Chinese arbitration system.

Key Words：commercial arbitration，research summary，research on theory and practice，Chinese literature

一、2019 年商事仲裁中文类研究文献概况与数据来源

2019 年我国仲裁机构受理案件数量大幅增长。其中，北京仲裁委员会/北京国际仲裁中心，依其 2019 年度工作总结，2019 年共受理仲裁案件 6732 件，比上一年度同期增加 1860 件，增长率为 38.18%；共审结仲裁案件 5868

件，同比增加1743件，增长率为42.25%；结案标的额959.08亿元，同比增加459.28亿元，增长率为91.89%。仲裁实践的发展为商事仲裁理论研究的发展提供了强劲的动力和丰富的源泉。

据不完全统计，2019年商事仲裁期刊论文共262篇，著作7部。上述所指研究文献主要源自中国知网（CNKI）、北大法宝等主要中文数据库、纸质期刊以及国家图书馆。笔者在这些平台上均以"仲裁"作为关键词进行搜索，并挑选其中以商事仲裁为研究对象的中文研究文献。

（一）著作类研究文献

2019年著作类研究文献共7部，包括《中国商事争议解决年度观察（2019）》[①]、仲裁法学基础问题研究2部[②]、仲裁案例汇编1部[③]、仲裁法律实务研究1部[④]以及国外仲裁制度研究2部[⑤]。

（二）论文类研究文献

262篇期刊论文中，发表于《中文社会科学引文索引来源期刊2019—2020年目录》（CSSCI来源期刊目录）中24种法学来源期刊的论文共8篇，发表于非核心期刊上的论文共254篇。在非核心期刊中，《北京仲裁》《武汉仲裁》以及《仲裁研究》等专业性仲裁研究期刊上发表的文献共39篇（参见图一）。

依研究文献所涉内容，2019年期刊论文主要涉及以下事项：仲裁协议、可仲裁性、仲裁程序、第三方资助制度、司法监督与审查、仲裁裁决的承认与执行、多元化纠纷解决机制、"一带一路"与自贸区、特殊领域的仲裁、仲裁制度的发展与改革以及仲裁的域外立法等（参见图二）。

---

① 北京仲裁委员会/北京国际仲裁中心编：《中国商事争议解决年度观察（2019）》，中国法制出版社2019年版。

② 常英编：《仲裁法学》，中国政法大学出版社2019年版；李广辉、林泰松：《仲裁法学》，中国法制出版社2019年版。

③ 吴尚伟主编：《秦皇岛仲裁委员会仲裁案件精选汇编》，人民法院出版社2019年版。

④ 张春良等：《中国涉外商事仲裁法律实务》，厦门大学出版社2019年版。

⑤ 韩平：《中英仲裁法比较研究》，厦门大学出版社2019年版；傅攀峰：《法国国际商事仲裁制度研究》，中国社会科学出版社2019年版。

此外，与上一年度研究情况比较，研究文献所涉主要事项与上一年度基本保持一致，研究热点的分布情况没有改变。其中，关于仲裁程序、第三方资助制度、仲裁裁决的承认与执行、仲裁制度发展与改革的论文数量与上一年度相差不大，有关仲裁协议、司法监督与审查、域外立法的论文数量稳中有升，而关于"一带一路"与自贸区仲裁、特殊领域仲裁的论文数量则有较大幅度的增长（参见图三）。

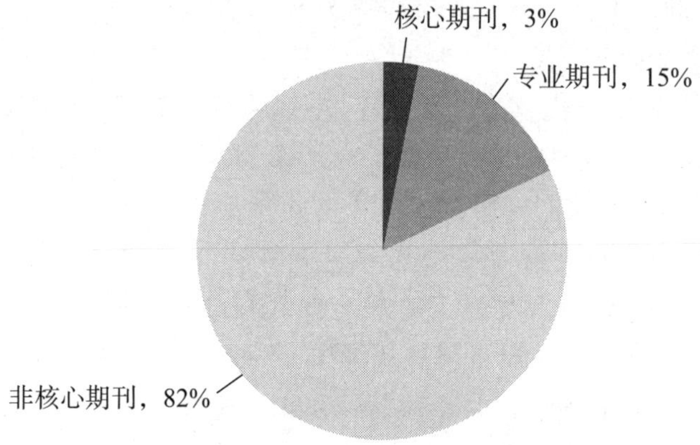

图一　2019 年商事仲裁中文研究期刊论文来源情况

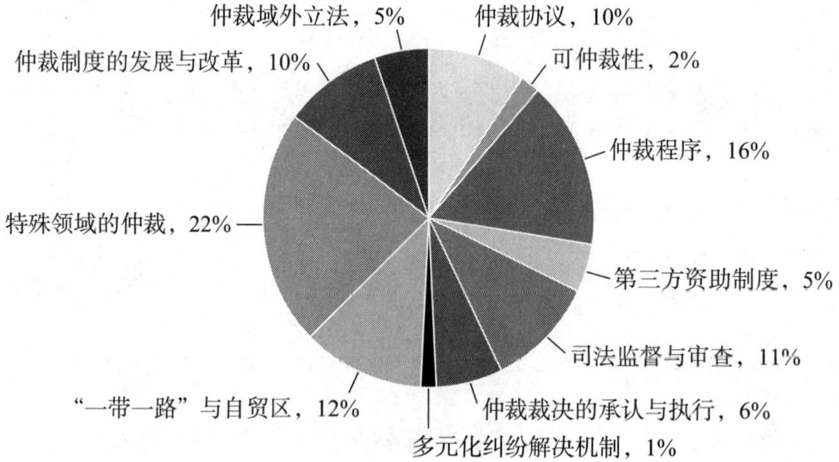

图二　2019 年商事仲裁中文期刊论文研究内容情况

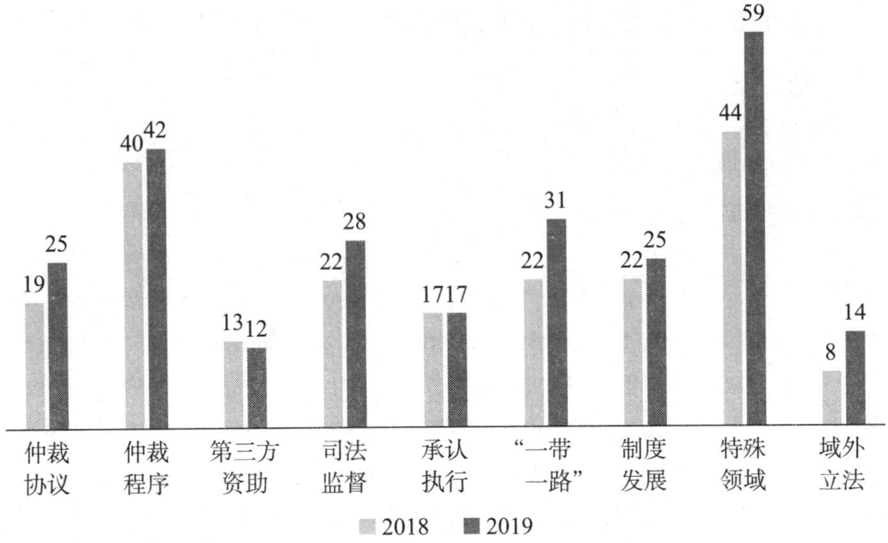

图三 2018—2019年商事仲裁中文期刊论文主要研究内容情况对比

二、商事仲裁著作类研究文献基本内容

《中国商事争议解决年度观察（2019）》初衷不改，延续往年体例，经由商事仲裁、商事调解以及建设工程、房地产、能源、国际贸易、投资、金融、知识产权、影视、民用航空十一篇报告，通过对2018年度各领域法律法规、监管环境、裁判思路的总结分析，评述、归纳各领域争议解决发展状况，展望未来发展趋势。

而在学术层面，《法国国际商事仲裁制度研究》以2011年《法国仲裁法》为中心，以仲裁程序的展开过程为路径，研究法国国际商事仲裁制度，以弥补目前外国国际商事仲裁研究不足，并为将来中国仲裁法的修订提供素材，及选择以巴黎为仲裁地的中国企业提供实务方面的参考。[①]《中英仲裁法比较研究》则通过对我国仲裁法制度和英国仲裁法模式的比较研究，探讨法院在仲裁中的应然作用，探索中国仲裁法中亟须完善之处及相应的完善之策。[②]

① 傅攀峰：《法国国际商事仲裁制度研究》，中国社会科学出版社2019年版。

② 韩平：《中英仲裁法比较研究》，厦门大学出版社2019年版。

三、商事仲裁论文类研究文献基本内容

专家们立足仲裁现实问题和需要，或探索前沿性问题，形成诸多高质量的学术成果。

（一）仲裁协议

1. 法律适用

仲裁协议是仲裁的基础。而对于涉外案件中仲裁协议的法律适用问题，有论者以新加坡 BNA 案为视角，认为影响仲裁协议法律适用的因素主要有三个：一是主合同准据法对仲裁协议的可适用性问题；二是仲裁协议独立性对仲裁协议法律适用的影响；三是尽量使仲裁协议有效原则。① 而我国传统实践中对仲裁条款独立性的谨慎解读致使仲裁协议法律适用和主合同法律适用之间的割裂。为此应修改相关规定，允许将主合同准据法适用于仲裁协议；同时引入有效性原则，使法官得以适用最有利于仲裁协议生效的准据法。②

2. 效力扩张

学者们探讨不同情况下仲裁协议的效力扩张问题。

关于《中华人民共和国合同法》（以下简称《合同法》）第 402 条、第 403 条适用对仲裁条款效力的影响，有论者认为《合同法》第 402 条属于显名主义在内容和方式上的缓和，仍产生直接代理的法律效果，代理人在授权范围内与交易相对人达成的仲裁协议条款可直接拘束于被代理人和交易相对人。而《合同法》第 403 条所规定的，属于大陆法系概念体系中债权让与和债务承担的特殊形态。在委托人行使介入权或第三人行使选择权时，仲裁条款作为整个合同权利义务的有机组成部分，也应当对债务人或委托人发生扩张的效力。③ 至于仲裁协议对保险代位人的效力，我国法律并无明文规定，实践中也做法各异。最高人民法院在相关案例中的基本观点是除非保险人同意，原则上没有约束力。而域外国家或地区则普遍认可仲裁协议对保险人的效力。

① 陈挚：《论仲裁协议效力问题的法律适用——以新加坡 BNA 案为视角》，载《上海法学研究》2019 年第 17 卷，第 151–159 页。

② 陈挚：《论主合同准据法对仲裁条款的可适用性——以有效性原则为视角》，载《仲裁研究》2019 年第 2 期，第 20–29 页。

③ 刘东：《〈合同法〉第 402 条、第 403 条对仲裁协议效力问题的适用》，载《北京仲裁》2019 年第 1 期，第 1–22 页。

这导致在相关涉外案件中我国法院判决在外国被拒绝承认和执行现象。有论者因此认为，从私法自治原则、保险代位权和债权受让的相似性以及仲裁协议和诉讼管辖协议的相似性等角度看，应当认定仲裁协议对保险人有效。[①] 也有论者认为，保险代位求偿权属于法定的债权让与，保险人在支付保险金额限度内全面继受被保险人与第三者的权利义务，因而有效的仲裁协议可以直接约束保险代位人。[②] 此外，也有学者对主合同仲裁条款效力的延伸 [③] 进行了研究。

合同的类型也会影响仲裁协议效力延及第三人问题。有论者认为，在建设工程施工合同中，承包人订立仲裁条款是为了将该合同所产生的纠纷交由信赖的仲裁机构管辖。因此，若实际施工人依照该合同主张权利，基于禁反言原则和仲裁协议效力的可扩张性，应当认为承包人负有相应的仲裁义务。[④] 而对于前期物管合同，有论者认为仲裁条款的效力不应当然及于业主。[⑤]

3. 侵权纠纷

关于数人侵权情况下仲裁协议的约束力，有论者首先从解释论上明确了侵犯财产利益、人格利益、财产权和人格权复合纠纷的可仲裁性，并提出需要根据具体仲裁协议的表述来确定仲裁事项的范围。其次可以通过当事人之间的仲裁合意及是否成立固有共同诉讼具体判断仲裁协议的效力，而在立法论上应将涉及数人侵权的仲裁协议效力审查排他性地交给仲裁庭，并提出未来或可通过引入仲裁第三人的形式解决该问题。[⑥]

---

① 孔金萍:《仲裁协议对保险代位权人的效力》，载《社会科学辑刊》2019 年第 5 期，第 80–85 页。

② 王晓利、蔡俐:《有效仲裁协议直接约束保险代位求偿权人》，载《人民司法》2019 年第 8 期，第 72–75 页。

③ 张军滋:《主从合同中仲裁条款适用范围若干问题研究》，载《福建法学》2019 年第 1 期，第 59–62 页；郭志勇:《仲裁协议效力扩张的实证分析——以主合同仲裁条款对保证合同纠纷的效力为视角》，载《黑龙江工业学院学报（综合版）》2019 年第 6 期，第 83–89 页。

④ 陈忠谦:《合同相对性突破与仲裁协议效力扩张的辩证关系研究——兼谈其在建设工程施工合同中的适用》，载《仲裁研究》2019 年第 1 期，第 1–9 页。

⑤ 吴进:《前期物管合同仲裁条款效力是否当然及于业主》，载《西部学刊》2019 年第 4 期，第 44–47 页。

⑥ 宋春龙:《数人侵权纠纷中仲裁协议效力问题研究》，载《仲裁研究》2019 年第 2 期，第 65–75 页。

此外，也有学者对仲裁协议独立性原则[①]、提出仲裁协议效力异议的期限[②]、涉外因素对仲裁协议有效性的影响[③]、航次租船合同仲裁条款并入提单的有效性问题[④]、股权转让中仲裁条款的约束力范围[⑤]、分支机构注销后仲裁条款对法人的约束力[⑥]、网络用户服务格式合同中仲裁条款的效力[⑦]以及仲裁条款的约定方法[⑧]进行了研究。

（二）可仲裁性

仲裁是当事人意思自治的结果，但并非任何争议都可提交仲裁解决。虽然各国规定的可仲裁争议范围不同，但总体上呈现扩大的趋势。有论者认为我国法律对于可仲裁性的规定过于原则和模糊，需要对相关条款进行修改。[⑨]

具体而言，关于公司法纠纷的可仲裁性，有论者通过对我国立法和实践的分析以及对德国、俄罗斯做法的比较研究，提出了三个层次的初步建议：一是修改《中华人民共和国仲裁法》（以下简称《仲裁法》）可仲裁性一般条款，给公司法纠纷的仲裁留下足够空间；二是针对公司法纠纷的特殊性，通过立法或者判例确认一些公司法纠纷的可仲裁性；三是仲裁机构可以尝试制定发布公

① 王生长：《仲裁协议独立性要义——中国国际商事法庭第一案述评》，载《上海法学研究》2019年第17卷，第25–33页。

② 涂雅丽：《我国仲裁协议效力异议提出期限问题研究》，载《牡丹江大学学报》2019年第10期，第36–39页。

③ 罗芳：《国际化视野下的仲裁协议有效性认定》，载《石家庄学院学报》2019年第5期，第49–54页。

④ 张振安：《从国际仲裁角度谈〈海商法〉的修改》，载《中国远洋海运》2019年第12期，第52–53页；刘鹏：《我国航次租船合同仲裁条款并入提单研究》，载《法制博览》2019年第27期，第117、119页。

⑤ 廖东江：《浅析股权转让合同仲裁条款约束力范围——以韩某请求变更公司登记纠纷案为例》，载《法制与经济》2019年第9期，第59–61页。

⑥ 万巍：《分支机构注销后仲裁条款对法人是否仍然有效》，载《法制与社会》2019年第2期，第56–57页。

⑦ 许文韬：《网络用户服务格式协议中仲裁条款的效力》，载《人民法治》2019年第10期，第44–49页。

⑧ 苏云鹏、张丽妍：《国际仲裁条款解析》，载《法人》2019年第7期，第78–80页。

⑨ 魏艳霞：《国际商事争议可仲裁性问题的法律研究》，载《知识经济》2019年第27期，第61–62页；谢坚荣：《民商事争议事项可仲裁性标准及立法考察》，载《法制博览》2019年第24期，第221、223页。

司法纠纷特别仲裁规则与示范条款。[①] 此外，也有论者对股东派生仲裁的可行性进行了分析。[②]

（三）仲裁程序

1. 早期处置机制

为降低当事人的仲裁成本、防止商事仲裁领域的滥诉、提高仲裁效率，早期处置机制在国际商事领域应运而生。实践中，驳回当事人仲裁请求和作出简易裁决是早期处置机制的两种实现路径。前者直接将明显缺乏法律依据的仲裁请求驳回，具有更强的确定性；后者则赋予仲裁庭更宽泛的自由裁量权。有论者认为，一个理想的仲裁早期处置机制需要结合两种不同路径，在防范滥诉与保障当事人获得救济的权利、仲裁庭权力与程序正当原则、快速程序与程序冗余三对相互关联又相互矛盾的价值取向中寻求平衡。因此，仲裁机构在构建早期处置机制时应设立更加明确的适用标准，为当事人提供充分表达意见的机会，并对早期处置程序的每一个具体环节设置明确的时间界限。[③]

2. 临时措施

根据审批主体的差异，仲裁临时保全措施的规范模式可分为“法院独占制”“仲裁庭单轨制”与“法院及仲裁庭双轨并行制”。我国目前采取的是法院独占的规范模式。有论者认为，现行法关于仲裁保全措施的规定稍显过于法院本位主义，似可考虑调整为目前多数友善仲裁法例所采取的“双轨并行制”，允许当事人根据其需求而向法院或仲裁庭提交申请，并分别就审批保全措施的管辖权分配及其执行提出立法建议。[④] 除上述建议外，还有论者提出，在立法中应授权仲裁机构根据临时措施申请人提供的线索，对于相应的临时措施执行对象进行调查，以提高临时措施执行的成功率；明确临时措施裁决的司法审查标准，应仅局限于程序问题，且设定较短的期限，保证临时裁决措

① 张子学:《公司法纠纷可仲裁性初步研究》，载《中国政法大学学报》2019年第4期，第47-62页。

② 崔强:《刍议派生仲裁》，载《北京仲裁》2019年第2期，第121-132页；宓思:《我国股东派生仲裁可行性分析》，载《法制与社会》2019年第19期，第94-96页。

③ 唐塞潇:《国际商事仲裁早期处置机制的价值平衡和制度构建》，载《武大国际法评论》2019年第2期，第85-104页。

④ 黄凯绅:《仲裁临时保全措施及法院本位主义：法制变革上的建议》，载《交大法学》2019年第3期，第142-161页。

施能够尽快得到执行，更好地实现其制度目标。[①]也有论者对财产保全的审查和实施中出现的问题和障碍进行研究，认为需要规范仲裁机构保全启动机制、建立财产保全快速反应机制和完善的“仲裁—保全”沟通协调机制，并就仲裁保全决定权、保全与执行管辖权不一致以及规则分散、各地模式不统一等问题提出了立法建议。[②]此外，有论者以《关于内地与香港特别行政区法院就仲裁程序相互协助保全的安排》（以下简称《仲裁程序相互协助保全安排》）为例，对我国仲裁保全制度的发展进行了梳理。[③]

3. 合并仲裁

国际商事纠纷的数量日趋增加且呈现复杂化趋势。在此背景下，合并仲裁制度虽从产生伊始即备受理论界与实务界的争议，但现已成为解决当事人之间因关联交易所产生的若干商事纠纷的有效方式之一。各国关于合并仲裁制度的规定虽各有不同，具体操作标准存在差异，但在基本原则的把握上存在一些共性。有论者通过研究合并仲裁制度适用的合理性及其可能对仲裁程序造成的冲击，提出规避此种冲击的相应对策，并通过参考各国的立法实践与国际主要仲裁机构的仲裁规则提出立法思考与建议。[④]

4. 快速仲裁

近年来，国际上多个主要的仲裁机构相继引入快速程序机制来降低仲裁成本、提高纠纷解决效率，同时为不同类型的使用者提供多样化选择。然而，快速程序在实践中产生的争议问题严重减损了该程序机制的应有价值。学者研究的重点主要集中在快速仲裁中公正与效率的协调问题。

有论者认为，为进一步推动其在实践中的有效运行，在规范层面上应当协调仲裁协议中三人仲裁庭的约定与仲裁庭自由裁量权之间的关系；在实践层面上仲裁庭应当保障双方当事人获得陈述案件的合理机会或案件的审理符合正当程序的内在要求，以及保证在快速程序转换至普通程序时当事人具有重

---

① 冯中杰：《试析商事仲裁中临时措施裁决权归属之完善》，载《上海法学研究》2019年第17卷，第82–90页。

② 赵奇、詹晖、王瑞华：《商事仲裁财产保全机制之完善》，载《北京仲裁》2019年第1期，第33–45页。

③ 雷雅茹：《中国仲裁保全制度的新发展——以〈关于内地与香港特别行政区法院就仲裁程序相互保全的安排〉为例》，载《法制与社会》2019年第33期，第20–21页。

④ 马骁潇：《合并仲裁问题比较研究》，载《北京仲裁》2019年第1期，第80–107页。

新指定仲裁员的基本程序性权利。[①] 有学者对快速仲裁中的强势独任仲裁员条款进行了研究，认为快速仲裁具有更加强调意思自治、效率优先的价值取向，可以在效率和公平价值中维持平衡，并维护当事人意思自治这一仲裁基石。[②]

5. 调解—仲裁

调解与仲裁是调解与仲裁相结合的产物，其本质是将调解程序植入仲裁程序之中。当事人依照程序提起仲裁后，仲裁员将根据时机及当事人的授意通过调解解决其纠纷。有论者认为尽管调解对仲裁员的公正性提出了一些挑战，其并不会从根本上动摇仲裁员的公正性，而且恰当的规则设计可以最大限度地消除其不利影响，调解—仲裁相结合有望成为广泛使用的纠纷解决方式。[③]

6. 法律适用

有论者对《国际商事合同通则》（以下简称《通则》）在国际商事仲裁中作为合同准据法和解释工具的运用情况进行了综述，并分析了中国仲裁庭运用《通则》十分有限的原因，在此基础上提出了《通则》应在中国仲裁实践中予以更多运用的建议。[④] 也有论者对现代商人法在国际商事仲裁中的适用[⑤]及国际商事仲裁的"非国内化"[⑥] 进行了研究。

7. 证据规则

国际商事仲裁作为一种非官方、民间式争议解决方式，尚未形成统一的证据规则，国际商事仲裁中证据的审查与认定也与国内仲裁有较大的区别。有论者以《IBA 证据规则》等国际仲裁规范为基础，通过分析梳理当前国际商事仲裁的实践，探讨了当前国际商事仲裁中较为通行的证据规则，及相关证

---

① 桑远棵：《国际商事仲裁快速程序：问题与完善》，载《国际商务（对外经济贸易大学学报）》2019 年第 5 期，第 131–144 页。

② 朱若菡：《快速仲裁中强势独任仲裁员条款之检视》，载《上海对外经贸大学学报》2019 年第 5 期，第 88–97 页。

③ 金立宇、赵宇先、刘央：《分饰两角的仲裁员：浅议调解—仲裁程序中的公正性问题》，载《上海法学研究》2019 年第 17 卷，第 98–104 页。

④ 刘瑛、何琳琳：《论国际商事合同通则在国际商事仲裁中的适用》，载《中国国际私法与比较法年刊》2018 年第 1 期，第 59–77 页。

⑤ 杨梦莎：《国际商事仲裁依职权适用商人法法律依据探析》，载《政法学刊》2019 年第 4 期，第 45–51 页。

⑥ 樊星：《浅析国际商事仲裁"非国内化"理论》，载《知识经济》2019 年第 27 期，第 57、59 页；李海涛：《国际商事仲裁非当地化理论研究》，载《法大研究生》2018 年第 2 期，第 214–235 页。

据的审查与认定问题。[①]

8. 仲裁规则

仲裁规则是当事人参与仲裁活动、仲裁庭审理案件以及仲裁机构管理案件的重要依据，被称为仲裁程序的内部法。仲裁规则的强制力来源于其契约性，同时必须以不违反法律为前提。有论者提出，在我国，仲裁规则的制定和适用存在三个方面的问题：一是仲裁规则本身不完备；二是仲裁法相关规定不合理；三是法院司法审查中存在违反仲裁友好原则的现象。在制定仲裁规则时，应把握好仲裁规则与仲裁法的"内圆外方"关系；在仲裁规则的适用过程中，则要坚持规则与司法审查之间的"内紧外松"关系。[②]

（四）第三方资助制度

近些年第三方资助仲裁凭借其特有的优势，在国际仲裁领域发挥着越来越重要的作用，并在欧美诸国、澳大利亚以及我国香港等地呈现产业化的趋势。尽管第三方资助仲裁有其积极的一面，但会对现有的仲裁制度造成不小的冲击。目前理论界和实务界尚存不同观点的交锋和碰撞，主要包括资助本身存在的合理性、资助者仲裁地位、信息披露、费用分担、保密性、滥诉规制以及第三方资助行业准入条件等问题。[③]

具体而言，关于披露问题，涉及仲裁员的公正性和独立性以及仲裁的保密性。因此，有论者认为，有必要建立起一套强制性的披露制度，要求被资助者必须主动披露存在第三方资助的事实和出资者；而资助协议的披露与否则应按举证标准判断，只有当特定性、相关性和实质性都满足时才能作出披露的指示。一般披露义务的主体是受资助者和仲裁员，但当受资助者没有披露时，知情的代理律师也应根据职业道德和行为规范向其他各方当事人和仲裁庭作出补充披露。[④] 也有论者对国际仲裁披露的现行规则进行了研究，指出其

---

① 崔宇清：《国际商事仲裁中证据及其审查与认定》，载《仲裁研究》2019年第1期，第117-126页。

② 陈挚：《我国仲裁规则在制定和适用中的问题和对策——以仲裁规则的基本特征为视角》，载《仲裁研究》2019年第1期，第17-26页。

③ 田旭：《商事仲裁中第三方资助问题》，载《区域治理》2019年第41期，第160-163页；王浩宇：《国际商事仲裁中第三方资助模式的优势与风险问题分析》，载《法制博览》2019年第13期，第267页；陈友春：《浅谈构建我国商事仲裁的第三方资助制度》，载《法制与社会》2019年第1期，第33-35页。

④ 谈晨逸：《第三方资助仲裁对仲裁员独立性的挑战与防范》，载《国际商务研究》2019年第1期，第78-85页。

存在效力模糊、灵活度不高以及定义僵化等问题，并在此基础上提出了在我国设计第三方资助国际仲裁披露义务规则的具体建议。①

关于费用分担问题，有论者对无追索权类型的商事仲裁进行了研究，认为在被迫寻求资助的情况下，资助协议约定的资助回报费用可以归入仲裁费用，并向仲裁庭申请由对方当事人承担。仲裁庭裁决当事人承担资助回报费用时，要考虑该费用的产生原因、资助协议的披露时间、费用数额是否合理、被申请人不当行为程度四个因素综合判断，最终结合仲裁规则进行裁决。②

就第三方资助的规制问题，有论者认为，为了避免资助者对程序的过度干预，形成对资助行为的有效监督，应采取促进资助方与受资助的当事人共担风险、确保资助方信息全面披露、科学评估合理准入条件等限制措施。③有论者认为，除要求相关义务人进行及时和适当的披露外，还需加强仲裁机构的审查职能，并在仲裁规则中将相关规定明确化。④也有论者提出，需要对现有的制度构建进行新的探索，可以通过仲裁费用分配和签署保证书的方式促进信息披露，在一定限度内对保密条款进行突破，并从法律法规的层面增加第三方的审慎义务。此外，未来在对该制度的研究上可以增加对不同情形的资助方式、不同阶段的资金介入以及“第三方是否存在”的证明问题的探讨。⑤

此外，对于在国际投资仲裁领域因第三方资助而引起滥诉的问题，有论者指出，仲裁庭适时作出费用担保令可在一定程度上抑制骚扰性主张的提起。目前仲裁庭对第三方资助是否满足费用担保的必要性标准尚未达成一致，大多数仲裁庭通常认为第三方资助不构成仲裁庭作出费用担保令的必要性标准。而Armas案仲裁庭对此进行了放宽，通过证明责任倒置和资助协议的有限披

---

① 张亮、杨子希:《第三方资助国际仲裁的披露义务规则研究》，载《武大国际法评论》2019年第2期，第105–125页。

② 段鑫睿:《国际商事仲裁中第三方资助费用的分担问题》，载《黑龙江省政法管理干部学院学报》2019年第5期，第126–129页。

③ 王超:《商事仲裁第三方资助的制度构建》，载《国际商务研究》2019年第4期，第45–54页。

④ 梁文才:《第三方资助下商事仲裁利益冲突的合理规制》，载《浙江金融》2019年第5期，第15–22页。

⑤ 范瑞:《第三方资助仲裁若干问题之新探》，载《仲裁研究》2019年第2期，第116–123页。

露来保护被申请人的利益，切实维护争端双方间的利益平衡。[①]

（五）司法监督与审查

1. 先予仲裁

先予仲裁违反了仲裁法的强制性规定和最低正当程序要求，故对于此类裁决书或调解书，人民法院应不予执行。[②]最高人民法院颁布司法解释，以《仲裁法》第2条和《中华人民共和国民事诉讼法》（以下简称《民事诉讼法》）第237条第2款第3项为据，分别在执行程序的立案和审查两个阶段，对先予仲裁裁决予以区分和阻却。但有论者认为，在执行立案阶段以《仲裁法》第2条为据，引入不予受理或驳回申请的裁定，有在法定清单外拓展司法审查依据之嫌，偏离立法从严控制司法审查仲裁的初心。保守但更合理的对策是，将《民事诉讼法》第237条第2款第2项中的"仲裁机构无权仲裁"依据予以独立化设置，不仅可以合理涵摄先予仲裁裁决，而且还可以在可接受的限度内发挥兜底条款的功能。[③]

2. 超出仲裁请求

有论者认为，尽管超出仲裁请求并非我国法律明确列出的不予执行及撤销仲裁裁决的事由，但根据司法解释及复函的规定，超出仲裁请求可能导致仲裁裁决被撤销或不予执行。不过，由于仲裁庭认定事实和适用法律均属于行使仲裁权的范围，我国法院支持裁决超出仲裁请求的主张比较少见。[④]还有论者指出，实践中，超裁处在对仲裁实体与程序审查的边界地带，属于仲裁司法审查中备受争议的问题。其通过对我国加入《承认及执行外国仲裁裁决公约》（以下简称《纽约公约》）以来在外国仲裁裁决司法审查中超裁认定的实证分析和比较，就超裁认定应遵循的原则、目前司法实践中存在的问题进

① 汤霞：《第三方资助国际投资仲裁费用担保的必要性标准研究》，载《国际经济法学刊》2019年第3期，第43–56页。

② 许雪峰：《仲裁法中的强制性条款不得约定排除适用》，载《人民司法》2019年第5期，第109–111页。

③ 张春良、旷菊：《论先予仲裁裁决的司法审查》，载《中国海商法研究》2019年第4期，第75–85页。

④ 古黛、马慧莲：《超出仲裁请求的审查与认定》，载《北京仲裁》2019年第2期，第108–120页。

行探索，并提出相应建议。[①]

3. 重新仲裁

有论者认为，重新仲裁制度是对原仲裁裁决瑕疵的一项重要补救制度，故在重新仲裁时一定要充分考虑仲裁制度本身的优势，在合法的前提下尊重当事人的意思自治，让仲裁庭修正之前的错误和瑕疵，维护仲裁庭的权威。同时也要考虑到司法监督的问题，在这二者之间进行衡平，不断完善发展重新仲裁制度。[②]然而，通过对重新仲裁立法例的梳理，有论者发现立法模式的选择决定了程序启动主体、决定主体、具体事由等制度的重要构成部分。[③]就重新仲裁主体而言，立法对重新仲裁主体的不同选择并非偶然，其背后具有深刻的制度逻辑，重新仲裁的制度定位、程序设置、具体事由等皆会影响主体选择。基于上述理念，我国重新仲裁主体制度的完善应立足于现有立法情境，以法院作为启动主体，且严格限制重新仲裁的适用以体现支持仲裁的政策。同时，考虑到目前法律在程序及事由方面的规定，以原仲裁庭作为决定主体更能维护重新仲裁整体制度的自洽性。[④]就重新仲裁的事由而言，也有论者认为，将其限于程序事项不符合我国司法界的实体审查标准，考虑到我国的司法现状，应将实体事项归入重裁事由。[⑤]

4. 仲裁裁决的撤销

司法实践中存在当事人试图撤销仲裁裁决但因不具备法定事由而无法撤销的情况。

对于撤销仲裁裁决中的隐瞒证据事由，有论者指出，在我国现行仲裁证据制度下，英美法系严格的文件披露程序无适用空间，当事人无须出示于己不利的证据。撤销仲裁裁决程序为非讼程序，对《仲裁法》第 58 条规定的事由应为形式审查。撤销仲裁裁决程序本质上为诉讼法上的形成之诉，且隐瞒

---

① 王好：《外国仲裁裁决司法审查中“超裁”认定的实证分析》，载《法律适用（司法案例）》2019 年第 4 期，第 108–118 页。

② 任燕妮：《基于仲裁司法监督的重新仲裁制度》，载《法制与社会》2019 年第 23 期，第 29–30 页。

③ 杨桦：《重新仲裁立法例略考》，载《重庆师范大学学报（社会科学版）》2019 年第 4 期，第 107–112 页。

④ 杨桦：《重新仲裁主体选择的制度逻辑——兼论我国重裁主体规制的路径》，载《中国国际私法与比较法年刊》2018 年第 2 期，第 216–227 页。

⑤ 杨桦：《重新仲裁事由的程序与实体性质之辨》，载《社会科学家》2019 年第 3 期，第 119–123 页。

证据事由属实体争议，对于该事由应运用诉讼法理与非讼法理交错适用理论解决相关问题，并应明晰撤销仲裁裁决中隐瞒证据的具体认定标准。[①]

也有论者对撤销仲裁调解书制度进行了研究，认为从应然层面上看，该制度有存在的必要性，但参照撤销裁决的实践则存在天然缺陷。从长远看，应在《仲裁法》修订时增设单独的仲裁调解书撤销制度，基于实践情况，根据仲裁调解书的特点设置适合于调解书的撤销事由。[②]

5. 司法审查制度改革

对于最高人民法院出台的关于仲裁司法审查的司法解释，有论者以此为依据，通过规范分析的方法，梳理这一制度的发展背景、演进过程、机理变化和存在缺陷，认为最新司法解释从制度原则、受理规则、审查标准和裁定效力等多方面作了改进，并逐步与《纽约公约》和《仲裁法》等国际条约和国内立法接轨。但仲裁司法审查制度仍存在“内外有别”“报核制度性质不明”及“有悖诉讼法原理”等缺憾。[③] 除上述问题外，有学者指出，《关于仲裁司法审查案件报核问题的有关规定》还存在审核期限不明、抑制仲裁效率、加剧诉讼与仲裁程序“隔阂”和程序重叠等问题，我国的报核制度呈现阶段性、过渡性和任务性的特点，仍需进一步调整。[④] 也有学者经过实证研究发现，地方保护主义并非阻碍涉外或者外国仲裁裁决在我国得到有效执行的主要壁垒，内部报告制度能够有效隔绝地方保护的不当影响，但是集权性司法改革仍存在弊端。[⑤] 有论者则以《纽约公约》第6条为视角，指出我国目前在处理仲裁司法审查平行程序方面存在规则不完善、法院行使裁量水准有待提高、未规定担保措施的问题，对此应当有针对性地完善相关规则及安排、引导法院正

---

① 庄诗岳:《试论撤销仲裁裁决中的隐瞒证据事由》，载《仲裁研究》2019年第1期，第86-92页。

② 李海涛:《法院撤销仲裁调解书的实证分析——以42个案例为样本》，载《天津法学》2019年第4期，第13-23页。

③ 沈伟:《我国仲裁司法审查制度的规范分析——缘起、演进、机理和缺陷》，载《法学论坛》2019年第1期，第114-129页。

④ 许志华:《我国仲裁司法审查报核制度的理解与思考——兼评最高人民法院〈关于仲裁司法审查案件报核问题的有关规定〉》，载《中国国际私法与比较法年刊》2018年第1期，第340-352页。

⑤ 沈伟:《地方保护主义的司法抑制之困：中央化司法控制进路的实证研究——以执行涉外仲裁裁决内部报告制度为切入视角》，载《当代法学》2019年第4期，第60-78页。

确行使自由裁量权、明确规定担保措施。[①] 也有论者对仲裁裁决执行案件的司法审查要点和裁判思路进行了介绍[②]。

此外，有论者对虚假仲裁[③]、仲裁庭仲裁规则适用裁量权的司法审查[④]、仲裁庭未追加第三人是否构成程序违法[⑤]、仲裁无效的认定[⑥]以及仲裁裁决的救济[⑦]等问题进行了研究，对我国商事仲裁司法监督制度的完善提出了若干建议[⑧]。

（六）仲裁裁决的承认与执行

仲裁裁决的籍属问题，是承认与执行的“先决问题”。然而，由于我国的相关规定不明确，学界和实务界对境外机构在中国作出的仲裁裁决的籍属争议颇多。有论者认为，《仲裁法》和《民事诉讼法》的相关规定反映出我国在仲裁裁决的国籍判断上采用的是“仲裁机构所属国标准”，因此此类裁决的属于外国裁决，应当适用《纽约公约》予以承认和执行，我国在加入公约时所作的“互惠保留”并不影响此类裁决作为“非内国”裁决被我国承认与执行。但是，综合考虑我国目前规定的不明确、合理性不足以及我国仲裁理念的转变，可以明确将裁决作出地作为认定仲裁裁决国籍的标准。[⑨] 此外，还有论者

---

① 陈挚：《〈纽约公约〉体系下仲裁司法审查程序的冲突与协调——以〈纽约公约〉第6条为视角》，载《武大国际法评论》2019年第3期，第47–64页。

② 阮国平、马姗姗：《仲裁裁决执行案件的司法审查要点和裁判思路》，载《上海法学研究》2019年第17卷，第140–144页。

③ 刘妍：《论虚假仲裁中案外人的司法救济——以案外人司法撤销仲裁裁决为视角》，载《河南广播电视大学学报》2019年第2期，第52–57页；邱祥、姜兰希：《检察机关监督虚假仲裁的理论证成与制度构想》，载《新时代民事检察的理论与实践——第十五届国家高级检察官论坛论文集》，第463–471页；程建玲：《虚假仲裁执行监督的难点与制度完善》，载《新时代民事检察的理论与实践——第十五届国家高级检察官论坛论文集》，第670–678页。

④ 李经纬：《对仲裁庭仲裁规则适用裁量权的司法审查》，载《人民司法》2019年第20期，第65–70页。

⑤ 崔西彬：《仲裁庭未追加第三人不属于程序违法》，载《法人》2019年第4期，第89–91页。

⑥ 刘延昌：《论法律实务中民商事仲裁无效的认定》，载《河北企业》2019年第1期，第141–142页。

⑦ 曹振凯：《仲裁裁决的救济途径》，载《法制与社会》2019年第9期，第113–114页。

⑧ 孟鹏程：《关于我国国际商事仲裁司法监督的若干建议》，载《法制博览》2019年第16期，第175–176页。

⑨ 陈佳茹：《浅议国外仲裁机构在中国作出仲裁裁决的认定——对我国仲裁裁决国籍确定标准的思考》，载《仲裁研究》2019年第1期，第49–58页；赵培培：《浅析外国仲裁机构在我国境内作出裁决的法律性质》，载《青年与社会》2019年第18期，第61–62页。

提出需要修改《最高人民法院关于内地与香港特别行政区相互执行仲裁裁决的安排》，并撤销《纽约公约》的非内国仲裁裁决保留声明，才能解决境外仲裁机构在中国境内落地后的仲裁裁决承认与执行的法律障碍。[①]

关于仲裁裁决的区际执行问题，有论者对两岸四地相互执行仲裁裁决的情况进行了分析，指出为避免我国区际仲裁裁决执行制度差异过大，以及更有效地执行外法域地仲裁裁决、保护当事人利益，内地、香港、澳门应尽可能采用《纽约公约》的实质内容，而台湾地区认可和执行大陆裁决时未采纳该公约内容。此外，由于四地对一项制度或实践或存在不同理解，仅规定相同的拒绝执行事由尚显不足。在仲裁裁决的执行上，两岸各自的单方调整已有初步成果，不过仍有改进之处，未来尚需就该问题达成协议。[②]

关于被撤销裁决能否予以承认与执行的问题，《纽约公约》并无明确规定，使得裁决存在双重监管。对此各国态度各异。有论者指出，该问题的本质在于承认执行国法院是否对于被撤销国际商事仲裁享有独立司法审查之自由裁量权，我国对该问题应予以明确，赋予法院自由裁量权以承认执行被撤销仲裁裁决，通过实体法与冲突法相结合的方式构建被撤之裁的承认与执行制度。同时，此种制度还应受到相关制度、比例原则的限制。[③]

关于承认及执行外国仲裁裁决审查期间可否申请财产保全的问题，目前国际法和国内法都存在空白，海口海事法院此前判例认为：该问题属于国际司法协助的范畴，在缺乏国际法依据及与国内法安排的情况下，对于申请人的前述保全申请，应不予准许。有论者在对该案进行批判性思考后提出了相关涉外案件当事人权利保护的可行之策，认为可以探索在自贸区内就外国仲裁裁决在我国承认与执行司法审查期间进行财产保全，通过首先给予互惠等措施先行先试，并适时推动立法修改，便利外国仲裁裁决在我国的执行，为多元化纠纷解决机制作用的有效发挥提供有力保障。[④]

---

① 程佳丽：《境外仲裁机构落地中国的法律问题研究》，载《仲裁研究》2019年第2期，第55-64页。

② 宋连斌：《两岸四地间相互执行仲裁裁决：过去、现在及将来（下）》，载《仲裁研究》2019年第1期，第40-48页。

③ 孙静曲：《被撤销国际商事仲裁裁决的承认与执行》，载《汕头大学学报（人文社会科学版）》2019年第1期，第80-87、96页。

④ 吴永林：《承认与执行外国仲裁裁决司法审查期间财产保全问题研究——对大韩海运株式会社申请承认与执行伦敦海事仲裁员协会裁决案的批判性思考》，载《北京仲裁》2019年第1期，第46-59页。

关于境外临时措施的执行，目前尚无法可依。有论者为此指出：在仲裁地在中国境外或由境外仲裁机构在中国境内管理的案件中，仲裁当事人申请的保全措施很难获得中国法院的承认与执行，主要原因在于我国在法律层面尚无关于境外临时措施承认与执行的规定，而其他法规解释并不能全面解决境外临时措施在我国申请承认与执行时面临的法律困境。在支持仲裁的理念下，我国关于临时措施的法律规定应当予以深层次的调整，弱化仲裁机构在保全申请程序中的作用，明确仲裁庭发布保全措施的权力，赋予当事人向法院直接申请保全的权利，制定承认与执行境外临时措施的具体程序。①

此外，也有论者对外国仲裁裁决司法审查中公共政策的适用②、仲裁裁决执行难③等问题进行了研究。

（七）多元化纠纷解决机制

有论者指出，目前民事诉讼与商事仲裁的衔接机制中存在滥用司法审查程序、法律适用标准不统一、信息共享渠道不通畅等问题，不利于多元化解功能的实现。并在此基础上提出引入仲裁分流化解纠纷、完善司法审查制度设计、探索保全执行集中管辖、搭建电子信息共享平台、强化业务统一裁审标准等建议。④具体而言，针对司法中“案多人少”现象，有论者指出，商事仲裁的案件分流作用是解决该问题的有效举措。仲裁在定分止争方面发挥的作用，以及仲裁的社会责任为仲裁的案件分流作用注入了全新的诠释视角和解释力。⑤

关于国际商事法庭对国际商事仲裁的影响，有论者指出国际商事仲裁具有的裁决的可执行性、避开特定法律制度或国内法院、灵活性、当事人可选

---

① 李彦龙：《论境外仲裁临时措施在中国承认与执行的法律困境与完善方向》，载《上海法学研究》2019年第17卷，第74–81页。

② 邹挺谦：《公共政政策在国际商事仲裁裁决承认与执行中的运用》，载《人民法治》2019年第14期，第88–93页。

③ 乔丽荣：《仲裁裁决执行难的成因及解决对策》，载《山西省政法管理干部学院学报》2019年第3期，第94–97页。

④ 卢力、张玺：《商事仲裁与民事诉讼衔接的机制化探讨》，载《江苏理工学院学报》2019年第5期，第67–74页。

⑤ 罗嘉威：《仲裁与诉讼的分流机制研究——以司法文明建设为视角》，载《政法论坛》2019年第3期，第134–142页。

择仲裁员等优势，无法完全被国际商事法庭取代。二者之间是相辅相成、合作互补的关系，因而国际商事法庭对国际商事仲裁的影响是积极的。[①]

（八）“一带一路”与自贸区的仲裁问题

国际商事仲裁凭借程序上的自主性、灵活性、便利性、保密性以及裁决在国际范围内广泛的可执行性，在“一带一路”与自贸区争端解决机制和机构的构建中，处于极为重要的地位。

国际商事仲裁是“一带一路”倡议中重要的争端解决方式。但有学者认为，西方国家主导下的现行国际商事仲裁体系与“一带一路”倡议并不匹配，这源自西方传统和西方话语体系带来的文化和法律理念差异及由此造成的参与困境。为此，创建以削减文化和法律理念差异带来的负面障碍为出发点，以共商、共建、共享理念为指引的“一带一路”国际商事仲裁合作联盟具有应然性，它比我国主导构建的单一国际商事仲裁中心更具价值。作为一个着眼于长远的机制，仲裁合作联盟应以“一带一路”国际商事争端预防和解决中心这一非政府间国际组织的社会团体法人为整体平台支撑，具备共享的仲裁服务、独立的案件裁决以及创新的联合仲裁功能相结合的多重复合功能，逐步推动“一带一路”国际商事仲裁区域共同体的形成。[②]还有论者指出，契约性与司法化的互动存在于国际商事仲裁的演进历程，也为“一带一路”国际商事仲裁的理论与实践提供了颇具价值的启示。[③]

关于临时仲裁的问题，有论者指出，临时仲裁被认为是仲裁的“原始形式”，比起机构仲裁具有更充分尊重当事人意思自治，程序更灵活，仲裁庭权力更大以及成本较低等特点。我国法律中临时仲裁长期缺失，对于是否应当引进临时仲裁也存在争议。在此情况下，中国互联网仲裁联盟顺应时势发布了《临时仲裁与机构仲裁对接规则》，并在实践中取得巨大成功。临时仲裁在中国的实践，既要学习国际商事仲裁的先进经验，也要充分考虑中国的实际

① 叶珊珊：《国际商事法庭对国际商事仲裁的影响——以新加坡国际商业法庭和伦敦商事法庭为例》，载《北京仲裁》2019年第1期，第60–79页。

② 初北平：《“一带一路”国际商事仲裁合作联盟的构建》，载《现代法学》2019年第3期，第181–194页。

③ 康宁：《契约性与司法化——国际商事仲裁的生成逻辑及对“一带一路”建设的启示》，载《政法论坛》2019年第4期，第167–177页。

情况，同时需要借助日新月异的互联网技术并体现时代精神。[①]

对于如何进一步作出细化的创新规定，有论者认为应按境外惯例采用与机构仲裁制度混合规定的模式，且不宜完全参照《国际商事仲裁示范法》（以下简称《示范法》）模式，在博采境外仲裁制定法，特别是非常有仲裁吸引力的国家或地区规定之众长的基础上创新出更优的规范。[②] 在效力实现方面，有论者认为应以未来《仲裁法》修改引入国际国内双轨制为临时仲裁合法化的远期路径，以全国人大常委会对《仲裁法》进行释法为临时仲裁暂时清除阻碍为即期路径，建立现代仲裁员组织并制定示范自贸区临时仲裁规则制度，形成竞争合力。[③]

还有论者对国际税收争端解决机制中的仲裁[④]、友好仲裁[⑤]、自贸区食品仲裁解决机制的完善[⑥]、网上仲裁制度的构建[⑦]、“一带一路”背景下国际商事仲裁与破产法的协调[⑧]、仲裁员制度的创新[⑨]以及上海自贸区打造亚太仲裁中心[⑩]等问题进行了研究和探索。

---

① 陈忠谦:《临时仲裁实践的中国方案探讨》，载《仲裁研究》2019 年第 2 期，第 1–10 页。

② 张圣翠、傅志军:《我国自贸区临时仲裁制度创新研究》，载《上海财经大学学报》2019 年第 2 期，第 140–152 页。

③ 初北平、史强:《自由贸易试验区临时仲裁制度构建路径》，载《社会科学》2019 年第 1 期，第 102–113 页。

④ 胡洁:《纳入仲裁机制解决“一带一路”税收问题》，载《中国国情国力》2019 年第 9 期，第 67–71 页；赵凌:《“一带一路”背景下税收协定仲裁机制发展评析》，载《云南财经大学学报》2019 年第 10 期，第 20–28 页。

⑤ 王崇:《前海自贸区友好仲裁规则构建之进路：学理与三层式架构》，载《河北法学》2019 年第 4 期，第 52–61 页。

⑥ 谭洁、姚明端:《论中国—东盟自由贸易区食品贸易纠纷仲裁解决机制的完善》，载《创新》2019 年第 6 期，第 73–83 页。

⑦ 李梦成:《海南自贸港网上仲裁制度探索》，载《海南热带海洋学院学报》2019 年第 6 期，第 43–49 页。

⑧ 金春:《“一带一路”背景下国际商事仲裁与破产法的协调——兼议〈企业破产法司法解释（三）〉》，载《人民司法》2019 年第 13 期，第 16–20 页。

⑨ 郇恒娟、张圣翠:《“一带一路”倡议下我国仲裁员制度的创新研究》，载《国际商务研究》2019 年第 3 期，第 79–87 页。

⑩ 牟笛:《上海建设面向全球的亚太仲裁中心的挑战与出路》，载《上海法学研究》2019 年第 17 卷，第 18–24 页。

（九）特殊领域的仲裁

在特殊领域的仲裁问题上，投资仲裁仍然是论者们关注的重点，除此之外也有少量涉及知识产权仲裁、金融仲裁、互联网仲裁、海事仲裁及PPP仲裁事项的研究。

1. 投资仲裁

用尽当地救济原则是一项古老而重要的国际法原则，然在国际投资仲裁实践中出现“非用尽”适用当地救济的三种模式。仲裁实践对现行投资协定中当地救济模式的“非用尽”适用趋势，意味着在“一带一路”倡议下正在或即将签订的双边或者多边投资协定、自由贸易协定中，用尽当地救济原则的存废以及适用模式，应根据仲裁实践的发展作出相应的调整。[①]

关于国际投资仲裁中的管辖权问题，有论者通过案件研究发现，在近年来的国际投资仲裁实践中，投资者和东道国分别提出仲裁请求与反请求时，其索赔范围多已涉及精神损害赔偿。对于投资者提出的精神损害赔偿请求，部分仲裁庭不仅行使了管辖权，而且在实体裁决中支持其索赔。但对于东道国提出的精神损害赔偿请求，多拒绝行使管辖权并对其反请求持否定态度。[②]而对于仲裁庭对东道国提出的仲裁反请求是否具有管辖权这一问题，有论者认为从《关于解决国家和他国国民之间投资争端公约》（以下简称《华盛顿公约》）、《ICSID仲裁规则》、《UNXITRAL仲裁规则》等确定投资仲裁管辖权的基础法律文件来看，其对仲裁庭管辖反请求持积极肯定的态度，结合已有的仲裁实践概括，在反请求满足：主体的一致性、与本请求及争端主要事项存在密切联系、在仲裁庭一般管辖权范围之内及在争端当事方仲裁合意范围之内等条件时，仲裁庭可正确认定反请求管辖权并作出实体裁决。[③]此外，有论者还对国际投资仲裁中主权债务争端的管辖权确定问题进行了研究，认为分歧

① 叶玉婷：《“一带一路”投资仲裁争端解决机制中管辖权问题的困境与出路》，载《北京仲裁》2018年第4期，第121–140页。

② 张建：《国际投资仲裁庭对精神损害赔偿的管辖权问题》，载《中国国际私法与比较法年刊》2018年第2期，第228–244页。

③ 张建：《国际投资仲裁庭对东道国反请求的管辖权探析》，载《仲裁研究》2019年第2期，第136–147页。

主要体现在对所涉双边投资协定及《ICSID公约》第25条的解释上。[①]

关于国际投资仲裁中的举证责任问题，有论者认为提出肯定性主张或抗辩的当事人应当承担相应的举证责任。而在具体案件中的举证责任分配，则需要基于对实体规则的目的和宗旨、条文的措辞、不同条文（语句）之间的逻辑关系进行分析，仲裁庭也应合理解释实体规则并分配举证责任。同时，为增强举证责任分配的可预见性，应明确订立投资协定实体规则，并确立上诉机制作为程序保障。[②]当出现当事人客观上难以卸下证明负担的特殊情况时，其可能请求仲裁庭决定证明责任转移，但有论者认为更可取的做法是由适用法规定证明责任倒置，明确证明责任分配的一般原则、证明责任倒置的特殊情形、特殊情形下较难证明的待证事实要件的证明责任倒置，并赋予仲裁庭对待证事实要件证明难易度的裁量决定权。[③]

关于投资协定中的条款解释问题，有论者认为，由于国际仲裁庭对于类似条款的不同解释会影响涉及中国当事人的投资争端以及中国投资协定中类似条款的解释问题，因此中国政府应在坚持狭义解释的基础上加快对国际投资协定的改革。而对中国投资者而言，其为得到对己有利的广义解释，可在投资前进行投资重组以便挑选更有利于维护自身权益的条约。[④]

关于国际投资仲裁应对腐败问题，目前还未出现投资者关于东道国腐败的诉求得到支持的案例，但东道国有关投资涉及贿赂无管辖权或不可受理的抗辩却多获支持。有鉴于此，有论者提出中国应为对外投资者提供条约保护，在国际投资协定或自贸协定中对回路与腐败行为进行规制，明确约定回路与腐败在投资仲裁中的法律后果，从而在实现打击贿赂和腐败的公共利益的同时给予投资者适当保护。[⑤]同时，鉴于现行ICSID仲裁庭在应对东道国腐败

① 张亚丽：《国际投资仲裁中主权债务争端管辖权问题研究——基于仲裁案例的分析》，载《青海社会科学》2019年第3期，第142–149页。

② 崔起凡：《论国际投资仲裁中的举证责任》，载《武大国际法评论》2019年第2期，第126–142页。

③ 黄丽萍：《国际投资仲裁中证明责任的概念辨析及倒置的创设》，载《武大国际法评论》2019年第4期，第57–71页。

④ 黄世席：《投资协定“征收补偿款额仲裁条款”的解释分歧及中国应对》，载《法学》2019年第2期，第165–182页。

⑤ 李倩瑶：《国际投资仲裁应对贿赂与腐败问题研究》，载《北京仲裁》2018年第4期，第176–200页。

抗辩问题上所处的裁决推理被指责过于简单、相关条款适用不精确、造成投资争端双方权益严重失衡的三重困境，有论者指出ICSID仲裁庭应依法行使管辖权并对腐败行为进行本质剖析、甄别，在庭审过程中坚持采纳衡平路径，对争端各方的责、权、利进行均衡考量，加强ICSID与内国反商业腐败机制间的协作互动。①

关于国际投资仲裁机制的完善问题，有论者指出当前国际投资仲裁主要存在成员国信任问题、透明度及第三方参与问题、仲裁费用昂贵及计算复杂问题。在撤销程序上也存在一定缺陷。因此应相应地提升仲裁程序的透明度，在ICSID体系外建立专门的上诉仲裁机构，并确立仲裁费用及成本的分配标准。②而在“一带一路”背景下，建立与之相适应的国际投资仲裁机构也是迫在眉睫。有论者建议可以依托“亚投行”提供绝佳的平台，采取国际组织模式在沿线国家之间协商签订国际公约，进而成立一个正式的国际组织。同时还应该在投资仲裁中融入调解元素，建立完善的仲裁员选任机制和上诉纠错程序。③

对于法庭之友参与国际投资仲裁，有论者认为由于其参与仲裁的主要方式是递交法庭之友意见书，为防止其被滥用，应以有助仲裁庭解决争议、公共利益、关联性等为标准，严格审查相关条件。④有论者也提出，采纳法庭之友陈述应当符合一定的程序性要求。而仲裁庭考虑的具体采纳标准包括：法庭之友陈述应当针对争议范围之内的事项、具有特别的价值、仲裁主题涉及公共利益、法庭之友在案件中具有重大利益等。⑤

在烟草公司Philip Morris诉乌拉圭国际投资仲裁案中，ICSID仲裁庭全盘驳回了申诉方烟草公司的仲裁请求，支持了东道国乌拉圭。有论者结合该案

---

① 银红武：《ICSID仲裁庭应对东道国腐败抗辩的困境及其解决——以仲裁庭对涉腐投资主张无管辖权为切入点》，载《湖南师范大学社会科学学报》2019年第4期，第73-82页。

② 龚柏华等：《国际投资仲裁机制的问题与改革建议》，载《上海法学研究》2019年第17卷，第105-113页。

③ 沈超等：《“一带一路”下的国际投资仲裁机制之完善》，载《上海法学研究》2019年第17卷，第124-133页。

④ 张妍：《法庭之友参与国际投资仲裁制度研究》，载《法大研究生》2018年第2期，第253-266页。

⑤ 崔起凡：《论投资者——东道国仲裁中法庭之友陈述的采纳》，载《仲裁研究》2019年第1期，第106-116页。

中乌拉圭被诉的两项措施，对仲裁庭裁决中涉及的间接征收、公平公正待遇、保护伞条款、拒绝司法等实体问题以及法庭之友等程序性问题进行解读，以求解析东道国全盘获胜的原因，并在此基础上对本案仲裁庭裁决提出若干评论意见。[①] 而对于近年来 ECT 国际投资仲裁庭对 ECT 第 21 条税收例外条款的适用问题，有论者指出，ECT 的近期实践表明，仲裁庭对税收措施采取两步分析法：一要满足国内法上的税收基本要件，东道国司法机关的实质审查优于形式审查；二要符合国际法善意原则，东道国的目的解释优于申请方主张的效果分析。出于尊重税收主权，仲裁庭推定税收善意合法，投资者承担争议措施不满足税收要求的证明责任，难以达到一般的证明标准。仲裁庭极有可能拒绝管辖针对税收本身的请求，但在实体裁决中，东道国可能因税收配套措施改变投资法律政策而违反公平公正待遇标准。[②]

关于国际投资仲裁裁决的承认与执行，有论者指出，作为《华盛顿公约》缔约国，我国国内法存在尚未与该公约接轨之处。为更及时有效地保护我国在外财产，维护我国主权利益，我国政府应通过指定承认与执行裁决主管机构、制定国家豁免相关立法、设计判决确定转让债权制度等方式构建国际投资仲裁裁决在我国的承认与执行机制。[③]

此外，还有论者就金砖国家国际投资的差异立场[④]、我国商事机构受理国际投资争端的可行性[⑤]和涉及腐败问题的可行性[⑥]、国际投资仲裁中的临时措

---

① 全小莲：《Philip Morris 诉乌拉圭国际投资仲裁案解读（上）》，载《仲裁研究》2019 年第 1 期，第 127–141 页；全小莲：《Philip Morris 诉乌拉圭国际投资仲裁案解读（下）》，载《仲裁研究》2019 年第 2 期，第 124–135 页。

② 黄丽萍：《国际投资仲裁中税收例外条款的适用——基于 ECT 近期案件》，载《国际法研究》2019 年第 5 期，第 117–128 页。

③ 张倩雯：《多元化纠纷解决视阈下国际投资仲裁裁决在我国的承认与执行》，载《法律适用》2019 年第 3 期，第 112–120 页。

④ 陶立峰：《金砖国家国际投资仲裁的差异立场及中国对策》，载《法学》2019 年第 1 期，第 134–147 页。

⑤ 郭雪晴：《我国商事仲裁机构受理国际投资争端可行性——以深圳国际仲裁院新仲裁规则为视角》，载《上海法学研究》2019 年第 17 卷，第 114–123 页。

⑥ 孙韵：《试论涉及腐败问题的国际投资争端的可仲裁性》，载《池州学院学报》2019 年第 2 期，第 36–37 页。

施[①]、国际投资仲裁中的法律适用[②]与规则选择的困境与出路[③]、国际投资仲裁中的公开制度[④]，以及上诉机制[⑤]等问题进行了探讨。

2. 知识产权仲裁

近年来知识产权纠纷越来越呈现出涉外性的特征。单一诉讼机制无法应对新形势下的需求，相比之下，仲裁所具有的自主性、专业性、保密性以及在成本和时间上的优势可以灵活地满足当事人多元化的需要。有论者认为在知识产权纠纷仲裁问题上，应当明确知识产权纠纷的仲裁范围，明文规定知识产权纠纷的可仲裁性，并基于国情实际和世界范围内的既有经验进行适度的扩大。同时，在现行知识产权仲裁机制的完善方面，仿效自由贸易区等成功范例，完善仲裁程序临时措施制度，引入临时仲裁等制度，更好地保障当事人的合法权益，也更好地与国际通行规则接轨。[⑥]

3. PPP 仲裁

运用仲裁方式解决 PPP 争议有其特有的制度优势。有论者建议如果从事 PPP 项目的企业选择仲裁解决争议，应当注意总体原则、多方当事人合同项下的仲裁条款、多份关联合同之间的仲裁条款问题，以更好地维护自身合法权益，推动各方利益实现。[⑦]

4. 涉网纠纷仲裁

对于互联网发展下产生的大量涉网纠纷，有论者认为可以引入 ODR 在线仲裁模式，建立一个面向世界和未来、开放多元的在线纠纷仲裁资源整合平台，在管辖范围、程序设计、电子证据的认定以及裁决的执行等方面进行具

① 崔起凡：《国际投资仲裁中的临时措施研究——兼论“一带一路”背景下的中国对策》，载《国际商务研究》2019 年第 1 期，第 69-77 页。

② 孙南申：《国际投资仲裁中的法律适用问题》，载《国际商务研究》2019 年第 2 期，第 47-58 页。

③ 赵玉意：《涉环境国际投资仲裁法律适用中规则选择的困境与出路——国际规则关系的维度》，载《国际贸易问题》2019 年第 1 期，第 147-159 页。

④ 丁丁、刘璐：《论国际投资仲裁的公开》，载《国际法研究》2019 年第 1 期，第 73-85 页。

⑤ 丁颖、李岩：《国际投资仲裁上诉机制探讨》，载《中国国际私法与比较法年刊》2018 年第 1 期，第 213-228 页。

⑥ 王施施、王夷珠：《论知识产权纠纷解决的可仲裁性及其机制的重构——基于“一带一路”倡议背景下经贸共同体之建构》，载《上海法学研究》2019 年第 17 卷，第 64-73 页。

⑦ 马屹：《运用仲裁方式解决 PPP 项目法律纠纷》，载《上海法学研究》2019 年第 17 卷，第 6-11 页。

体构建。[①] 还有论者认为对于电子商务、互联网金融等新兴产业重点领域，仲裁机构需要打破传统思维，在巩固传统商事仲裁的基础上推进仲裁与新兴行业领域的深度融合，将其打造为新型、现代、科学、高效的处理社会矛盾的专业平台。[②] 另外，论者们对于金融仲裁[③]、国际物流领域仲裁的相关事项[④]及海事临时仲裁制度[⑤]也进行了研究。

（十）仲裁制度的发展与改革

改革开放 40 多年来，我国涉外仲裁法律制度顺应国际趋势，取得了长足的发展。有论者认为基于全球化仲裁发展潮流的不可逆转和多元化争议解决格局日渐形成，我们要认清仲裁的制度定位，坚持友好型的政策导向，促进涉外仲裁事业良性发展。[⑥] 对于仲裁法的修改，有论者提出新时代仲裁事业的发展面临着仲裁机构难以定性、仲裁协会没有成立、制度建设尚待完善、社会认知度不高等困境，因此应对仲裁法进行全面修改，如扩大受案范围、增加第三人内容以及对仲裁员的处罚监督等。[⑦] 此外，有论者还指出仲裁员培训规定在仲裁法中的缺失问题，建议制定完善的培训法规，及时收集学员反馈，建立仲裁培训学院，形成健全的仲裁员培训体系。[⑧]

关于国际仲裁中的先例问题，有论者认为，遵循先例作为经验与理性主义的必然要求，具有维护当事人合理预期、保障法律适用的权威性与统一性，维护仲裁机构公信力等多重功能。国际商事仲裁先例价值取向不明、受保密

---

① 陈健、蔡超静、王梦华、张奕婕：《ODR 理论视域下在线仲裁模式研究》，载《北京仲裁》2019 年第 2 期，第 70–86 页。

② 母洪春、王平：《全面推进互联网仲裁 构建线上、线下协同发展新格局》，载《武汉仲裁》2019 年第 1 期，第 139–152 页。

③ 高铭远：《金融仲裁法律制度的适用现状与完善措施初探》，载《时代金融》2019 年第 28 期，第 87、88、92 页。

④ 丁新正：《中国国际物流仲裁的需求与供给：现状、问题和路径》，载《重庆理工大学学报（社会科学版）》2019 年第 5 期，第 120–127 页。

⑤ 肖灵敏：《论我国海事临时仲裁制度的构建》，载《经济研究导刊》2019 年第 13 期，第 197–199 页。

⑥ 刘晓红、冯硕：《改革开放 40 年来中国涉外仲裁法律制度发展的历程、理念与方向》，载《国际法研究》2019 年第 6 期，第 103–126 页。

⑦ 山东省司法厅课题组：《新时代背景下〈仲裁法〉修改研究》，载《中国司法》2019 年第 7 期，第 56–61 页。

⑧ 柳正权、向谦：《试论我国的仲裁员培训制度》，载《武汉仲裁》2019 年第 1 期，第 75–87 页。

性限制，缺乏权威性和配套保障制度，是为先例形成之困境。构建国际商事仲裁先例，应在确保公正性的前提下，赋予当事人自由选择的自由，仲裁保密性在一定程度上限缩，由仲裁机构进行仲裁先例之遴选并完善配套保障制度，以实现仲裁先例之价值。①

仲裁是以仲裁机构为主体的全球性裁判体系，需要实力与经验兼具的仲裁机构予以监督。有论者建议仲裁机构应当遵守一定的道德准则、增加一定的程序透明度并适时公布仲裁裁决书，以保障作为一种全球司法体系的国际仲裁的合法性。② 同时，基于仲裁机构的非官方性和独立性，有论者认为仲裁机构的改革应当彻底去行政化，确定公益性非营利法人定位，优化治理结构，通过行业协会进行自治自律，并辅以适度的政府监管。③ 还有论者指出，在内部治理方面应按照决策权、执行权、监督权相互分离、有效制衡且权责对等的原则来设计、修改和完善仲裁委员会章程示范文本，健全内部监督机制，推进内外有机结合。④ 而对于仲裁机构参与基层治理的可行性问题，有论者分析认为通过扩大受案范围，建立亲民灵活的机构体制，保障仲裁与诉讼的有效衔接，可以实现基层善治。⑤

亚太地区作为近几年来备受关注的新兴市场所在地，经贸往来与争议争端都较为复杂。有论者认为亚太地区的仲裁机构在制定仲裁规则时也应更倾向于回应这种变化，既要有独立性、客观性的保障，又要最大限度地提升解决争议的效率以适应仲裁争议双方的需要。在这样的趋势下不断发展完善的仲裁规则不仅能回应越发复杂的市场变化，也能保证争端解决的便捷性，迎来更加长远的发展。⑥

---

① 许志华：《国际商事仲裁中先例形成的困境与突破》，载《仲裁研究》2019年第2期，第30-44页。

② Alexis Mourre：《仲裁机构与作为一种国际司法系统的国际仲裁》，载《上海法学研究》2019年第17卷，第12-17页。

③ 姜丽丽：《论我国仲裁机构的法律属性及其改革方向》，载《比较法研究》2019年第3期，第142-156页。

④ 李毅：《商事仲裁机构内部治理结构实现路径之探析——以非营利性法人的机构定性为分析框架》，载《武汉仲裁》2019年第1期，第56-74页。

⑤ 孙潇祥：《仲裁机构参与基层社会治理初探》，载《武汉仲裁》2019年第1期，第107-120页。

⑥ 刘炯等：《国际商事仲裁在亚太的新发展——以各国及地区创新为视角》，载《上海法学研究》2019年第17卷，第219-224页。

此外，论者们还对仲裁公信力的提升问题[①]、仲裁行业面临的困境及改革路径[②]、国际商事示范法的相关问题[③]、国际商事仲裁的实践与发展[④]、仲裁裁决核阅制度相关事项[⑤]、仲裁第三方评估制度的建设[⑥]进行了探讨。

（十一）仲裁域外立法

英国的法院和仲裁是相互补充、相辅相成的关系。有论者指出司法制度和法院，包括伦敦仲裁，对“法律英国”运动、英国脱欧以及其他领域来说发挥着重要作用。仲裁为解决国际商事纠纷提供了一个专业性的中立机构，通过约定仲裁解决纠纷，当事人无须在法院管辖权方面达成一致。就“法律英国”而言，继续维持和加强伦敦作为国际仲裁中心或枢纽的世界领先地位是最重要的问题。[⑦]

法国是对商事仲裁采取二元立法模式的典型国家。此种立法模式下，对仲裁“国际性”的识别成为十分重要的实践问题。对此，有论者指出法国采取的是基于经济因素考量的客观标准，这一标准具有极强的开放性，赋予法院根据具体情形界定案件是否为国际仲裁的自由裁量空间。而中国未来修订仲裁法时，也有必要借鉴法国确立清晰的二元立法模式，构建涉及仲裁协议、仲裁庭人数、保密性、裁决意见、裁决撤销与执行等诸多方面的具体规则。同时在仲裁“国际性”的识别问题上，亦可借鉴法国的司法实践。[⑧]此外，基

---

① 丁朋超：《论提升我国民商事仲裁公信力的路径选择——以民商事仲裁庭庭审规则的改良为切入点》，载《河南财经政法大学学报》2019 年第 4 期，第 135–145 页；宫步坦、刘文昭：《提升我国仲裁公信力的“二元化”路径——以完善仲裁机构内部治理结构为视角》，载《武汉仲裁》2019 年第 1 期，第 15–55 页。

② 唐世月、魏威：《仲裁行业面临的困境及改革路径研究——以湖南省为例》，载《中国司法》2019 年第 5 期，第 66–73 页。

③ 王徽：《〈国际商事仲裁示范法〉的创设、影响及启示》，载《武大国际法评论》2019 年第 3 期，第 104–123 页。

④ 刘天姿：《国际商事仲裁实践与发展——评〈国际商事仲裁中的话语与实务：问题、挑战与展望〉》，载《广东财经大学学报》2019 年第 2 期，第 116 页。

⑤ 刘春梅：《仲裁裁决核阅制度的正当性、规范化与界限》，载《武汉仲裁》2019 年第 1 期，第 88–106 页。

⑥ 肖亚卓：《试论我国仲裁第三方评估制度》，载《武汉仲裁》2019 年第 1 期，第 121–138 页。

⑦ [英] 格罗斯勋爵：《英国的法院和仲裁》，载《北京仲裁》2019 年第 2 期，第 133–142 页。

⑧ 傅攀峰：《法国商事仲裁二元立法模式及其启示》，载《国际法研究》2019 年第 1 期，第 86–100 页。

于国际仲裁是各种法律文化相互交融的理想场所，有论者认为法国法律传统为国际仲裁输出了法律规则，而英美法律传统则为国际仲裁输出了程序操作规则。以巴黎为例，对外输出的如仲裁条款的自治性、自裁管辖权规则等由法国司法与学理发展而出的国际仲裁特有规则，输入的是交叉询问、证据开示等来自英美法系的仲裁实践技术。[①] 程序快捷与公正是保障仲裁得以推广和顺利进行的两大因素。有论者认为从法国的实践情况可以看出，程序快捷与公正原则贯穿仲裁程序的所有环节，并且在仲裁程序开始前及结束后仍具有效力。因此，快捷与公正原则的发展主要依托判例。而在适用于中国时，不能要求仲裁参与人在所有案件中的每一个环节都能予以严格遵守，仲裁工作中的着力点应在于尽量推进两项原则的实施力度，以更大限度体现法院所不可比拟的优势。[②]

比利时虽然属于大陆法系国家，但却未制定专门的仲裁法，相关仲裁制度规定在《司法法典》中。有论者研究发现比利时新修的《司法法典》汲取了《示范法》关于仲裁协议有效以及仲裁临时措施的规定。同时新增了《示范法》规定之外的撤销或不予承认与执行仲裁裁决的事由。归结起来其仲裁制度呈现出尊重当事人意思自治、充分保障当事人权利、加强法院对仲裁程序的支持等特点。[③]

阿联酋仲裁制度受伊斯兰法影响深远。在探索现代化的进程中，阿联酋设立了迪拜国际金融中心。关于该金融中心外国仲裁机构准入的具体制度，有论者认为有法人地位的外国仲裁机构准入采用的是审批制，在准入标准上坚持机构民间性、合法性和法律文化相似性标准。而由于我国现行法制对于外国仲裁机构的准入还存在较多限制，应借鉴迪拜国际金融中心相关制度予以完善。[④]

在国际仲裁事务中，新加坡法院既是新加坡仲裁的司法监管机构，也是

① Emmanuel Gaillard:《论法国法学思想对国际仲裁的贡献》，傅攀峰译，载《北京仲裁》2019年第1期，第108–123页。

② 金鑫:《论法国国际商事仲裁程序快捷与公正原则——兼及中国法的适用》，载《青海社会法学》2019年第6期，第188–193页。

③ 朱昕昱:《比利时仲裁制度的现代化改革述评》，载《仲裁研究》2019年第2期，第106–115页。

④ 濮云涛:《外国仲裁机构准入的法律问题研究——借鉴迪拜国际金融中心相关制度》，载《中国国际私法与比较法年刊》2018年第1期，第284–304页。

全球仲裁裁决在新加坡获得承认和执行的申请受理机构。有论者对两类影响新加坡法院管辖权的因素，即仲裁协议范围和争议事项的可仲裁性进行了讨论。其认为在新加坡法院，仲裁协议范围的认定首先需要根据新加坡的冲突规则确定仲裁协议的准据法，再根据该准据法解读仲裁协议，从而判断当事人之间的实质争议是否属于仲裁协议约定的争议范围内。而对于争议事项的可仲裁性，新加坡法院主要基于新加坡判例法确定相关争议类别是否具有可仲裁性。[①]

在仲裁区际立法方面，学者们还对香港地区仲裁立法的新发展，[②] 以及香港国际仲裁中心相关规则[③] 进行了研究。

四、2019年商事仲裁中文类研究文献整体评价

2019年商事仲裁中文类研究文献呈现几大特点：

第一，就仲裁文献的数量而言，2019年商事仲裁中文研究文献的数量依然庞大，尤其是涉及国际投资领域和“一带一路”与自贸区的相关仲裁文献数量，较上一年有显著增加；同时仲裁程序相关传统事项的研究文献数量也保持在较高水平。

第二，就仲裁文献的质量而言，2019年商事仲裁中文研究文献来源于核心期刊和专业期刊的比例有所增加，但占总体数量的比例仍然较低，整体上仍然存在一定的提升空间。

第三，从研究主题上来说，2019年商事仲裁论文类中文研究文献主要集中于仲裁协议、可仲裁性、仲裁程序、司法监督与审查、仲裁裁决的承认与执行、“一带一路”与自贸区仲裁以及特殊领域的仲裁等问题。同上一年相比，更加关注自贸区和“一带一路”背景下国际商事仲裁的构建。同时国际投资仲裁的相关问题也是研究焦点，涌现出许多创新成果。

第四，从内容上来说，2019年商事仲裁论文类中文研究文献不仅涉及传

① 翁磊：《新加坡法院对商事仲裁中仲裁协议范围以及可仲裁性的认定》，载《上海法学研究》2019年第17卷，第209–218页。

② 陈小燕：《香港仲裁立法的新发展及对粤港仲裁合作的影响》，载《法治社会》2019年第1期，第118–126页。

③ 李垒：《评香港国际仲裁中心2018版管理仲裁规则——从中国内地用户视角出发》，载《世界海运》2019年第1期，第43–46页。

统仲裁制度的理论和规则，学者们还聚焦于国内外仲裁实践中涌现的新的法律现象及立法最新动态，研究域外实践案例并与我国制度构建相比较，提出具有指导性意义的经验建议。

据联合国官网 2020 年 4 月 2 日消息，帕劳共和国于 2020 年 3 月 31 日正式成为《纽约公约》第 163 个缔约国。这充分表明仲裁这一争议解决方式在国际上获得更广泛的认可。而 2019 年研究文献必然有助于进一步完善我国商事仲裁制度、提高中国仲裁机构的现代化水平、提升中国仲裁的国际地位，以适应全球经济一体化的要求。当然，全体仲裁人应站在构建人类命运共同体的理论高度，以推动中国商事仲裁法律制度在新时代实现新发展。

2019年中国仲裁和争议解决英文文献综述

张　舒*

● **摘　要**

本文是对2019年发表的23篇关于中国仲裁和争议解决问题的英文文献的综述。根据文献内容，笔者将其归为以下主题：我国仲裁发展概况、临时仲裁在我国的发展、仲裁程序与实践问题、仲裁裁决司法审查、"一带一路"与仲裁、投资仲裁的发展、港台地区的仲裁发展等。通过对文献内容的概括和评述，笔者希望向中文读者展示英文语境下关于我国仲裁的讨论现状，尤其是通过不同作者的视角展现其中的热点问题，也希望能够增进中外仲裁从业者和学界的沟通。

● **关键词**

中国仲裁　临时仲裁　司法解释　司法审查　"一带一路"　中国国际商事法庭　发展

Abstract: This article summarises and comments on 23 journal articles and book chapters published in English in the year of 2019 focusing on the topic of China's arbitration and dispute resolution practice. In accordance with the contents of the journal articles and

* 张舒，澳大利亚迪肯大学法学院讲师。

book chapters, the author of this article divides them into the following themes: the overview of the developments of the Chinese arbitration; the development of ad hoc arbitration in China; the issues relevant to arbitration practices and procedure; the judicial review of arbitral awards; the 'Belt and Road' Initiative and arbitration; the developments of investor-state arbitration; the developments of arbitration in Hong Kong and Taiwan. By providing the summaries and commentaries, the author of this article aims to illustrate the discussion on Chinese arbitration in the contemporary literature in English, to approach the hot topics from the different perspectives provided by the original authors, and to encourage the communication between the Chinese and foreign scholars and practitioners.

Key Words: Chinese arbitration, ad hoc arbitration, judicial interpretation, judicial review, the 'Belt and Road' Initiative, the China International Commercial Court, development

一、综述

本文是对2019年发表于学术期刊和著作中关于中国仲裁的英文论文和章节的评述，共涵括了不同期刊和著作中的23篇论文和章节。上述文献从不同角度展现了我国仲裁中的很多现象与问题，集中在以下几个方面：临时仲裁在我国的发展、仲裁案件司法审查制度的改革、仲裁与其他争议解决方式的关系等。此外，很多仲裁问题的讨论着眼于“一带一路”对争议解决方式带来的机遇与挑战，以及我国国际商事法庭的设立及其与仲裁和其他争议解决方式的关系。最后，我国仲裁界如何应对投资仲裁这一新兴实践，以及我国香港和台湾地区的仲裁实务有何新进展，也得到了业界的关注。在上述讨论中，中外学者对我国仲裁和争议解决中涌现出的问题与现象，从不同的侧面发表了独特观点，展现了我国在仲裁发展历程中的独特探索，也探讨了未来发展的进一步方面。笔者力图从上述不同主题出发，对其中的现象与观点加以总结归纳，以飨读者。如有论文收集和观点整理方面的疏漏，受到笔者的学力限制，敬请原作者和读者谅解。

二、仲裁在我国的发展概况

我国仲裁相关的制度和实践在近年来有显著的创新，这得到了学界和实务界的共同关注。除后文按主题进行的详细讨论外，也有如下论文从整体出发，报告和点评了我国仲裁实务的发展概况。例如，Jingzhou Tao，Mariana Zhong 撰文报告了我国仲裁业各方面的新发展。[①] 作者报告了最高人民法院在近年来发布的一系列关于仲裁实践的司法解释，以及其对我国仲裁相关案件司法审查制度的改进。作者还报告了关于自由贸易试验区的仲裁制度新进展，包括对涉外案件的新定义和对临时仲裁的有限条件下的许可等。此外，一系列仲裁机构所推动的改革也受到了关注，如武汉仲裁委所设立的“一带一路”（中国）仲裁院，上海国际仲裁中心、深圳国际仲裁院和北京仲裁委及内罗毕和南非仲裁机构合作设立的中非联合仲裁中心，贸仲推出的投资仲裁规则，深圳国际仲裁院最新规则所提出的有限上诉制度等，都引起了业界热议。最后，作者还报告了我国国际商事法庭的设立及其对我国国际商事争议解决制度发展的推动作用。

George Khoukaz 回顾了我国仲裁业发展的历程和现状，并将其与国际实践做出比较，提出了未来进一步发展的建议。[②] 作者通过将我国《仲裁法》与 UNCITRAL《国际商事仲裁示范法》进行比较，认为我国对于仲裁协议有效性的规定和实践尺度均较为严苛，在对形式、内容、事项可仲裁性等问题上均有比较高的要求；同时，我国仲裁制度不允许临时仲裁，尽管其他法域做出的临时仲裁裁决仍可在我国执行。最后，在如何理解和适用“公共政策”方面，尽管近年来我国法院做出的一些裁判体现了有利于仲裁的倾向，但最高人民法院以“预先报告制度”和批复做出的裁判对于形成统一的司法实践的指导意义有限，而一些批复中的法律说理也不够详尽。因此，作者建议《仲裁法》的进一步改革放开对仲裁协议的书面形式等要求，允许临时仲裁，以及最高人民法院能以正式裁判的形式进一步加强对“公共政策”等重要概念的统一

① Jingzhou Tao and Mariana Zhong，‘Resolving Disputes in China：New and Sometimes Unpredictable Developments’，in Peter Quayle and Xuan Gao（eds.），*International Organizations and the Promotion of Effective Dispute Resolution*：*AIIB Yearbook of International Law 2019*，（2019，Brill）56.

② George Khoukaz，‘China’s Path toward International Commercial Arbitration：Efforts，Divergence，and Prospects’，（2019）34（3）Ohio State Journal on Dispute Resolution 419.

适用。

Jonathan Wong，Xin Liu 在讨论涉及我国国有企业的涉外争议解决的相关问题时，提及我国企业对于仲裁的态度有了显著进步。[①] 作者观察到，我国的国企对于仲裁的接受度比以前更高，尤其在境外投资项目中，也越来越能够接受海外领先仲裁机构的管辖。通常在谈判中，中方会对仲裁地点和机构较为关注。一般而言，中方通常首先提出在中国主要仲裁机构进行仲裁，如贸仲、上海国际仲裁中心或北京仲裁委员会等，而第二选择则是与我国地理上与文化上更为接近的地点，如新加坡等。尽管如此，我国当事人常常在提供证据和证人交叉询问方面存在一些问题；对于外方而言，找到对国有企业提供证据的方式以及内部决策程序较为熟悉的律师十分重要。此外，出于对我国一些地区可能存在的地方保护主义的担忧，在安排仲裁时，应考虑到其执行的方式和替代性方案，如境外支付、托管账户、针对海外资产的执行等。

三、临时与机构仲裁

我国《仲裁法》并没有对临时仲裁做出规定，故而临时仲裁能否在我国实践中得到承认，一直是有所争议的话题。近年来，司法实践和司法解释在一定程度上认可了在有限条件下的临时仲裁，这其中的历史背景、发展历程和未来实践中的现实问题得到了学者的广泛关注。Lu Liu，Qi Qi 回顾了我国对于选择临时仲裁的仲裁协议有效性的法律与实务发展。[②] 作者从我国《仲裁法》第 16 条和第 18 条规定出发，概括了现有法律框架下对临时仲裁的否定态度及其背后的历史原因。作者认为，鉴于我国普通民众对于临时仲裁缺乏基本知识，对临时仲裁的终局性效力有所排斥，彻底移除对临时仲裁的限制尚不现实。然而，彻底排除临时仲裁也是不合理的。作者随后通过对一系列司法实践和司法解释，指出在实践中临时仲裁已经能够得到一定程度的认可。例如，2006 年最高院司法解释[③] 提供了如下方式：如果仲裁协议并未明确选择

① Jonathan Wong and Xin Liu，‘Managing and Resolving Disputes Involving State-Owned Enterprises in China’，（2019）21（4）Asian Dispute Review 170.

② Liu Lu and Qi Qi，‘Determining the Validity of Ad hoc Arbitration Agreements in China：Past，Present and Future’，（2019）14（1）*Frontiers of Law in China* 115.

③《最高人民法院关于适用〈中华人民共和国仲裁法〉若干问题的解释》，法释〔2006〕7 号，2006 年 8 月 23 日。

仲裁机构，但选择了特定仲裁机构的规则，该规则能够明确指向某一仲裁机构，则可认为当事人间接选择了仲裁机构。同时，如果仲裁协议指明了仲裁地，而该仲裁地只有一家仲裁机构的，可认为当事人间接选择了仲裁机构。如果仲裁协议中的机构名称不够准确，但能够明确其指向一家仲裁机构的，亦可认为当事人选择了仲裁机构；如果仲裁协议指向多家仲裁机构，当事人能够达成协议从中选择一家的，亦可维持其仲裁协议的有效性。此外，从选择适用法的角度，如果涉案纠纷具有涉外性，而适用于仲裁协议有效性问题的法律非中国法，该法承认临时仲裁，则该仲裁协议亦具有有效性。上述司法解释和 2011 年的《涉外民事关系法律适用法》及其司法解释均对适用法问题进行了规定，即当事人可以明确选择适用于仲裁协议的法律。当事人未选择的，适用仲裁地或仲裁机构所在地法律。无上述选择的，则适用中国法。[①] 这也就意味着当事人可以通过选择适用法或仲裁地的方式来维护临时仲裁协议的有效性。这一立场已在一系列的案例中得到法院的肯定。

2017 年最高人民法院在临时仲裁问题上更进一步，其司法解释规定，“在自贸试验区内注册的企业相互之间约定在内地特定地点、按照特定仲裁规则、由特定人员对有关争议进行仲裁的，可以认定该仲裁协议有效”。[②] 然而，这一措施如何在实践中加以解释和认定，仍存在较大的不确定性。作者认为，目前不能确定这一条款所含的三个条件是否必须全部满足，才能使临时仲裁有效；关于“特定地点”“特定仲裁规则”“特定人员”，尚不知是否需要经法律特别认可或者政府特别审批，还是只要存在确定性即可；而“可以”而非“应当”的措辞，则为法院留下了自由裁量空间。因此，在目前的法律框架下，如此模糊的条款无法弥补完全依赖于机构仲裁的《仲裁法》为临时仲裁在我国实施留下的空白。

在此基础上，作者为临时仲裁在我国的发展提出了建议。作者认为，首先应当在立法层面为临时仲裁在我国的运行提供制度方面的支持，如肯定当事人关于仲裁员和任命仲裁员机构的选择自由；提供当事人未作出选择时的默

---

① 《最高人民法院关于适用〈中华人民共和国涉外民事关系法律适用法〉若干问题的解释（一）》，法释〔2012〕24 号，2012 年 12 月 28 日。

② 《最高人民法院关于为自由贸易试验区建设提供司法保障的意见》，法发〔2016〕34 号，2016 年 12 月 30 日，第 9 条。

认条款；明晰任命仲裁员的机构的职能；以及其他填补仲裁协议空白的默认规则等。而在立法层面的彻底改革得以实现之前，对于已经出现的自由贸易试验区内的临时仲裁，也应当以 UNCITRAL 仲裁规则为范本，制定统一的临时仲裁规则。作者预期，我国的立法将首先在一定程度上承认特定范围内临时仲裁，如限于特定区域、涉外争议等；对于临时仲裁裁决的司法审查或许会比对机构仲裁裁决更为严格；仲裁机构在引导临时仲裁实践方面仍将起到重要作用，如担任仲裁员任命机构等。

Judy Li Zhu 也探讨了临时仲裁在我国发展的现实可行性。① 作者同样关注了上述司法解释，但认为其所规定的满足三个条件的仲裁不能简单地等同于临时仲裁，其具体在实践中如何解释仍有待观察。同时，作者认为，临时仲裁合法化应当是立法层面应该解决的问题，而非司法解释可以解决的问题。随后，作者分析了珠海仲裁委员会发布的《横琴自由贸易试验区临时仲裁规则》和中国互联网仲裁联盟发布的《临时仲裁与机构仲裁对接规则》在临时仲裁可行性方面的进一步突破。前者的独特性在于，其填补了临时仲裁在一些目前仅适用于机构仲裁的仲裁法律框架下必须由仲裁委员会参与的程序性步骤，这些步骤将由珠海仲裁委员会进行，如指定仲裁员，向法院转交保全措施申请等。同时，仲裁裁决也可转化为珠海仲裁委员会的裁决。后者则进一步突破了上述司法解释涵括的范围，对更广泛的临时仲裁提供了可能性。尽管目前尚未有临时仲裁的案例，最高人民法院也对上述文件进行表态，因此实践中还存在非常大的不确定性，但作者认为这些进步对临时仲裁在我国的合法化具有非常重要的意义，其所指导的局部实践可能成为立法层面变革的依据。

作者认为我国在国际和国内立法层面对于临时仲裁的立场不尽一致。一方面，在《纽约公约》下，其他地区做出的临时仲裁裁决可以在我国被承认和执行。我国在投资者—东道国仲裁领域，更是在很多投资协议中认可了临时仲裁的方式，甚至只提供了临时仲裁作为争议解决方式。而在国内法上，临时仲裁及其配套法律规范则长期缺位。这种不对等可能来源于长期以来关于国内仲裁和涉外仲裁管理“双轨制”的观念。但这种不对等可能导致国内当事人对临时仲裁缺乏认识，从而在涉外交易和争议解决条款的起草中吃亏。

---

① Judy Li Zhu，‘Time to Loosen up on Ad hoc Arbitration in China?’，（2019）15 *Asian International Arbitration Journal* 43.

因此，推动临时仲裁在我国的发展很有必要。作者也观察到，事实上在上述规定出台以前，在实践中不时有当事人采取临时仲裁方式解决争议，并将争议转化为机构出具的调解书等。实践中对临时仲裁的担忧往往归结于其缺乏监管，存在当事人恶意仲裁和欺诈的可能性，但即便是机构仲裁也无法杜绝这类事情的发生，因此不应成为阻碍临时仲裁的借口。

Meng Chen 回顾了我国立法和司法实践层面对临时仲裁的态度转变。[①] 作者在回顾我国仲裁立法和实务时指出，尽管《仲裁法》的法律框架不承认临时仲裁，但在实践中并没有对临时仲裁采取一刀切的否定。例如，选择境外临时仲裁的仲裁条款被认定为有效。2003 年，最高人民法院曾在其发布的关于涉外仲裁案件的司法解释的草稿中提出，如果仲裁协议规定了仲裁庭选定的方式，则可以认可选择临时仲裁的仲裁协议的有效性。尽管这一内容在最终稿中被删去了，但厦门中院认定“ICC 规则，北京仲裁”的仲裁条款有效的判决受到了最高人民法院上述态度的影响。另外，最高人民法院和立法也通过在适用法问题上对不同情形予以不同规定，以及地方法院在实践中发挥其自主性，从而进一步放松了对仲裁协议有效性的管制。

在最高人民法院允许自由贸易区实行临时仲裁以后，如何将其在实践中进一步落实成为业界关注的问题。作者比较了横琴规则与最被经常使用的临时仲裁规则、UNCITRAL 规则、伦敦海事仲裁员协会规则（LMAA 规则）。与后两者相比，尽管横琴规则在临时仲裁的主要方面与之相同，但也具有一些独有特征，如允许仲裁员进行调解，要求仲裁员任命符合我国《仲裁法》要求等。同时，在横琴规则下，还可将临时仲裁裁决转化为机构仲裁裁决，从而解决与我国《仲裁法》的冲突。UNCITRAL 规则规定了仲裁员免责，而横琴规则只规定了珠海仲裁委及其职员的免责。LMAA 规则下，未提及当事人和解可转化为仲裁裁决。LMAA 规则亦强调程序的效率，对仲裁庭赋予权力以避免迟延和费用增加等规定较为详尽，同时对仲裁庭评估当事人需求，采取不同程序予以处理也给予了指引。

作者认为在我国目前的法律框架和环境下，要想实施更为广泛的临时仲裁，需要在立法、司法审查、仲裁规则适配、人力资源培养等各方面进行准备。

---

① Meng Chen，‘Opening a Window for Chinese Ad hoc Arbitration’，（2019）10 *Penn State Arbitration Law Review* 35.

需要注意的是，推广临时仲裁不应只是因为其更灵活经济，而是与国际实践接轨、提高我国仲裁实践的国际影响力的方式，也对我国“一带一路”和对外投资等国策的实施有所助益。除了在立法方面完善仲裁法律以外，培养司法体系和律师界对于临时仲裁的善意态度，培养可以胜任的仲裁员群体，都是其中重要的环节。此外，也应当推动我国临时仲裁规则的制订和发展，并形成一定的业界标准，而避免机构为瓜分市场推出不同的规则，而模糊了机构与临时仲裁界限的情形。此外，对于临时仲裁的司法审查也应当建立标准，为当事人在我国进行临时仲裁树立信心。

四、仲裁程序和实践问题

仲裁程序中的实践问题往往受到不同法律的历史文化传统、法律实践习惯等因素的影响。下述讨论从比较法的角度分别关注了仲裁程序中的两个问题：取证和调解。在这两个问题上，我国的法律与实践与其他法域存在较为显著的不同，故而上述比较对于实务工作者在实践中充分了解各法域的规定、为当事人量身定做合理的方案，司法者充分理解当事人的诉求，立法者和学者探讨法律发展的方向，均具有很强的参考意义。Milo Molfa 等人研究了我国仲裁程序中关于取证的实践问题。① 作者比较了在我国内地、我国香港地区、英格兰和威尔士、美国等不同法域取证的法律与实践。由于我国《仲裁法》的局限，在现行法律框架下，法院在取证方面能够提供的帮助较为有限。我国《仲裁法》缺少像 UNCITRAL《示范法》第 27 条规定的，由仲裁庭寻求法院做出要求提供证据或证人出庭的措施。我国《仲裁法》第 46 条则规定了由仲裁机构向法院转交关于证据保全的请求，但一般认为，这仅限于我国机构的仲裁，而且不适用于第三人，或由第三人持有的证据。此外，申请人必须提供关于证据的各种细节，这一证明要求相当高。

如果当事人在境外，或争议相关证据在境外，其他法域的法院或许可以提供更多的帮助。英格兰 1996 年《仲裁法案》第 43 条、第 44 条规定，法院可以要求仲裁案件中的证人出庭和做出证人证言等，甚至可以与域外法院合

① Milo Molfa, Adam Grant, Paul Kleist and Amy Wen Wei, ‘Challenges in the Taking of Evidence in Arbitration Seated in Mainland China’, (2019) 36 (3) *Journal of International Arbitration* 315.

作以获取相关证据。[①] 这些规定同样适用于仲裁地为域外，甚至未确定仲裁地的仲裁程序，但法院有认为不合适支持这些请求的自由裁量权。对于这一自由裁量权如何行使，案例法较少，但在一个案例中，因当事人请求的事项在英国法下无所对应，故而被拒绝。在香港，《仲裁法令》第45条第2款规定，香港法院可以对仲裁地在本地或境外的仲裁发出临时措施，包括搜查和获取证据。第60条规定，法院可命令要求对仲裁庭、当事人或专家证人的财产进行搜查、拍照、保存、接管、售卖；可以对其进行取样、观察或实验等。这对于仲裁地在域外的仲裁亦同样适用。然而，如果法院认为该财产正处于仲裁争议中而由仲裁庭做出决断更为合适，则可能拒绝当事人的请求。实践中，如果香港法院和仲裁庭具有相同的权力，则法院通常会怠于行使权力，因此当事人通常应当先向仲裁庭提出请求。在美国，《美国法典》第1782条列举了外国司法程序可援引的美国取证工具，包括：提供纸质和电子书证及其他证据，口头和书面质询个人和公司代表，获取证人证言等。同时，在满足基本申请条件的情况下，法院也有一定的自由裁量权。在Intel Corp. v Advanced Micro Devices, Inc[②] 案中，美国最高法院列举了四项自由裁量的因素：取证所针对的当事人或实体是否是域外程序的参与者；域外审判庭 / 仲裁庭对美国司法协助的接受度；该申请是否不适当地试图绕过域外的取证限制；所申请的取证是否具有过度侵扰性和带来不必要的负担。需要注意的是，对于单纯的私人商事仲裁是否属于该条的“审判庭 / 仲裁庭”（tribunal）的概念，不同的法院看法不同，有可能被排除在此条的适用之外。另外，本条通常适用于非仲裁程序的当事人，而更难适用于仲裁案件的当事人，因为法院通常认为仲裁庭已经可以直接对当事人做出类似的决定。因此，若要针对仲裁当事人提出类似申请，需证明为何仲裁庭本身不能获取证据。上述实践细节对于在中国进行仲裁案件当事人如何在全球不同法域获取证据有所帮助。

Weixia Gu对我国仲裁中调解进行了多角度的研究。[③] 仲裁中调解是在我

---

① 笔者注：关于上述两条款的细节及相关案例，因过于浩繁，本文篇幅有限无法详述，如有兴趣了解，请参考原文。

② 542 US 241.

③ Weixia Gu, ‘Hybrid Dispute Resolution Beyond the Belt and Road: Toward a New Design of Chinese Arb–Med (–Arb) and Its Global Implications’, (2019) 29 *Washington International Law Journal* 117.

国被广为接受，但在国际实践中争议较大的一种实践。其在我国的广泛运用，既有文化上的原因，也有社会学层面的原因。从文化上说，儒家文化推崇更和平的争议解决方式，从而形成了广泛的调解文化；从社会学和政治治理角度来说，仲裁在我国的兴起更多出于顶层设计和吸引外资的需要等，因而形成涉外仲裁与国内仲裁并行的模式，前者更接近西方主导的仲裁规则范式，而后者则更本土化，仲裁中的调解也在后者中被接纳的程度更高。

作者认为我国仲裁中调解存在的主要问题集中在仲裁者同时作为调解者的冲突问题、保密性问题等。此外，更为系统的问题是我国的立法层面对其中的多个问题缺乏规制。而在实践层面，业界领先的仲裁机构，如CIETAC、北京仲裁委员会、深圳国际仲裁院等，虽然在一定程度上细化了相关规则，但其趋势是为当事人提供了由第三方进行调解的选择，而非更为系统地解决仲裁员作为调解员这一普遍实践中存在的问题。值得注意的是，一些仲裁机构也在其投资仲裁规则中设置了类似条款，其在投资仲裁语境中仍有待实践检验。从司法解释层面看，最近的一系列改革试图弥合涉外仲裁与国内仲裁管理上的差距，这对统一仲裁中调解的司法审查有所帮助。

从比较法的层面看，通常认为其在西方接受度较低而在东方接受度较高，但对主要法域进行更为细致的分析则发现各法域的态度和规制方式也不尽相同。例如，我国香港地区和新加坡在立法层面规制了仲裁员作为调解员的信息披露问题，要求仲裁员在调解结束后必须向所有当事人披露当事人在调解中单方披露的信息。仲裁中调解在日本的接受度较高，其立法对其并无规制，但仲裁规则对仲裁员与当事人单方接触有较为严格的规定。新加坡国际仲裁中心和新加坡国际调解中心联合发布了仲裁—调解—仲裁议定书，对在仲裁中进行调解的程序步骤进行了较为详尽的指导，其做法也是暂停仲裁程序、另选调解机构进行调解，而非由仲裁员进行调解。在欧洲国家中，德国对于仲裁中调解的接受程度较高，这与其诉讼中调解的广泛使用可能存在一定的关联，在这一点上与中国较为相似。与之相对的，法国等其他欧洲国家对仲裁中调解的接受程度较低。在普通法国家中，英国与美国案例法对于仲裁中调解的做法持较为否定的态度，而澳大利亚在其国内仲裁立法中对仲裁中调解做出了规定，即仲裁员必须对其在调解中从一方获取的信息予以保密。

作者认为，在“一带一路”背景下，各国对仲裁中调解的认识存在较大的分歧，而我国若是要与国际领先的仲裁地展开竞争，如何提高仲裁中调解的接受度是一个较大的问题。作者建议我国仲裁机构应对其仲裁中调解中的公正性和其产生的和解裁决的可执行性加强规范；同时，法院应以“预先报告制度”为依托，对仲裁中调解进行更为严格的司法审查，充分维护仲裁裁决的中立和公正性，从而在国际上建立良好的声誉。与此同时，作者也指出，中国国际商事法庭的成立及其所提出的“一站式”争议解决平台的构想，亦是基于将仲裁、调解和诉讼交给不同机构进行，而只是在机构之间形成协调关系，也可能预示着在国际商事争议解决中，政策层面的趋势也是弱化仲裁中调解的使用，从而避免其中可能存在的程序瑕疵等，这迎合了外国当事人对更接近国际通行做法的需求，提升了我国作为争议解决地的竞争力。

五、仲裁裁决司法审查和执行

仲裁相关的案件的司法审查，始终是学界和实务界关注的重中之重。这是仲裁这一替代性争议解决方式能否为当事人提供有效的争议解决途径，保护其经济利益的最终环节，也是一国司法环境对仲裁是否友善的具体体现。我国的司法实践长期以来被域外实务工作者和学界所质疑，但近年来，实践数据和司法改革措施都表明，我国的仲裁法律环境在逐步改善。针对这一主题，中外作者从不同角度切入，展现了这一领域的方方面面，分析了最近一系列改革的优点和局限性，也为未来进一步的立法和司法改革提供了参考。

Mingji Qu 对我国两个非一线地区的仲裁裁决司法审查进行了实证研究。[①] 作者选择了两个非北上广地区、经济较不发达且位于“一带一路”政策覆盖沿线的省级行政区作为匿名研究对象。同时，上述两个目标省份具有显著不同：目标省份一人口基数大，文化资产丰富，相对来说法律行业较为发达，但省内不同地市之间经济发展程度区别较大，社会情况较为复杂。该省因其地理位置、外商投资较少、本地企业众多、政策环境较为友善而被认为具有很大的投资潜力，但被认为其政府文化较为保守。目标省份二是少数民族自治区，其独特的地理地貌、少数民族文化、人口基数小等不同方面的特征与目标省份一显著不同。同时，其经济发展状况较为落后，但目前享受国内外投

① Mingji Qu, 'Status Quo of Enforcing Commercial Arbitral Awards in the People' s Republic of China: An Empirical Study of the Enforcement Practices in China' s Two Economically Less-Developed Regions', (2019) 36 (4) *Journal of International Arbitration* 451.

资方面的优惠待遇。该地区的政府文化较为谨慎但并不十分保守，其与本地司法部门和学术界的沟通较多。因此，其在周边地区中经济地位逐渐提升，相对而言法律和商业环境也比较友善。尽管外部环境差距较大，但两地的仲裁机构发展状况较为相似：主要地市均设仲裁委员会，而省会地区的仲裁委员会是受案量最多的，也涵盖了国内和涉外仲裁，因此被作者选为主要研究对象。作者认为这两个目标地在一定程度上代表北上广地区以外仲裁裁决执行的状况。作者采取了阅读学术资料、法院和仲裁委的数据统计、问卷调查和访谈。

通过对数据的分析，上述两地区的本地仲裁委在过去十年内有了显著发展，案件数量和机构规模等方面都有显著提高。以目标省份一省会地区的仲裁委员会为例，其成立于20世纪末，但在2011年左右案件规模有了显著增长。该机构的高级管理者认为案件规模增长与机构的改革和仲裁员质量的提高有直接关系。在目标省份二省会地区的仲裁委员会亦在2000—2010年有了案件方面的显著增长。上述两个仲裁委都建立了庞大的仲裁员名单，仲裁员来自学者、律师和不同行业的实务从业者。两者均表示有信心受理备受关注的国际性案件。作者认为上述数据表明我国显著的社会经济情况和法律环境有能力为现代商事仲裁发展提供支持。对13位律师和29位法官的问卷和访谈表明，受访者对于仲裁均具有一定的知识。然而，作者对受访者针对仲裁的认知程度持谨慎态度，因为他们在仲裁裁决执行方面的实践较少，仅有9位法官参与过仲裁裁决执行，而没有任何受访者参与过外国裁决的执行。在不同的法院间，商业交易更多的城市的法院的受案量显著更多。一些受访者认为，并非所有法官都具备受理仲裁相关案件的知识。同时，案件的当事人和债权追讨人乃至一些律师对商事仲裁也不甚熟悉。因此，总体而言，在非北上广地区的大部分地区，商业人士与仲裁界之间缺乏沟通和了解，而律师也缺乏将其相关知识适用在实务中的机会。同时，这也体现出商事仲裁的发展在地区间的不平等和差异化，北上广和非北上广地区在经济、法律行业发展、法律人才的聚集等各方面均对此有所影响。

从业者对仲裁的认识也影响到仲裁发展和仲裁裁决执行的相关实践。研究表明，受访者更倾向于用诉讼而非仲裁解决争议，尤其是在国内当事人之间。一些律师建议当事人忽略仲裁而直接诉诸法院；也有受访者错误地认为仲裁裁决没有终局性和可执行力。这可能源于对仲裁机构和仲裁员的不信任，大部分受访者认为相对于仲裁而言，法院的人员更专业，执行保证度更高，更受法律认可。而本地的仲裁机构对仲裁员质量以及选拔仲裁员的机制表示不信任。同时，在缺乏有效的监督机制的情况下，仲裁员的独立性也不被信任。最后，受访者还表达了对仲裁委员会干涉仲裁员自主性、邀请第三方介入仲裁程序的做法的质疑。我国传统文化中以礼和德为中心的习惯做法可能在一定程度上使得上述机构的组织和行为方式维持下来，同时也影响到人们对于仲裁终局性的认知和价值判断。

从仲裁裁决的执行角度来看，受访者普遍认为仲裁裁决的可执行性与法院判决相似甚至优于后者。但也有受访者认为其可执行性低于法院判决，甚至有些法官对仲裁裁决不信任。由于在整个研究中没有证据表明外国仲裁裁决被区别对待，故在下述研究中对裁决的国籍未作区分。整体而言，仲裁裁决的执行率较高。目标地区一省会的仲裁委所提供的数据表明，大约40%的裁决被自愿执行，只有不到0.2%的裁决在5年内被法院拒绝执行。目标地区二省会的仲裁委亦在2013年的报告中表明仅有不到1%的案件被法院拒绝执行。这表明大多数省会地区的主要仲裁机构能够代表在各地较为先进的仲裁实践。从法院角度的数据来看，法官和律师所报告的执行率比Peerenboom教授在2000年所报告的数据有所改善，但不同的法官与律师所报告的数据差别较大，可能受到不同地区经济发展状况的影响。法官所报告的其所经手的执行案件的数量远远大于律师，故为研究的主要数据来源。他们所报告的数据表明，绝大多数案件在6个月内完成执行。从财产的执行率来说，绝大部分案件当事人都或多或少获得了部分数额财产的执行，完全无财产可执行的情况很少见，但完全足额的执行也较少。不同受访者所报告的执行比率之间的差别可能受到个案执行金额和具体案情的影响，同时也受到当地经济和社会条件的影响。在我国不同地区的裁决执行可能会有较大的差距。作者总结认为，我国社会文化条件和仲裁实践之间仍然存在一定差距，仲裁机构和持以诉讼为中心的律师从业者之间的竞争关系在一定程度上影响了仲裁的发展，但法院总体而言对于商事仲裁持肯定和支持态度。

Vicky Priskich报告了我国仲裁裁决司法审查制度的一些新动向。[①] 作者简

---

① Vicky Priskich, 'The Recognition and Enforcement of New York Convention Awards in the People's Republic of China: Recent Reform of the Prior Reporting System and Trends in Recognition and Enforcement', (2019) 21 (2) *Asian Dispute Review* 70.

要介绍了我国基于《民事诉讼法》和《纽约公约》等的仲裁裁决司法审查制度，以及适用于涉外和外国仲裁裁决的预先报告制度。同时，作者关注到了实践层面的新动向，如根据《最高人民法院关于仲裁司法审查案件归口办理有关问题的通知》[①]，各法院的涉外商事案件审判庭负责审理仲裁裁决相关案件，而承认与执行无须分别立案，经审判庭承认的裁决即交由执行部门执行。而根据《最高人民法院关于仲裁司法审查案件报核问题的有关规定》[②]，预先报告制度的具体操作细节得到了进一步完善，对法院之间的报告内容和批复形式均有所要求，而这一制度也扩展至国内仲裁，从而提高了统一的有利仲裁执行的司法体系。然而，作者认为，鉴于国内仲裁案件的规模数十倍于涉外仲裁和外国仲裁裁决执行案件，其可能造成法院系统的负担，而加剧我国仲裁裁决司法审查效率较低、时间过长的问题。可能也正因如此，国内仲裁的报告制度大多终于高级人民法院而非最高人民法院层级。作者认为，新近的诸多改革从一定程度上呼应了对于我国仲裁裁决司法审查制度的批评之一，体现了有利于执行的原则，是值得鼓励的，但与此同时，还应当提高程序的透明度，增加当事人参与这一程序的机会。

Meng Chen 探讨了我国对于仲裁的司法审查机制的改革。[③] 作者讨论了我国仲裁体制的独特性和其中的问题，尤其着重分析了仲裁裁决的撤销与拒绝执行方面的规定，尤其着重介绍了新近的一系列司法解释所带来的变化。

关于仲裁裁决的撤销，根据仲裁机构所在地来划分法院监督管辖权的做法，排除了外国机构在我国进行仲裁的情形，为这一实践留下了真空。此外，对于国内仲裁和涉外仲裁的审查标准不同。关于仲裁裁决执行的司法审查，我国法院对承认和执行加以区分，并且不同的法院对由审判庭还是执行庭来处理相关案件的划分并不一致。同时，国内仲裁和涉外、外国裁决的审查标准也不一致，在国内仲裁的司法审查中法院常常会考虑案件实体部分，而非仅仅进行程序审查。在这一点上，最高人民法院新近的司法解释对审查标准进行了细化，并明确了案件受理在法院内部的部门分配。

---

① 法〔2017〕152号，2017年5月20日。

② 法释〔2017〕21号，2017年12月26日。

③ Meng Chen, 'Reforming Judicial Supervision of Chinese Arbitration', (2019) 10 (4) *Journal of International Dispute Settlement* 542.

关于预先报告制度，作者认为尽管实践数据表明其能够有效控制法院对仲裁裁决的负面评判，但这不是将这一救济仅赋予涉外和外国裁决的理由；应当为国内仲裁裁决的司法审查提供类似的救济，但寄望于最高人民法院对所有国内裁决进行审查也是不现实的。有鉴于此，新近的司法解释在一定程度上扩展了预先报告制度的适用范围，同时提及法院体系内信息平台的建立，以共享和监督全国范围内的仲裁裁决司法审查案件。此外，关于执行的司法解释还表明，非仲裁当事人的第三人亦可以对执行提出异议。这在一定程度上抑制了虚假仲裁的可能。

综上所述，作者认为尽管最近的司法解释是对我国仲裁司法审查制度的创新，但并不能彻底改变制度内部设计中的核心问题。其一，我国仲裁裁决司法审查制度中存在不同司法审查程序的重叠；在撤销裁决之诉和执行裁决之诉中，很多审查内容具有相似性，但按照我国法律分属不同法院管辖，统一这两个司法审查的标准和内容已成为广泛的共识，也提高了司法审查效率，这是我国制度设计上亟待做到的一点。作者建议，在制度上应当进一步统一管理两种司法审查案件。其二，司法审查标准应当统一，尤其在国内和涉外、外国裁决方面，不应区别对待。在立法层面做出改变之前，应由最高人民法院加强对案件审查的集中监管。其三，应该进一步推广和强调“仲裁地”概念，改变依赖于仲裁机构所在地的做法。其四，应当填补对临时仲裁、投资仲裁等进行司法审查和监督的制度空白。其五，应充分发挥仲裁行业自治的作用，推动我国仲裁业发展。

Kun Fan 亦考察了我国最高人民法院和仲裁的关系。[①] 作者系统地回顾了我国司法体系中关于仲裁的制度，集中讨论了对仲裁裁决进行司法审查的法律、司法解释等。作者认为以最高人民法院所代表的我国法院体系在处理仲裁相关案件中体现出来的趋势是，法院采取了对仲裁更友好的态度，其对撤销裁决和不予执行裁决的理由的解释更加审慎。此外，最高人民法院还对一系列实践中新涌现而在法律和先前的司法解释中并未解决的问题予以厘清。这些问题包括：对于自由贸易区相关“涉外民事关系”的解释；对第三人提出执行异议的解释；对先予仲裁问题的解释等。作者还关注到最高人民法院的指

---

① Kun Fan，‘Supreme Courts and Arbitration：China’（2019）2019（2）*b-Arbitra|Belgian Review of Arbitration* 587.

导性案例及其对关于仲裁实务的影响，其可能对仲裁员的裁判或中国法在仲裁中的适用均起到指引作用。作者认为，最高人民法院所建立的中国国际商事法院也是其在国际化与本土化的争议方面所做出的尝试，有助于提升我国作为仲裁地的吸引力。

六、“一带一路”与仲裁

“一带一路”倡议虽立足于经济合作，但其相关的法律制度建设也是经济合作能够长期发展的重要保障。如何利用已有的国际商事法律资源，构建促进“一带一路”深入发展的多元法律框架，是理论界与实务界的重要议题。仲裁制度的重要性在各界对于“一带一路”背景下的法律制度建设的讨论中被一再强调。在这一语境下，学者考察了我国仲裁多个方面的问题与进展。尤其值得注意的是，多位学者都提到了中国国际商事法庭的设立对于“一带一路”相关争议解决的影响，而其与仲裁的联系也受到了重视。

Patrick M.Norton 以“一带一路”为背景，分析了我国诸多争议解决方式的现状和新发展。[①] 在谈及我国仲裁时，作者简要介绍了相关立法和主要仲裁机构，并指出，我国仲裁曾因种种原因遭受广泛质疑和否定，包括：曾经存在的对于外籍仲裁员任命的诸多限制，对仲裁员报酬的限制使得外籍仲裁员往往怠于接受任命或在案件中投入不足，仲裁秘书的干涉较多，仲裁员主导调解，以及对仲裁程序透明度和公正性的怀疑，等等。近年来，机构、实务工作者和学者在修正错误和改进措施方面做出了巨大努力，但多数实务工作者仍对在中国进行仲裁较为谨慎。另外，可执行性是仲裁的巨大优势。由于我国是《纽约公约》成员国，我国做出的仲裁裁决可在世界其他成员国执行，而其他成员国做出的裁决在我国的执行状况近年来亦有了很大改善。从立法上看，我国仍保留着两项阻碍仲裁发展的制度：一是《仲裁法》对仲裁协议必须选择“仲裁委员会”的要求。这不仅排除了临时仲裁，也使外国仲裁机构能否在中国境内仲裁存在不确定性。二是外国投资者在中国设立的外商投资企业一般被认定为不具有涉外性，它们与其他中国企业之间的纠纷因此只能选择中国仲裁机构。

---

① Patrick M. Norton，‘Conflicts on the Belt and Road：China’s New Dispute Resolution Mechanism’，（2019）8（1）*Indian Journal of Arbitration Law* 82.

在这一基础上，2018 年 1 月 23 日，中共中央办公厅与国务院办公厅联合发布的《关于建立“一带一路”国际商事争端解决机制和机构的意见》提出了三项关于改进争议解决方式的措施：设立中国国际商事法庭；设立国际商事专家委员会；提供仲裁机构名单，以形成一站式、多元化的争议解决机制。作者对三项机制的细节做了较为详尽的介绍。作者认为，以中国国际商事法庭为核心的这一争议解决机制，受到了新加坡和迪拜国际商事法庭的成功，以及其他计划成立的类似机构的影响。然而，与其他国际商事法庭的真正的国际化相比，这一争议解决机制是“中国中心主义”的，体现在只有中国法官审理案件、必须由中国律师代理案件，以及案件必须与中国有一定程度的联系等方面。尽管与普通诉讼程序相比，中国国际商事法庭程序在允许英文证据提交、要求法官具有一定英文水平，以及采取更为先进的电子文件提交和管理和其他信息技术等方面都有显著的进步，但这些措施在何种程度上能够令外方当事人愿意在中国进行诉讼仍不明朗。另外，在仲裁与诉讼的衔接上，当事人以何种方式保证仲裁案件能够被纳入“一站式平台”仍不明确。作者建议应当设立一种简单的案件提交方式，如由中国国际商事法庭，而非分散的仲裁机构来进行立案，从而使当事人能够方便地获取中国国际商事法庭对仲裁程序的支持性服务。

作者进一步认为，在“一带一路”背景下，中国关于争议解决制度所面临的挑战是，如何应对当事人对于中立的争议解决平台和规则的需求。在国际交易中，当事人通常不愿意选择在对方的国家、规则制度和机构进行争议解决，而这在中国国际商事法庭及其配套的其他措施范围内难以实现，更不用提中国法院在域外获得执行的不确定性等问题。尽管中方在基建投资等项目中具有一定的谈判优势，但很难说这种优势能够在多大程度上令当事人放弃周边其他具有完善争议解决制度优势的香港、新加坡等地所提供的其他选择。那么，设立这一制度的目的和意义何在？作者认为，这是我国在彰显其经济、军事成就之外，通过制度建设而体现其领先地位的方式。具体而言，这或许会使“一带一路”沿途东道国对于中国对争议的管辖提高接受度，包括集诉讼、仲裁和调解于一体的、灵活的争议解决方式等。此外，这也有助于中国公司在境外设置的子公司等解决与国内其他公司的相关争议，这对于双方当事人而言都是更为熟悉的争议解决平台。总体而言，这一制度还处在初期阶段，其对中外当事人的影响都有待于实践检验，而可以预期的是，中方当事人会比外方更积极地参与其中。

Zachary Mollengarden 撰文从法律、社会学和政治经济学等不同角度出发，分析了我国国际商事法庭和其所提供的“一站式”争议解决平台。[①] 作者先后回顾了我国的仲裁事业发展和我国的国际投资法的发展，作为问题的背景。从仲裁的角度看，我国的立法较早，规定较为陈旧，但至今未有立法层面的改革，而仅有非正式的改革，包括自下而上的，以仲裁机构推动为主的实践改革，以及自上而下的，以司法解释为主要形式的进步。从实践上看，国内仲裁和涉外仲裁的双轨制影响深远，而仲裁机构普遍受到政府干预或潜在压力的情形仍较为普遍。其他的特征包括对外籍仲裁员的限制、对临时仲裁和外国机构在华仲裁的禁止、仲裁调解相结合等。

作者随后从供给和需求的角度，讨论了我国国际商事法庭与仲裁相比较的特征。从需求侧来说，显然中方会更倾向于选择本地的争议解决途径，因此需要额外讨论的是为何外方当事人也会从诸多选项中选择国际商事法庭。从可执行性上而言，一般仲裁裁决比法院判决更为优越，然而如果一方当事人在中国，可能本国的法院判决会更好。从供给侧来说，我国国际商事法庭缺少外国法官，而仲裁中外籍仲裁员的任命更为普遍。类似的问题也出现在代理人的选择上，在现有法律框架下，国际商事法庭仍属我国法院的一部分，因此无法使用外国律师。总结而言，制度设计者必须在中国特色的制度与内部、外部的不同因素之间做出平衡。例如，调解与仲裁、诉讼相互结合的实践需与赋予当事人何种程度的上诉权一起考量，而仲裁机构负责人不参考当事人国籍而任命仲裁庭主席的权力应与当事人对地方保护主义的忌惮心理相平衡。

作者认为，国际商事法庭及其争议解决平台的价值可能从“一带一路”发展的两种模式层面衡量。从对“一带一路”所惠及的当事人，尤其是中方当事人的角度而言，其所提供的争议解决平台为中方当事人在既有的争议解决机制之外，提供了更为熟悉和本土化的选择。而从扩展“一带一路”的范围层面上说，其意图提供全新的争议解决架构，是对现有争议解决机制的改革，也标志着我国在国际商事仲裁和国际投资法领域的突破。

Wei Cai，Andrew Godwin 在对国际商事法庭的详尽分析中，比较了其与

---

① Zachary Mollengarden，“‘One-stop’ Dispute Resolution on the Belt and Road：Toward an International Commercial Court with Chinese Characteristics”，（2019）36 *UCLA Pacific Basin Law Journal* 65.

仲裁的优势与劣势。[①] 他们认为，与仲裁相比，在国际商事法庭诉讼的劣势包括：当事人无法选择具体的裁判者；相比有《纽约公约》作为执行保障的仲裁而言，司法判决在其他的执行中存在较大的不确定性。但与仲裁相比，国际商事法庭的优势包括：与调解和信息中心等功能的紧密对接；简化的证据法规则；判决在中国可直接执行，而仲裁裁决需再经法院审查；费用与国际仲裁相比可能更为低廉等。同时，作者认为尽管我国的仲裁实践已具规模，一些仲裁机构也较有影响力，但由于仲裁的临时性（指每个案件都由临时组成的仲裁庭予以裁断）和私密性，其对于国际商法理念和规则的形成的促进作用较为有限。从这一点来看，国际商事法庭无疑能够施加更深远的影响。

Hou Peng 分析了“一带一路”语境下第三方资助仲裁在与我国有关仲裁实务中的发展前景。[②] 自从 2017 年香港正式肯定了第三方资助仲裁以来，其在我国相关的仲裁实务中亦成为热点话题。作者对比介绍了香港法律及其出台的背景，以及历史上对于第三方资助仲裁禁止的原因。在现代仲裁市场语境下，通过对资助人和被资助人的资格和筛选进行规定，可以降低投机、不道德、程序不公等风险，而通过第三方资助解决仲裁费用高昂的问题，能够进一步完善地方的仲裁环境，吸引全球各地的当事人选择香港为仲裁地，从而进一步推动香港仲裁市场的发展和巩固其国际领先的仲裁地地位。随后，作者介绍了全球范围内的相关实践，并分析了我国的仲裁市场对其的潜在需求。作者认为香港的先例能够在一定程度上证明其可行性，并且我国经济和仲裁行业的迅猛发展也为其提供了巨大的市场。尽管法律上目前尚属空白，但关于支持企业经济状况、促进仲裁业发展方面，政策、立法、司法方面都已释放出积极信号。经过筛选和审查而存在的第三方资助仲裁能够为当事人寻求正式的争议解决渠道缓解经济压力，提高仲裁程序和裁判的质量和效率，也能够在更广泛的意义上增进社会福祉，减少内部损耗。对于第三方资助仲裁的规制，可以在立法、司法、行业自治三方面予以推动，而在现阶段，可能从行业自治入手更具有可行性。例如，可以以香港《第三方资助仲裁实务守则》

---

① Wei Cai and Andrew Godwin，‘Challenges and opportunities for the China International Commercial Court’，（2019）68（4）*International & Comparative Law Quarterly* 869.

② Hou Peng，‘Using Shields as Weapons：Third-party Funding Assisting China-Related Arbitration under Belt and Road Investment’，（2019）14 *Frontiers of Law in China* 274.

为基础，要求仲裁机构、律师事务所和第三方资助者均遵守相关的实务规范。仲裁研究机构亦可以在此基础上进一步细化操作规范和职业守则，为其在我国的实现提供进路。作者认为，在一定框架内引入第三方资助仲裁，对于“一带一路”相关的投资贸易中的仲裁发展有着重要意义；在这一制度的支持和助力下，我国当事人在“一带一路”相关投资贸易中发生争议，将能够充分接触不同的争议解决平台，有效率地解决争议。

Chiann Bao分析了与“一带一路”背景下与我国有关的争议特点和对争议解决方式的影响。[①] 作者认为，“一带一路”项目一般都是大型基建项目，故而相关争议一般都具有交易复杂、标的高、周期长、资本密集、多当事人、多合同、跨境等一般特征。除此之外，还应注意到其在“一带一路”背景下的独特性。作者通过一系列的交易和案件例证，认为其中值得注意的争议类型和问题有：由于投资东道国政局动荡而带来的不确定性所导致的争议；由于竞价过低而面临的反垄断争议；对已存在争议的项目进行的投资而面临的风险；由披露瑕疵或其他透明度问题而引起的争议等。“一带一路”背景下，国际仲裁无疑是受到青睐的争议解决平台，但当事人也应注意到可能存在关于争议选择方式的强行法，如菲律宾建筑产业的仲裁机构对本地的建筑纠纷具有排他管辖权。当事人在参与“一带一路”项目投资时，应当充分意识到其带来的风险，在起草争议解决条款时做好风险防范。

七、投资仲裁的发展

近年来关于我国语境下投资者—东道国争议解决方式以及投资仲裁改革的讨论很多，而讨论的主题广泛，涉及国际公法、国际投资法、国际仲裁等方方面面的问题，以及各个国家和经济共同体在这一问题上的不同立场。鉴于这一问题的复杂性和本文的局限性，作者仅选取相关文献中与仲裁法联系较为紧密的部分加以总结，供读者参考，其侧重点主要在于我国仲裁机构发布的适用于投资仲裁的规则等。

Walid Ben Hamida回顾了我国签订双边和多边投资协议及《ICSID公约》的历程，以及新进涌现的和我国有关的投资仲裁案件中的重要法律问题，并

---

① Chiann Bao, ‘Negotiating the Potholes Along the Belt and Road’, (2019) 21 (4) *Asian Dispute Review* 154.

关注、分析了“一带一路”背景下的我国关于投资仲裁的一些新动向。[①] 作者首先关注了贸仲颁布的投资仲裁规则，认为其对于填补投资仲裁在我国的空白，推动相关实践，对我国企业投资仲裁提供机构层面的保护，对我国国际化、法治化、改善企业经营环境均有重要意义。整体而言，这一规则遵从了国际标准，体现了仲裁庭管辖权自治的重要原则，以及采纳了多当事人仲裁、合并仲裁、先期驳回等较为先进的仲裁制度。与此同时，其具有中国特色的规定包括广泛的诚实信用原则，仲裁与调解相结合的制度，要求当事人披露第三方资助，以及规则的灵活性和费用较低等。作者认为这一规则在全球投资仲裁市场上仍有待实践检验。

另一方面，作者关注了我国国际商事法庭的设立与投资仲裁的关系。作者认为目前出现了国家司法系统“仲裁化”的趋势，体现在诸多国际商事法院、法庭的设立，以及他们采纳类似仲裁的方式进行争议解决的实践。例如，比利时 2019 年设立的布鲁塞尔国际商事法院（Brussels International Business Court），不受政府资助，以当事人合意为管辖权基础，以英文为工作语言，当事人可以选择适用的实体法，判决不上诉，由 UNCITRAL《仲裁示范法》对程序进行管辖。荷兰所设立的荷兰商事法院（Netherlands Commercial Court），法国的巴黎国际商事法院（International Chamber of the Commercial Court of Paris）和巴黎国际上诉法院（International Chamber of the Court of Appeal of Paris）属于法院体系的一部分，致力于解决国际民商事争议，也具有类似的属性。作者认为我国的国际商事法庭也具有相似的属性，为当事人提供了多样化的选择，但其与仲裁的相似性以及实践效果仍有待观察。

Meng Chen 对投资仲裁的两种形式，ICSID 仲裁与非 ICSID 仲裁，进行了比较，并探讨了在我国推广非 ICSID 仲裁的可行性。[②] 作者从管辖权、程序、裁决的撤销与执行等方面，对国际上被广泛使用的上述两种投资仲裁形式进行了比较。从管辖权的角度看，两者均基于当事人的合意，但 ICSID 仲裁往往可以直接基于东道国对《华盛顿公约》的同意，而在非 ICSID 仲裁中，

---

① Walid Ben Hamida,‘Arbitration in the new Chinese Investment Law’（2019）2 *International Business Law Journal* 155.

② Meng Chen,‘Embracing Non-ICSID Investment Arbitration: The Chinese Perspective’,（2019）39（3）*Northwestern Journal of International Law & Business* 249.

如果不是东道国在双边投资协议或其他条约中有所约定，则当事人较难获取东道国就仲裁方式的同意。从程序方面，尽管ICSID仲裁和基于UNCITRAL《仲裁规则》或其他仲裁机构的仲裁规则的仲裁程序可能存在细节上的区别，但从实践而言，很难就哪一个仲裁程序更有效率得出明确的结论。ICSID仲裁的一个独有之处是其基于《华盛顿公约》的仲裁裁决取消（annulment）制度，由ICSID任命的三人专门委员会进行。而非ICSID仲裁的情况下，则由仲裁地所在国法院对仲裁裁决进行撤销审查，而在这一方面，缺乏统一的国际法，各国法院的做法也不尽一致。在仲裁裁决的执行方面，ICSID仲裁裁决亦按照《华盛顿公约》下所规定的方式进行，而非ICSID仲裁裁决的执行多只能依据《纽约公约》由各国法院进行，但其受公约的保留条款的限制，此外，各国对主权豁免问题的立法与实践也不尽一致，这是两种仲裁都难以避免的。总体而言，从实践上看，ICSID仲裁在目前的投资仲裁中占比更大，但由于非ICSID仲裁的相关实践没有统一的公开制度，数据可能不尽准确。而从上述制度分析来看，两种仲裁形式较为相似，没有一种具有显著优势。因此，非ICSID仲裁可以成为投资仲裁的一个选择。

在此基础上，作者进一步比较了UNCITRAL《仲裁规则》与斯德哥尔摩商会（SCC）《仲裁规则》这两个被使用最为频繁的非ICSID投资仲裁规则。总结而言，这两个规则均非为投资仲裁专门设立，其中SCC规则采纳了近年来较为流行的仲裁规则特性，如仲裁的合并、紧急仲裁员制度等，并设有专门适用于投资仲裁第三人提交材料的条款；而UNCITRAL则出台了相应的《透明度规则》和推动《透明度公约》在投资仲裁中的适用，而SCC规则却规定一般情况下仲裁应当是私密的。

作者认为，我国仲裁市场在这一方面具有一定的潜力，而目前也已经有三家机构公布了专门的投资仲裁规则，体现了顺应国际发展潮流的一些特征，如关于透明度的规定，关于第三人资助仲裁的规定等。但目前，在制度方面影响我国这一市场进一步发展的因素主要有：立法层面，我国《仲裁法》和最高人民法院相关司法解释对将投资仲裁纳入现有的仲裁制度均持否定态度，因此如果将我国法作为仲裁适用法，投资者和东道国达成的仲裁协议效力存疑。同时，由于我国目前对境内的临时仲裁和外国机构在我国主持仲裁均持较为否定的态度，当事人若要在我国进行投资仲裁，其选择相当有限。此外，由于我国《仲裁法》对仲裁庭做出临时措施的权力并无规定，也在一定程度上限制了当事人在仲裁程序中自我保护的方式。最后，由于我国加入《纽约公约》时的商事保留，投资仲裁的裁决在我国难以依据《纽约公约》执行，而可能只能依靠对等原则执行，这使得执行前景存在很大的不确定性。最后，我国司法实践坚持主权“绝对豁免”原则，也使得执行裁决较为困难。作者认为，可寄希望于最高人民法院以司法解释和司法实践等方式率先突破，为非ICSID仲裁在我国市场的发展提供依托；同时，可指定香港等非受我国《仲裁法》管辖的仲裁地作为推广非ICSID仲裁的选择，以及将仲裁裁决提交承认主权“有限豁免”的地区加以执行，以回避我国目前制度上存在的问题。

八、香港和台湾地区的仲裁发展

港台地区由于在地缘、文化背景和经济发展方面与我国内地（大陆）有相当紧密的联系，故而成为涉外贸易投资中当事人常常参考的备选仲裁地或裁决执行地。当地的仲裁业发展，对于我国内地（大陆）仲裁业也有相当的推动作用。尤其是香港，作为在亚洲乃至世界范围内领先的仲裁地，其仲裁实务和司法环境的进展具有相当的指引作用。Joe Liu通过对一个虚拟案例的分析，演示了在HKIAC2018年《仲裁规则》下如何组织和推动仲裁程序，以及这一新规则的相关特性。[①] 该《仲裁规则》所带来的变化主要包括：在线文件提交、新技术的使用、第三方资助仲裁、多合同下单个仲裁、平行程序、初期决定程序、其他替代性争议解决方式的使用，以及做出裁决的时限等。作者设置的情境下，当事人A与B分别就两艘船只的建造和交付签订合同，船只设计相同并由同一团队履行，合同细节也相似，但并未提及两合同分别为一项完整交易的不同部分。在当事人A的要求下，当事人C作为合同担保人，亦签署了见索即付（on demand）担保合同，以保证当事人B在合同项下的付款。合同规定了交付时限，但最终交付被迟延。当事人B以延迟交付等理由拒绝收货并要求解除合同，而当事人A拒绝接受上述理由并要求当事人B依约付款。在当事人B拒付的情形下，A要求C代为偿付，而C从B处得知B已经向香港法院申请禁制令，禁止C向A付款，故未向A付款。在各方僵持时，两艘船只在B的港口外附近停泊，台风即至，而B指示不让船只进港。双方

① Joe Liu, ‘A Case Study on the HKIAC Administered Arbitration Rules 2018’, (2019) 21 (1) *Asia Dispute Review* 24.

争议如选择按上述规则仲裁，其中值得注意的要点包括：

首先，就A与B之间的纠纷而言，鉴于争议的事实或法律问题的同一性、合同的关联性以及仲裁协议之间的相似性，当事人可以考虑以不同方式发起仲裁，如分别发起仲裁再合并、发起单个仲裁，或者分别发起并行仲裁。前述问题中，事实或法律问题和仲裁协议的相似性显而易见，而关于两个合同是否可以视为同一交易或相关联的交易，从而使其满足第29条下对发起单个仲裁的要求，仲裁机构仅进行表面审查，而由成立后的仲裁庭予以最终解决。如果采取先分别提起仲裁再合并的方式，尽管审查标准相同，但HKIAC会综合考虑各方因素行使最终的自由裁量权决定是否合并，其考量包括适用的强行法、程序进程和程序公正、效率和费用问题等。而其后果也将及于仲裁的各个方面，包括重新调整仲裁庭的组成等。如果当事人不愿将争议放入同一程序，则可选择由相同的仲裁庭成员分别处理并行的两个仲裁程序，而两个程序之间可共享程序时间表、文书和证据、同时进行或连续进行的开庭等，节省时间和费用。采取并行程序并不要求合同为同一交易或关联交易，也不要求仲裁协议相似，因而标准就前两者更低。而就A与C之间的纠纷，其问题在于A是否能依第27条将C加入其对B提起的仲裁案中。由于担保协议独立于船只建造合同，即使能通过仲裁庭或HKIAC对“C受到A与B合同的约束”这一问题的表面审查也较为困难。

当事人可以就某一事实或法律问题请求仲裁庭做出快速决定，这一单独程序称为初期决定程序。其提出条件是：该法律或事实问题明显缺乏依据；或该法律或事实问题明显不在仲裁庭管辖权范围内；或，即便该法律或事实问题是由另一方当事人提出且假定是正确的，仲裁庭也无法做出有利于主张该问题一方的裁决。要证明满足上述条件，其证明标准非常高。例如在本案中，A向C追索款项是基于见索即付的担保，无须提供合同债务人怠于支付的证据，因此A或许可以提出，C的拒付是违背合同规定和见索即付担保的性质，因而明显缺乏法律依据。

鉴于船只在B的港口外面临台风即将来临的情况，A可以申请紧急仲裁员做出临时措施，要求B允许船只入港。紧急仲裁员做出决定的考量与一般仲裁程序中的临时措施相同，即：“如不指令临时措施，可能产生此后所裁决的损害赔偿无法充分弥补的损害，且这一损害较临时措施对其所针对的一方可能造成的损害显为严重；和申请人在争议实体上有合理的胜诉概率。”同时，

A 需要考虑紧急仲裁员制度相关的费用。

Matthew Gearing，Joe Liu 撰文介绍了 HKIAC 在解决国际组织相关争议方面的经验。[①] 作者简要介绍了 HKIAC 近年来各方面的发展，着重介绍了其受理过的两起涉及国际组织的仲裁案件。两起案件涉及同一机构依据 UNCITRAL1976 年《仲裁规则》在不同合同项下对不同主体提起的仲裁。在第一起案件中，该组织同意为当事人提供 2500 万美金的贷款，分期还款。当事人未能还清尚存余款 840 万美元。该组织提起仲裁后，一位独任仲裁员被任命，但双方随后中止了仲裁程序，进入和解谈判。在双方达成诸多协议但借款方屡次在期限内未能完成还款后，该组织要求恢复仲裁程序并做出裁判，而另一方要求继续延长程序的中止，最终仲裁员决定恢复仲裁。在另一起案件中，该组织与其他三个主体签订了股东协议和股权回购协议，根据上述协议该组织对一香港主体持股 20%。在仲裁中，该组织要求特定履行股东协议、判定其损失，以及对其他三主体的行为导致该香港主体对另两家公司的股权稀释行为的判定和宣誓。当事人随后达成和解，终止仲裁程序。在此两案外，作者报告很多国际组织也考虑将 HKIAC 的示范条款加入其合同中。例如，某一多国发展银行的信托基金最近将 HKIAC 的多重争议解决条款加入其雇员的雇佣合同中。根据该条款，争议将首先将依据 HKIAC 调解规则进行调解，如未能在 30 日内达成和解，则交由 HKIAC 在 HKIAC 仲裁规则下进行仲裁。亚洲发展银行也表示，HKIAC 被加入其部分业务部门的示范仲裁条款中。作者认为 HKIAC 解决和中国相关的争议具有地缘接近、文化相似的优势，同时又能提供独立、中立的争议解决平台，故而具有独特优势。

Alex Ye 探讨了最新案例中香港法院在适用《纽约公约》对执行外国裁决进行司法审查时，如何在使用其自由裁量权时参考善意原则（the good faith principle）。[②]《纽约公约》第 5 条规定，当满足所列举的情形时，法院“可以”

---

① Matthew Gearing and Joe Liu, ‘The Contributions of the Hong Kong International Arbitration Centre to Effective International Dispute Resolution’, in Peter Quayle and Xuan Gao（eds.）, *International Organizations and the Promotion of Effective* Dispute Resolution: AIIB Yearbook of International Law（Brill, 2019）, 40.

② Alex Ye, ‘The Good Faith Principle in the Context of the Enforcement of New York Convention Awards: An Analysis of Hong Kong’s Position in Light of the Apparently Conflicting Court Decisions’,（2019）36（3）*Journal of International Arbitration* 361.

而非“应当”拒绝执行，这给了法院一定的自由裁量权，即使所列举情形已满足，也可以不拒绝执行，从而实现有利执行的倾向。这体现于早先的Hebei案[①]中，香港法院所适用的善意原则，即如果当事人未能向仲裁地法院提出相应的抗辩，则其随后向执行地法院提出的抗辩将违反善意原则。一系列的案例表明香港法院认可善意原则是《纽约公约》的隐含要求，从而也是香港法的一部分。而在Astro v Lippo案[②]中，法院则认定当事人未向仲裁地提出而直接向执行地法院提出的抗辩不违反善意原则。上述两个判决看似相互矛盾，但区分两案的一个重要因素是，当事人所提出的抗辩是基于管辖权的还是案件事实方面的。在Hebei案中当事人的抗辩是基于仲裁程序中的瑕疵，为事实方面的问题，而Astro案中，抗辩则是基于当事人为被错误加入仲裁的第三方，这一理由是管辖权层面的。善意原则建立在下述假设的基础上：当事人选择仲裁这一争议解决方式和特定的仲裁地，则意味着其同意当地法院对此仲裁程序进行管辖和对仲裁裁决予以审查的权力。因此，如果当事人放弃在这一法院的抗辩，则应被视为放弃了提出该项抗辩的权利。然而，这对于存在管辖权异议的当事人并不成立，因为当事人本身就对其是否存在这样的合意有所质疑。例如，在本案中，异议方认为自己本就不受仲裁协议所管束，故其对仲裁地法院的管辖并不成立。

Nigel N T Li，Jeffrey C Li报告了台湾仲裁界的进展，主要集中于两个问题：当事人如何向法院申请仲裁相关的临时措施，以及临时仲裁的合法性问题。[③]就第一个问题，尽管台湾地区“仲裁法”并未做出规定，但当事人可依据该地区“民事诉讼法”关于保全的规定申请临时措施，而这也在不同的案例中得到了法院的认可，即：法院有权在仲裁开始后处理关于临时保全、临时禁制令等措施的案件。而在第二个问题上，“仲裁法”并未排除临时仲裁的可行性，因其并未规定仲裁协议必须包含对仲裁机构的选择，而仅仅规定了在选择机构仲裁的情况下，仲裁员应由机构任命。然而，在“行政法规”层面，“行政院”及“司法院”的规定则要求所有仲裁机构必须注册和申请，经

① Hebei Import & Export Corp v Polyteck Engineering Co Ltd [1999] 1 HKLRD 665.

② Astro Nusantara Int’l B.V. v P.T. Ayunda Prima Mitra [2016] HKEC 3633.

③ Nigel N T Li and Jeffrey C Li, ‘Taiwan Arbitration Update’, (2019) 21 (4) *Asian Dispute Review* 177.

批准方可设立。2010 年，“高等法院”曾依据上述规定拒绝执行临时仲裁裁决。[①] 作者认为这是对“法律”和“行政法规”的误读。2014 年“最高法院”在 103-Tai-Kung-Zhi-236（2014）中则推翻了上述态度，肯定了临时仲裁和机构仲裁在台湾地区同样被认可。作者认为，上述两个问题上的进展表明台湾法院采取了国际广泛接受的有利于仲裁的立场，创造了对仲裁较为友善的环境。

九、结语

对上述文献的总结和归纳，体现出我国仲裁业发展的新动向以及业界所关注的热点问题。总结而言，最受关注的新现象和新发展与仲裁相关的法律实务关系紧密。这既包括自上而下的，由最高人民法院主导的体制改革，如“一带一路”背景下仲裁裁决司法审查的一系列改革，以及我国国际商事法庭及“一站式”争议解决平台的建立等；也包括仲裁机构和实务人士所主导的行业内改革，如关于临时仲裁和投资仲裁的规则的发布等。一方面，这表明我国争议解决市场和仲裁体系已经得到了全球仲裁共同体的广泛关注。另一方面，中外学者从不同角度对这些新现象、新发展的解读，也为我们更加深刻地理解我国仲裁体制的优势和不足提供了参考，更为未来的发展指出了方向。

与此同时，中外作者也从多角度讨论了实践中亟待解决的问题，主要集中在以《仲裁法》为基础的现存仲裁制度体系中，对仲裁的管理完全基于国内机构管理仲裁的逻辑，对国内与涉外、外国裁决的“双轨制”管理，以及对仲裁中的法院帮助取证、第三方资助仲裁、投资仲裁等问题缺乏规定等。在这些问题上，我国的实践与国际共识或是领先法域的实践还具有一定的差距，因此国际上的理论探讨和实践经验能够作为重要的参考，因而这些文献具有相当的参考意义。

此外，一些学者试图让我国仲裁体制和实践的独特性得到国际关注，增进国内外当事人和从业者之间的理解。我国仲裁实践受到我国内部环境、历史文化因素和体制的影响，如北上广等一些地区和非一线地区之间的不平衡，仲裁体制受到本地经济和行政管理水平的影响等。又如，调解在仲裁程序中的广泛使用，从国际视角来看可能会引起背景不同的当事人和律师的疑虑。

---

① 99-Fei-Kung-Zhi-122（2010）.

如何弥合当事人、律师和仲裁界在观念上的不同，促进共识的达成，也是我国仲裁实践的进一步成熟和仲裁司法环境的改善需要解决的问题。

总结而言，上文所述评的文献从多个角度，以实证研究、比较法研究、案例研究等不同的角度，解读和分析了我国仲裁发展中的各种问题。笔者希望其丰富翔实的内容、独特的思路和宽阔的视野能为我国仲裁的理论界和实务界提供一定的参考和指引，也能为我国仲裁的未来发展增砖添瓦。

仲裁保全、裁决执行疑难问题研究

詹　晖　赵　奇　刘长江　陈杭平　刘君博*

● **摘　要**

人民法院的保全、执行程序是商事仲裁能够有效保证当事人实现其合法权利的执行力保证。《最高人民法院关于人民法院办理仲裁裁决执行案件若干问题的规定》施行后，仲裁程序与法院的保全、执行工作仍然面临着诸多疑难问题亟待解决。当事人在仲裁程序中提出保全后，人民法院应对仲裁机构转来的保全材料进行规范化的对接和处理，以保证裁决做出后能够顺利地得到执行。此外，执行程序中对仲裁裁决的司法审查做出结论后，如不予执行、因案外人申请而不予执行或因认定为“先予仲裁”驳回执行申请后，仲裁裁决的强制执行力亦会受到挑战。

● **关键词**

仲裁　保全　执行

Abstract: Property preservation mechanisms and enforcement procedures of the People’s Courts are the powerful measures which

---

* 本课题为2018年度北仲科研基金优秀课题项目，课题组负责人为北京仲裁委员会/北京国际仲裁中心仲裁员、中国知识产权法学研究会仲裁专业委员会副主任詹晖博士；其他主要成员包括：北京市高级人民法院执行局法官助理赵奇，北京市人民检察院四分院民行处助理检察官刘长江，清华大学法学院副教授、博士生导师陈杭平，中央财经大学法学院副教授刘君博。

ensure the commercial arbitration can effectively guarantee the legitimate rights of the parties concerned. Although the *Provisions of the Supreme People's Court on Several Issues concerning the Handling of Arbitration Award Enforcement Cases by the People's Courts*, that has been coming into force, the People's Courts are still confronted with all sorts of difficulties and practical problems to be solved in the procedures and enforcement.

After the parties request preservation in the arbitration procedure, the People's Court should conduct standardized docking and processing of the preservation materials transferred from the arbitration institution to ensure the smooth enforcement of the award. In addition, once the judicial review of the arbitration award is concluded in the enforcement procedure, the authority of the arbitration will be negatively impacted if arbitration refused to enforce, not matter due to the application of the person not involved, or because of being identified to be *Pre-dispute Arbitration*.

Key Words: arbitration, preservation, enforcement

一、前言

保全程序是法院为了保证将来的执行依据[①]得以有效实现，而在执行依据生效前采取控制性或处分性强制措施的程序。执行程序是执行依据生效后对被执行人执行标的采取控制性或处分性强制措施的程序。保全、执行作为人民法院的司法权范畴，是仲裁程序能够有效保证当事人权利的执行力保证。

《最高人民法院关于人民法院办理仲裁裁决执行案件若干问题的规定》(以下简称《仲裁裁决执行规定》）于 2018 年 2 月发布，该规定作了很多有益的

① 执行依据之官方称谓，最早见于《最高人民法院关于劳动争议仲裁委员会的复议仲裁决定书可否作为执行依据问题的批复》(1996 年)，多指民事判决书、刑事判决书财产部分、仲裁裁决、公证债权文书等可直接据此向人民法院提请执行立案的相关法律文书。

制度创新，解决了法院在执行商事仲裁裁决工作中面临的许多问题，如明确了仲裁裁决执行案件的管辖、裁决执行内容不明确、不具体、遏制对不予执行程序的滥用等问题，该规定创设的案外人申请不予执行制度对于防范虚假仲裁也有非常重要的现实意义。此外，《最高人民法院关于仲裁机构“先予仲裁”裁决或者调解书立案、执行等法律适用问题的批复》于 2018 年 6 月 5 日发布，该批复对于部分仲裁裁决的执行工作有重要的指导意义。

自《中华人民共和国仲裁法》(以下简称《仲裁法》) 实施以来，仲裁机构的数量和仲裁案件的数量呈几何数字增长，仲裁机构数量多，而且各仲裁机构发展模式和思路均不相同，在发展过程中会面临新的经济模式、新的发展问题，同时，仲裁的发展与人民法院对仲裁的司法审查、对仲裁的保全和执行工作有着密切的联系，仲裁机构需要与法院一起联手将仲裁制度引入正轨，这种“联手”首先就应当建立在理论基础的共识之上，法院执行部门与仲裁机构之间对于仲裁本身的认识仍有偏差，仲裁时当事人申请保全、仲裁后当事人申请执行过程中仍有工作衔接不畅、影响执行效率的问题，法院执行部门在作出不予执行裁定时仍然存在司法尺度宽严不一的问题，上述问题的根源，在于法院及仲裁机构的法律实践者对于仲裁裁决及执行的基本理论仍然缺乏共识。

此外，《仲裁裁决执行规定》中新的制度创新也会带来仲裁保全、司法审查、裁决执行的磨合问题，如新的规定是否会使得裁定不予执行的标准发生变化，对仲裁裁决驳回执行申请是否会使得裁决丧失程序上的终结力和执行力，案外人申请不予执行的立案审查的形式要件和立案后裁定不予执行的实质要件如何在审查程序中把握等。

二、仲裁裁决的执行力和执行中的司法审查

我国《仲裁法》第 9 条、第 62 条赋予商事仲裁裁决以等同于法院生效判决的既判力、执行力。[①] 通常认为，仲裁裁决的效力包含三个方面，即实

① 《仲裁法》第 9 条第 1 款：“仲裁实行一裁终局的制度。裁决作出后，当事人就同一纠纷再申请仲裁或者向人民法院起诉的，仲裁委员会或者人民法院不予受理。”第 62 条：“当事人应当履行裁决。一方当事人不履行的，另一方当事人可以依照民事诉讼法的有关规定向人民法院申请执行。受申请的人民法院应当执行。”

体关系的确定力、程序上的终结力（既判力）以及强制执行力。也有学者把仲裁裁决的效力总结为裁决的不可更改性（稳定性）和权威性，进而衍生出排他性、免证性、程序终结性、强制性等派生特征。[①] 对仲裁裁决效力的分类虽不完全相同，但均强调了仲裁裁决确定双方权利义务以及作为执行依据的作用。

债权人之所以可以向法院申请强制执行，债务人之所以应当承受强制执行，学者通常认为，其理论依据在于，作为执行名义之判决，系证明实体权利存在具有高度盖然性的文书。而且在其形成过程中，债务人已经参与或受主体地位参与机会之保障，如实体权利不成立或失效，债务人理应阻止执行名义的形成。[②] 与既判力处理前诉与后诉关系不同，强制执行力属于连接执行依据作出程序与强制执行程序的桥梁。这个桥梁能够使得权利人被执行依据确定之权利、利益得以在民事法律关系中实现，如获得金钱、物权登记、权利正当性确认等。

执行力的正当性基础，系赋予特定生效法律文书以强制执行力的根据。在实行执行文书制度的法域，具备执行力正当性基础的生效法律文书，被称为执行名义。但是，"执行名义"仅意味着该生效法律文书具备被赋予执行力的资格，执行名义本身并不承载执行力，债权人在申请强制执行之前必须先行取得赋予执行力的执行文书。[③] 然而，因我国兼采申请主义与职权主义相结合的执行程序启动模式，早在1940年国民政府公布的《强制执行法》就没有确立执行文书制度。[④] 在执行文书制度缺位的语境下，承载执行力的文书只能是执行依据本身，而债权人据以申请强制执行的生效法律文书是否可以充当执行根据，则需要执行法院进行审查。这一理论渊源从侧面印证了虽然既判力是执行力的正当性渊源，但既判力和执行力是可分离的。

再结合对我国现行民事诉讼法律及相关司法解释语境下生效法律文书的整体分析，法律文书的既判力和执行力是可分离的，即允许存在有确定力和

---

① 卜元石：《仲裁裁决既判力案例研究与中国民事诉讼法的精细化》，载《中国应用法学》2017年第1期。

② 参见赖来焜：《强制执行法总论》，元照出版有限公司2007年版，第187页。

③ 参见黄忠顺：《执行力的正当性基础及其制度展开》，载《国家检察官学院学报》2016年第4期。

④ 参见郑競毅：《强制执行法释义》，商务印书馆2014年版，第44页。

既判力，却并无执行力的文书。或者说，我国民事诉讼法律语境下的执行力概念，既包含因经裁判程序确定后法律文书应该得以国家强制力恢复其文书确定之法律关系的“应执行性”，也包含因文书确定之内容为明确的给付过程并能被法院执行部门通过实际操作使得权利表征发生变化的“可执行性”，这种权利表征的变化包括但不限于法院执行机构主导的动产的扣押并交付、不动产的权属证书协调更名。《最高人民法院关于适用〈中华人民共和国民事诉讼法〉的解释》第463条即规定：“当事人申请人民法院执行的生效法律文书应当具备下列条件：（一）权利义务主体明确；（二）给付内容明确。法律文书确定继续履行合同的，应当明确继续履行的具体内容。”生效法律文书产生执行力必须具备几个条件：（1）是法律规定可以执行的法律文书，即符合执行依据法定原则；（2）文书已经生效；（3）文书界定权利义务的内容要具体、明确，不能含混不清或者存在歧义；（4）要有给付内容且给付的范围要明确，如给付标的、种类、数量、质量、时间等要明确指明等。[①] 该条文明确了进入法院执行程序的生效法律文书的可执行性而非应执行性，可见执行力概念在我国已经进行了扩张。关于确认判决和形成判决是否有执行力一说，学界亦多有争议，而给付判决根据司法解释的规定同样也可能因给付内容不明确、不具体难以执行而丧失或部分丧失执行力，在少数情况下，法院执行部门有权依据职权对执行力进行“二次审查”。

仲裁裁决的执行力在法律效果上与法院生效判决并无二致。仲裁裁决生效后会因为对于仲裁的司法审查而面临同时丧失确定力、既判力、执行力的后果，或者在某些特殊情况下，经过法院执行部门的审查后，仅仅丧失执行力。但是执行对于仲裁裁决的司法审查的方式，包括当事人申请不予执行、案外人申请不予执行、因执行依据内容不明确不予受理或裁定驳回执行申请、因“先予仲裁”不予受理或裁定驳回执行申请。在这些情况下，哪些裁决丧失既判力、执行力，执行依据需要重新作出，哪些仅仅丧失执行力，需要另行作出文书予以补充，现行法律体系下并没有给出明确的解释。司法审查后的仲裁裁决的既判力和执行力如下表所示：

① 参见沈德咏主编：《最高人民法院民事诉讼法司法解释理解与适用（下）》，人民法院出版社2015年版。

司法审查后的仲裁裁决的既判力和执行力

	撤销裁决	不予执行	案外人申请不予执行	因执行依据不明驳回执行申请	因"先予仲裁"驳回执行申请	重新仲裁
既判力	丧失	丧失	存疑	不丧失	存疑	丧失
执行力	丧失	存疑	丧失	丧失	丧失	丧失

此外，除了制度架构上的规定缺失之外，仲裁裁决的执行和仲裁程序的保全上仍然存在一些沟通协调不畅的问题，导致很多情况下仲裁保全执行在效率上要低于对于法院判决的保全和执行效率。"仲裁裁决执行疑难问题研究"调研问卷结果显示：有 64.39% 的受调查者认为保全法院未及时对保全材料进行处理回应是保全中存在的主要问题；在"仲裁裁决执行立案后执行过程中存在哪些问题"调查项下，有 54% 的受调查者选择仍有法院要求仲裁机构出具"裁决书生效证明"，50% 的受调查者认为对仲裁裁决的执行程序长于对判决的执行程序；在"仲裁裁决保全和执行出现上述问题的根源是什么"调查项下，60% 的受调查者认为法院仍缺乏对仲裁裁决的认同感，75% 的受调查者人认为仲裁机构与各地法院之间缺乏规范化的联络机制。上述问题也需要通过规则的完善填平补漏，加强仲裁和人民法院司法审查、保全、执行之间的协调关系。

三、不予执行制度和仲裁裁决的执行力的"丧失"

《最高人民法院关于审理仲裁司法审查案件若干问题的规定》第 1 条明确了人民法院对仲裁司法审查的外延范围，申请执行仲裁裁决被认为是司法审查的方式之一，根据文义解释，在执行立案中不予受理或驳回执行申请，在执行过程中当事人或案外人申请不予执行仲裁裁决的案件，也当然地属于仲裁司法审查的范畴。执行中的司法审查可能会导致仲裁裁决的效力丧失，但是何种情况下丧失既判力和执行力，何种情况下仅丧失执行力，且作出司法审查决定后的法律后果、当事人救济手段如何，均值得类型化研究。

（一）当事人申请不予执行

仲裁机构的民间性、仲裁程序的灵活性、仲裁过程的"封闭性"和纠纷解决"一裁终局"的便捷性，导致仲裁裁决可能具有侵害他人合法权益或社会公共利益的"天然"的"负外部性"。因此，应允许相关权利人通过司法干预获得救济，或人民法院依职权主动进行审查。不予执行仲裁裁决，是我国法院在执行程序中对仲裁进行司法监督的一种重要方式。“仲裁裁决的不予执行，是指在当事人申请执行仲裁裁决之后，被申请人向法院证明该裁决存在着法律规定的某些情况，而由人民法院裁定去除该仲裁裁决执行力的制度和程序”①。可见，人民法院经审查作出的不予执行裁定，产生否定仲裁裁决经法律直接赋予而具有执行力的效果②。

不予执行仲裁裁决其目的在于保证仲裁裁决依公正程序作出且不违反我国社会公共利益，以促进仲裁制度的健康有序发展。③在裁决确定的义务人不履行义务时，权利人可以向有管辖权的法院申请对该裁决强制执行。但法律赋予了被执行人向法院申请不予执行的权利。如果存在法律规定的不予执行事由，法院将会作出不予执行仲裁裁决的裁定。法院对于仲裁裁决的审查是一种司法审查，不是某一个法院或法庭所作出的行为，而是作为公权力的代表对具有私属性的仲裁进行监督，在同一法域内，这种审查的结果是共通的，不予执行仲裁裁决的裁定对其他法院具有拘束力。因此，在国内某法院对仲裁裁决作出不予执行裁定后，该仲裁裁决在国内任一法院均不应准予执行，仲裁裁决的执行力被否定。

有观点认为，不予执行裁定并不是对仲裁裁决效力的全部否定，某一个法院裁定不予执行仲裁裁决时，该裁定并无排斥其他有管辖权的法院采取强制执行措施的效力，其他法院对是否执行该仲裁裁决仍然可以独立自主地决定④。我们认为，理论上讲，不予执行裁定不具有既判力，但具有拘束力。该拘束力一方面表现为对作出裁定的法院产生拘束效果，《民事诉讼法》中没有裁定自我拘束力的规定，但在我国台湾地区的“民事诉讼法”中有相关规定，其第238条明确，裁定经宣示后，为该裁定之法院、审判长、受命法官或受托法官受其拘束；不宣示者，经公告或送达后受其拘束，值得借鉴。另

---

① 该内涵界定，没有包含人民法院依职权裁定不予执行，略有遗憾。参见江必新、刘璐：《民事执行重大疑难问题研究》，人民法院出版社2010年版，第106页。

② 不予执行仲裁裁决案件，属于执行审查案件，由执行审查机构进行审查。执行实践中，裁定不予执行的，执行实施机构往往作出终结执行裁定，以终结执行实施程序。

③ 江伟、李浩：《论人民法院与仲裁机构的新型关系——为〈仲裁法〉的颁行而作》，载《法学评论》1995年第4期。

④ 宋朝武主编：《仲裁法学》，中国政法大学出版社2006年版，第225页。

一方面，还表现为其他法院应尊重作出不予执行裁定的法院的判断，非依法定事由和程序不得变更或者撤销该裁定，如《最高人民法院关于人民法院执行工作若干问题的规定（试行）》第131条规定，上级法院发现下级法院执行的非诉讼生效法律文书有不予执行事由，应当依法作出不予执行裁定而不制作的，可以责令下级法院在指定时限内作出裁定，必要时可直接裁定不予执行。否则司法的公正性、权威性会大打折扣，因此对执行力的否定具有对外拘束力。

关于仲裁裁决失去执行力后，相关纠纷如何处理的问题，《民事诉讼法》第237条第5款明确，仲裁裁决被人民法院裁定不予执行的，当事人可以根据双方达成的书面仲裁协议重新申请仲裁，也可以向人民法院起诉。据此，仲裁裁决范围内的纠纷回到提起仲裁前的状态，事实上间接否定了整个仲裁裁决的效力。现阶段，我们不主张废除不予执行仲裁裁决制度，但同时认为，执行实践中，应秉承有限干预理念，严格按照相关法律、司法解释等有关规定，避免监督过度，使司法审查实际上成为仲裁的“上诉审”，法院成为仲裁委员会的“上诉法院”。对此，可从如下几个方面予以明确：

1.参照判决类型，仲裁裁决分为给付裁决、形成裁决与确认裁决三种类型，严格讲，只有给付裁决才具有可执行性。理论上讲，确权裁决可直接产生物权变动的效力，但执行实践中，仍需要申请执行，执行法院向有关部门送达协助执行通知书后，方进行权利变动。鉴于不予执行制度的本质是对仲裁裁决执行力的否定，因此只有当给付裁决出现违法情形时，法院方可裁定不予执行，对有错误或违法情况的确认裁决与变更裁决，法院无权通过裁定不予执行来监督和纠正。

2.通常情形下，仲裁裁决涉及多个裁决事项，根据有关规定，仅部分裁决事项存在不予执行情形的，人民法院应裁定对该部分不予执行，但与其他部分不可分的除外。执行实践中，对不可分性的理解有“扩大化”的倾向，导致能部分执行的案件被裁定全部不予执行。如有观点认为，“所谓不可分性，是指将无效部分分离出来，还能使一项可以想象为有效的行为继续存在，而且这项行为也不得与当事人的愿望相违背”[①]，过分尊重当事人对是否可分的主

① 沈德咏主编：《最高人民法院民事诉讼法司法解释理解与适用（下）》，人民法院出版社2015年版，第1268页。

观态度。

《最高人民法院关于适用〈中华人民共和国民事诉讼法〉的解释》第477条完善了仲裁裁决部分不予执行制度：仲裁机构裁决的事项，部分存在符合法律规定不予执行情形的，执行法院应当裁定对该部分不予执行，其余部分仍应强制执行；在应当不予执行部分与其他部分不可分的情况下，应当裁定不予执行仲裁裁决。在部分不予执行的情形下，其余部分的既判力不受影响。在不予执行部分与其他部分不可分的情形下，因为采用整体不予执行，那么相应的不予执行裁定必然是对整个裁决既判力的否定，这必然会损害仲裁的效率，导致双方当事人本可以确定的部分利益关系重新归于不确定。

我们认为，主观意愿的判断，需借助外化的具体行为，应建立一套相对可视化的客观标准。除当事人明确约定等特殊情形外，如果将存在不予执行情形的部分分割出去，其他部分构成一个独立的仲裁裁决，即可以认为该仲裁裁决具有可分性。

3. 我国《民事诉讼法》于2012年进行的修改，实现了不予执行仲裁裁决和撤销仲裁裁决标准的基本统一，符合司法监督的职能定位，顺应司法与仲裁关系发展的世界潮流，体现了支持仲裁的精神。但是，上述标准仍体现为程序审查加有限的实体审查，如对伪造证据和隐瞒证据的审查，不单涉及证据的收集、提交等纯程序性问题，还涉及证据“背后”案件的实体内容；有关“社会公共利益”事项的规定，更是将审查的触角延伸至每个角落，可实现实体的、程序的“全面审查”。为此，有必要明确，对仲裁裁决的有限干预，应严格基于法定事由，并作用于合理的范围之内，既能保证公平正义的实现，又能支持和促进仲裁的发展，如对“隐瞒证据”界定不得与“谁主张、谁举证”的基本原则相冲突；再如把握“不特定多数人利益”的基本内涵，禁止对“社会公共利益”作不当的扩张解释等。

（二）案外人申请不予执行

一般认为，仲裁裁决的既判力，有其主观范围，原则上只适用于仲裁的当事人之间。大陆法系、英美法系均不同程度地承认既判力可以扩张到第三人，只是扩张的范围不同。我国《仲裁法》没有对仲裁第三人制度作出规定，但仲裁裁决的既判力同样可以扩展至权利继承人、权利承受人。此外，对主观范围外的案外人，仲裁裁决同样可能对其合法权益造成影响。如根据《最高人民法院关于人民法院办理执行异议和复议案件若干问题的规定》第26条规定，金钱债权执行中，案外人依据执行标的被查封、扣押、冻结前作出的另案仲裁裁决提出排除执行异议，该仲裁裁决系就案外人与被执行人之间的权属纠纷以及租赁、借用、保管等不以转移财产权属为目的的合同纠纷，判决、裁决执行标的归属于案外人或者向其返还执行标的且其权利能够排除执行的，应予支持。

鉴于仲裁裁决的保密性、便捷性，申请执行人与被执行人完全可以“未雨绸缪”，以“手拉手”虚假仲裁方式损害案外人合法权益，《仲裁裁决执行规定》创设了由案外人提起请求权的新的司法审查制度——案外人申请不予执行，虽然名为不予执行，但是与存续了多年的当事人申请不予执行制度有一定的区别。案外人申请不予执行的目的是针对当事人存在以恶意申请仲裁或以“手拉手”虚假仲裁方式，损害案外人合法权益的问题，类似于第三人撤销之诉制度。“但因撤销仲裁裁决程序属于诉讼审查程序，在制定仲裁裁决的执行程序司法解释时难以对该程序予以调整，最后综合考虑民事诉讼法的立法意图、仲裁裁决执行案件的实际情况及保护案外人合法权益的需要，《仲裁裁决执行规定》尝试进行一定突破，允许案外人向人民法院申请不予执行虚假仲裁裁决，为善意案外人提供维护其合法权益的法律途径。”①

结合前述关于司法解释制定初衷的说明，案外人申请不予执行制度的创设，是比照第三人撤销之诉的，是现行立法和司法体系下为防止仲裁当事人恶意串通而侵害第三人利益、以不予执行为名行撤销裁决之实的设计，不同于不予执行制度的成立要件，法院对案外人申请进行实质审查，即审查一是有证据证明恶意仲裁或虚假仲裁损害其合法权益；二是案外人主张的合法权益所涉及的执行标的尚未执行终结。显然审查恶意和虚假时不可避免地涉及实体法律关系的审查，因此，此时的不予执行裁定是对原仲裁裁决实体上的否定性评价，是一种司法审查对裁决的“恶”的评价。在这种情况下，原仲裁裁决当然地丧失了既判力和执行力。

在仲裁裁决被不予执行后，还存在着后续法律关系如何处理的协调问题。即使在虚假仲裁的情况下，不排除仲裁当事人双方之间确实存在真实的合同法律关系，同样存在着继续解决双方合同纠纷的社会需求。当事人可以选择

① 参见刘贵祥、孟祥、何东宁、林莹：《〈关于人民法院办理仲裁裁决执行案件若干问题的规定〉的理解与适用》，载《人民司法》2018年第13期。

重新仲裁，在重新仲裁时仲裁机构应当充分考虑到失去执行力的原裁决的情况，防止虚假仲裁的情况再次出现。

关于案外人申请不予执行，《仲裁裁决执行规定》已经明确对程序要件和实质要件进行了规定，但是对于要件在裁判过程中的把握，应当掌握立案时不应过于严苛、裁定不予执行时应严格把关的原则：

1. 关于不予执行的程序要件，属于人民法院受理阶段进行审查的内容，不应失之过苛。因此，对案外人为“证明仲裁案件当事人恶意申请仲裁或者虚假仲裁，损害其合法权益”提交的证据，不应进行实质审查，满足“有”的形式要件即可。对执行程序终结的判断，不应机械适用“理论上”的标准，只要人民法院处置执行标的所需履行法定手续全部完成前即可，如对于不动产和需要办理过户登记的动产或其他财产权，协助办理过户登记的通知书送达之前属于尚未执行终结。对执行标的采取措施之日起 30 日内提出，申请不予执行的期限过短，应在知道或应当知道方面作限缩解释，避免将合理申请挡在门外，以放纵恶意申请仲裁或虚假仲裁。

2. 关于不予执行的实质审查标准，系准确运用案外人申请不予执行制度的关键，人民法院要进行严格、规范审查，做到不枉不纵。案外人既可以是权利主体，也可以是利益主体，但对案外人主张的所有权、用益物权、担保物权和债权等权利人外的其他利益，审查时应采取慎重态度。根据举证责任分配原理，案外人应举证证明存在虚假仲裁、合法权益受损和两者之间存在因果关系；可参照《最高人民法院关于防范和制裁虚假诉讼的指导意见》《最高人民法院关于审理涉及夫妻债务纠纷案件适用法律有关问题的解释》[①]《最高人民法院关于房地产调控政策下人民法院严格审查各类虚假诉讼的紧急通知》《最高人民法院关于审理民间借贷案件适用法律若干问题的规定》《最高人民法院、最高人民检察院关于办理虚假诉讼刑事案件适用法律若干问题的解释》等司法解释、规范性和指导性文件，以及指导性案例[②]等进行综合分析判断。案外人申请不予执行针对的是仲裁裁决主文或仲裁调解书处理当事人权利义

---

① 例如，结合《最高人民法院关于审理涉及夫妻债务纠纷案件适用法律有关问题的解释》规定的精神，如果夫妻一方以另一方与债权人虚假诉讼，虚构巨额债务损害其权益为由，申请不予执行判决的，债权人应举证证明该债务用于夫妻共同生活、共同生产经营或者基于夫妻双方共同意思表示。

② 如最高人民检察院第十四批指导性案例针对的就是对虚假诉讼的监督，可以作为参考。

务的结果，此是由仲裁裁决或调解书客观范围决定的；对于其他部分，仲裁裁决仅具有预决力，可以直接依据《最高人民法院关于民事诉讼证据的若干规定》第10条的规定[①]予以推翻。

四、驳回执行申请和仲裁裁决的执行力的“丧失”

执行权，包括执行实施权和执行审查权，因此，严格来讲，包括仲裁裁决执行在内的案件的受理程序，并不属于执行活动范畴。但一般认为执行程序始于人民法院的受理活动。程序开始前，人民法院应依法审查权利人是否具有执行请求权。至于是否应进行实体审查，理论界有不同的观点[②]。通说认为，对债权人的请求权只作形式审查，并不审查执行依据所承载的权利在实体法上存在与否，即抽象的执行请求权说。目前，德国、日本和我国台湾地区采取该学说，同时设立执行救济制度弥补执行错误可能造成的侵害。在执行立案阶段对作为执行依据的仲裁裁决进行形式要件审查是有其现实合理性的，实际上这种审查并不局限于针对仲裁裁决，针对生效判决等其他执行依据实践中同样存在。

（一）以内容不明确、不具体为由不予受理或裁定驳回执行申请

《最高人民法院关于人民法院执行工作若干问题的规定（试行）》第18条规定了人民法院受理执行案件的条件，从具体条件来看，采用的同样是形式审查标准，《最高人民法院关于人民法院登记立案若干问题的规定》的有关规定沿用之。上述标准同样适用于对仲裁裁决的受理活动。《仲裁裁决执行规定》第3条至第6条在上述规定的基础上，明确了仲裁裁决执行内容不明确、不具体的认定标准、处理程序、处理结果和救济程序，是抽象的执行请求权说在仲裁裁决执行领域的具体体现，属于一般与特殊的关系。受理后，不符合上述受理条件的，人民法院可以裁定驳回执行申请。从表面上看，裁定驳回执行申请后仲裁裁决的执行力与被裁定不予执行后并无二致，即丧失以国家强制力实现给付仲裁裁决所宣示的给付义务的效力。但是，由于裁定驳回执行申请，不必然对其他权利人、法院产生拘束力，如因不属于受申请执行的

---

① 《最高人民法院关于民事诉讼证据的若干规定》第10条规定：已为仲裁机构的生效裁决所确认的事实，当事人无须举证证明，但当事人有相反证据足以推翻的除外。

② 谭秋桂：《民事执行法学》，北京大学出版社2010年版，第145页。

人民法院管辖而被裁定驳回执行申请的，当事人可向其他有管辖权的法院申请执行，因此仲裁裁决的执行力亦不受影响。

如前所述，仲裁裁决具有既判力。既判力，是实体法与程序法共同作用的场所形成的作用力，[①] 表现为当事人不能就仲裁裁决确定的法律关系另行仲裁或提起诉讼的消极效力和法院、其他机构承认该项仲裁裁决是对已决事项所作正确解决的积极效力。[②] 由于驳回对仲裁裁决的执行申请，如受理法院因无管辖权而驳回，只是程序事项的审查，不涉及实体法律关系的判断，与仲裁裁决的积极效力，还是消极效力无涉，不影响仲裁裁决的既判力。

依据《仲裁裁决执行规定》第 3 条的规定，如果仲裁裁决的权利义务主体，金钱给付的具体数额，给付标的物，行为履行的标准、对象、范围不明确，可以裁定驳回执行申请。应该说，由于裁判项不甚明确，又无法通过解释、裁定补正的执行依据而驳回执行申请的做法，不仅仅限于仲裁裁决的执行，法院生效判决存在类似问题时，实践中也常有驳回执行申请的做法。但相较于判决的执行，仲裁机构与法院执行部门之间的沟通难度比法院审判部门和执行部门之间沟通难度更大，因此仲裁裁决有更高的概率被裁定驳回执行申请。

驳回执行申请是因为仲裁裁决内容不明确、不严谨造成的，除了仲裁庭的专业水平、对执行工作不了解等问题之外，也跟仲裁申请人本身的仲裁请求不合规范有关。裁定驳回执行申请的法院不会对仲裁的程序是否违法、裁决是否公正进行审查，因此并不代表司法审查对于仲裁裁决的否定性评价。此时，仲裁裁决并不丧失其确定力和既判力，但是当事人之间的权利义务却又无法通过执行程序固定下来，陷入了仲裁裁决有效但又无法执行的进退两难的境地。

应如何解决上述困境，首先，对于驳回仲裁裁决的执行申请，法院应当特别慎重，应当与仲裁机构、当事人进行充分的沟通，穷尽函询、查阅卷宗等手段，防止驳回执行申请理由的滥用。

---

① 李胜雄：《论仲裁裁决既判力之否定——基于既判力理论在我国适用的考量》，载《大庆师范学院学报》2011 年第 2 期，第 48 页。

② 参见杨朝晖、漆世濠：《论仲裁裁决的既判力》，载《江西行政学院学报》2013 年第 2 期，第 36 页。

其次，应当在进一步制定相关司法解释时明确驳回执行申请后的仲裁裁决的效力问题。原仲裁裁决未失效的情况下，再次提起仲裁会面临着既决事实的既判力问题，故对于内容确实不明确、不具体的仲裁裁决，执行法院的执行部门应审慎作出驳回执行申请的裁定。在具体执行过程中，应按照《最高人民法院关于人民法院立案、审判与执行工作协调运行的意见》第15条第3款[①]的精神，向仲裁机构发函，要求仲裁庭对不明确、不具体的部分作出答复和说明，仲裁庭在收到函件后应于15日内作出书面答复和说明，法院执行部门收到答复和说明后认为给付内容足够明确、具体而可以执行裁决书的，予以执行；若仲裁庭未在15日内书面答复，或者虽然书面答复但法院执行部门仍然认为给付内容达不到具体、明确的执行条件的，可以作出驳回执行申请的裁定。在此情形下，执行法院作出驳回执行申请的裁定后，当事人有权请求仲裁庭对裁决作出补正或者作出补充裁决。仲裁庭作出的补正或者补充裁决，是原裁决书的组成部分，当事人仍有权继续向执行法院申请执行。如此一来，仲裁庭通过书面答复、说明或者补正、补充裁决的方式，明确了仲裁裁决的给付内容，便可以解决仲裁裁决执行力缺失的两难困局了。

（二）以“先予仲裁”为由不予受理或裁定驳回执行申请

2018年6月，最高人民法院针对少数仲裁机构在纠纷出现之前即出具仲裁裁决的“先予仲裁”问题作出《最高人民法院关于仲裁机构“先予仲裁”裁决或者调解书立案、执行等法律适用问题的批复》，该批复认为仲裁机构可以仲裁的是当事人之间已经发生的合同纠纷和其他财产权益纠纷，网络借贷合同当事人申请执行仲裁机构在纠纷发生前作出的仲裁裁决或者调解书的，人民法院应当裁定不予受理；已经受理的，裁定驳回执行申请。

根据该批复规定及相关司法解释的精神，在纠纷发生前作出的仲裁裁决，一方面因为径行根据网络借贷合同当事人在纠纷发生前作出仲裁裁决、仲裁调解书，另一方面仲裁机构在仲裁过程中未保障当事人申请仲裁员回避、提供证据、答辩等《仲裁法》规定的基本程序权利，即使网络借贷合同当事人

---

① 《最高人民法院关于人民法院立案、审判与执行工作协调运行的意见》第15条第3款规定：执行内容不明确的生效法律文书是其他法院作出的，执行法院的执行机构可以向作出生效法律文书的法院执行机构发函，由该法院执行机构向审判部门征询意见。审判部门应在15日内作出书面答复或者裁定予以补正。审判部门未及时答复或者不予答复的，作出生效法律文书的法院执行机构层报院长督促审判部门答复。

以约定弃权条款为理由，也是严重违反法定程序的行为。纠纷发生前作出的仲裁裁决是自始无效的，甚至可以说是自始不存在的，不属于《仲裁法》规定的合法意义的仲裁裁决，因此对于该类所谓“仲裁裁决”的司法审查处理方法，不是不予执行仲裁裁决，而是不予受理或裁定驳回执行申请，是原则上彻底否定了裁决的既判力和执行力。这种司法审查的结果既不同于不予执行仲裁裁决，因为不予执行仲裁裁决是执行立案后，根据当事人的申请，对仲裁裁决进行合法性审查或对是否侵害公共利益作出的审查后对裁决作出的否定性判断；也不同于因裁决内容不明确、具体作出不予受理或裁定驳回执行申请，因为裁决内容不明确、具体情况下仅仅认为裁决缺乏可执行性，但是对于裁决的程序合法性和实体判断均无异议。总而言之，判定仲裁裁决为“先予仲裁”，可以说是认定“自始无仲裁裁决”的结论。

本文赞成最高人民法院的以上观点，“先予仲裁”本身是特定历史条件下少数仲裁机构的产物，不代表商事仲裁的主流方向，在最高人民法院出台该批复后也不会有更迅猛的发展趋势。但是需要论证的是，应该说在“先予仲裁”的情况下，虽然仲裁裁决已经被执行中的司法审查所否定，但是合同法律关系（多数为民间借贷）依然是存在的，并不影响原基础法律关系的效力，也不影响合同中仲裁条款的效力，原法律关系引起的争议仍需解决并获得结论。在借贷关系发生后，如果债务人没有如期偿还债务，而“先予仲裁”裁决被驳回执行申请后，该法律关系若出现纠纷，如何实现终局性解决，是必须打破的僵局。在这种情况下，“先予仲裁”裁决可以认为是自始不存在的、无效力的，仲裁机构的前述行为是无效的或无价值的，而仲裁协议又是有效的，故通过重新仲裁，重新作出仲裁裁决的方式来解决这个困境，是最为适宜的。

五、关于仲裁、保全、执行协调机制的建立

日本学者棚濑孝雄指出：“以审判解决纠纷的方式和诉讼外的纠纷解决方式相互之间是紧密联系的。不把诉讼外的纠纷纳入视野而仅仅研究审判，即使对以审判为主要研究对象的法解释学来说，也未必是有成效的方法。如果把视野扩展到社会整体层次上，考察纠纷全体的正确解决，就更有必要将诉讼外的纠纷解决与通过审判的纠纷解决同等地作为研究对象。但是，随着研究视野从狭义的审判制度扩展到纠纷解决的一般过程，研究角度的转换也成

为必要。”[①] 仲裁程序作为一种古老的纠纷解决机制，相对于诉讼程序，具有尊重当事人的意思自治、程序灵活快捷、内容保密专业等优势。仲裁保全程序中的权力配置状况在很大程度上决定着民事保全程序的体系合理性与功能实效性。[②] 故研讨仲裁财产保全机制应以开放的眼光和系统的视野，正视仲裁机制与司法体系在理念、理解适用中的差异以及程序衔接中的问题，逐步完善发展仲裁制度，提高仲裁公信力。商事仲裁与财产保全机制的良好衔接，一方面将提高商事仲裁自身的效率和纠纷解决的“吸引力”，另一方面也可以有效地补全民事保全制度中偏重于法院诉讼保全而较忽视其他纠纷解决方式的保全的普遍问题，将多元化纠纷解决机制作为整体来研究和对待，从而成为完善仲裁保全机制的契机。

仲裁机构因为缺乏强制性的权力基础而离不开法院的支持，而在对秩序、公平的维护方面也需要承认法院对仲裁机构的适当监督。根据现有规定，当事人的仲裁保全申请，应通过仲裁机构向人民法院提出，仲裁保全的审查和保全措施的实施一般由被申请人住所地和被申请保全的财产所在地基层人民法院作出裁定并执行。[③] 属涉外仲裁案件的，依据我国《民事诉讼法》第272条的规定，由被申请人住所地或者财产所在地的中级人民法院作出裁定。而关于仲裁案件的执行，由被执行人住所地或者被执行的财产所在地的中级人民法院管辖，确有必要的，按规定经上级人民法院批准，可以指定基层人民法院管辖。[④]

由于我国的现代商事仲裁制度正式建立的时间并不长，[⑤] 与仲裁相关的法律和司法解释不够完善，仲裁理念和具体制度在我国的普及也不够广泛，仲裁机构与法院之间、不同法院之间的沟通成本大量增加，可以说，仲裁机构与法院信息沟通不畅、各个法院处理仲裁保全的标准不统一、信息缺失、程序烦琐、仲裁财产保全率低等不少问题，严重制约着仲裁机制功能的质效，

---

① ［日］棚濑孝雄：《纠纷的解决与审判制度》，王亚新译，中国政法大学出版社2004年版，第3–4页。

② 参见刘加良：《论仲裁保全程序中的诉讼谦抑》，载《政治与法律》2009年第1期，第152页。

③ 《最高人民法院关于人民法院执行工作若干问题的规定（试行）》第11条、《最高人民法院关于实施〈中华人民共和国仲裁法〉几个问题的通知》。

④ 《最高人民法院关于人民法院办理仲裁裁决执行案件若干问题的规定》第2条。

⑤ 一般认为，以1994年《仲裁法》的颁布为标志，我国才正式确立了现代商事仲裁制度。参见陈福勇：《未竟的转型——中国仲裁机构现状与发展趋势实证研究》，法律出版社2010年版，第2页。

传统的办案模式已难以适应当事人对于仲裁机制的司法需求，有必要从理论和实务上进行深入研究。加强仲裁程序与财产保全、执行实施之间的衔接，对从源头避免“仲裁白条”有重要作用，应当一并以“仲裁—保全—执行”协调机制作为研究对象，以充分发挥通过仲裁解决民商事纠纷的优势、支持仲裁发展的理念为主要导向，最大限度发挥仲裁解决纠纷的制度效能，而不宜以法院主导保全执行工作、从诉讼的视角看待仲裁的思想和观念禁锢仲裁机制作用的发挥。

在新一轮的司法体制改革中，以权力制约为背景的“审执分离”成为增进民商事诉讼之正当性的重要议题，最终目标是要实现民事裁判权与民事执行权的彻底分离。仲裁程序中的权力配置状况在很大程度上决定着民事诉讼程序的体系合理性与功能实效性，在现行立法体系下如何完善仲裁程序及人民法院保全决定权和执行权的衔接机制，推进信息共享和协调会商机制，逐步完善仲裁与保全、执行的衔接机制，主要可以从以下几点着手：

一是仲裁机构和保全法院双向规范仲裁机构保全启动机制。仲裁财产保全作为司法支持商事仲裁工作中的重要体现，是仲裁裁决得以顺利执行的重要保障，是“以保全促调解，以保全促审理，以保全促执行”的目标得以实现的重要手段。对仲裁机构而言，应做好以下三方面事项：首先，仲裁机构在当事人通过仲裁机构提交保全申请材料时做好财产保全申请技术性指导，充分提示当事人按照各法院公示的提交仲裁保全申请材料的具体要求准备申请材料，提醒当事人申请保全的条件及可能存在的风险；其次，对于移送仲裁保全申请数量较多的仲裁机构，必要时可尝试委派工作人员专门负责财产保全事项的接收、审查、流转等工作，集约化办理，提高工作效率；最后，仲裁机构应充分重视保全机制对仲裁的重要价值和意义，进一步加强仲裁保全的实务研究。

二是建立执行实施快速反应机制。首先，法院内部各部门应简化流程，提高财产保全与执行实施案件的效率。立案部门负责保全申请和担保的审查、保全裁定的作出，执行部门负责保全实施，由专人负责保全对接事宜，提高法院内部协调沟通效率。北京法院以四中院、一中院[①]为试点创设的“立保同

---

① 《北京市第一中级法院推出“网上财产保全服务系统”》，参见：http://bjgy.chinacourt.org/article/detail/2018/11/id/3590947.shtml，最后访问日期：2019 年 8 月 19 日。

步”机制，以便捷、高效的保全措施，获得了社会各界的一致认同。

其次，完善执行实施中查人找物的方式方法。仲裁财产保全可参照诉讼保全采取执行措施，仲裁裁决的执行要与诉讼案件的执行一视同仁。特别是关于信息化手段查人找物的信息源，根据《最高人民法院关于人民法院办理财产保全案件若干问题的规定》（以下简称《财产保全规定》）第11条，当事人在诉讼中申请财产保全的，可以书面申请通过网络执行查控系统查询被保全人的财产，也可同样适用于仲裁财产保全程序；同时，依法用好财产调查、律师委托令等形式，进一步拓宽财产调查渠道，简化财产调查手续，提高财产调查效率。

三是通过规则设置建立较完善的“仲裁—保全—执行”沟通协调机制。北京仲裁委员会/北京国际仲裁中心在涉及保全的前期调研中发现部分案件仍存在以下与法院保全、执行机制沟通、对接不畅的问题：法院要求仲裁机构作出超出仲裁机构职能范围的说明，部分地方法院要求仲裁机构出具“裁决书生效证明”；仲裁中财产保全的成功率低及财产保全裁定执行难；仲裁机构与各地法院之间缺乏常规的信息沟通机制，仲裁机构无法了解到裁决书的后续执行情况等。这些协调中出现的问题，依据执行法院所处的不同地区而存在差异，仲裁机构和法院的沟通仍取决于个别的沟通能力和方式，尚未建立制度化的仲裁与人民法院保全、执行的协调机制。

建立仲裁机构和法院信息共享机制，解决实践中当事人、仲裁机构与法院各部门存在认识不一、衔接不畅、各自为战等问题，将有效降低当事人申请保全执行成本。第一，各地法院向人民群众公示审理仲裁保全案件的受理条件、具体流程和审查标准，为当事人和仲裁机构提供查询渠道。第二，仲裁财产保全与执行程序中，人民法院对涉及财产类型、查封措施、受理申请撤销仲裁裁决、不予执行仲裁裁决等案件信息，应及时告知仲裁机构与当事人并反馈审查结果。第三，各仲裁机构可与法院建立定期会商制度，就财产保全与执行工作中的相关事项等进行沟通会商，建立标准统一、流程明确的申请移送和反馈机制。第四，用好信息化手段，积极探索开发保全、执行案件线上流转系统，实现“当天移转、即时裁定、线上反馈”。最大限度缩短流转周期，提高工作效率，达到实施结果线上反馈、查封措施到期自动提醒的效果，实现当事人、仲裁机构、执行法院之间的无缝衔接。第五，关于仲裁前的保全，仲裁机构与人民法院应当统一理念，明确受理的标准和程序，参照诉前财产保全的规定办理，向申请人释明存在的风险和法律责任，并加强对担保程序的审查。

最高人民法院出台的涉及法院内部衔接的《最高人民法院关于人民法院立案、审判与执行工作协调运行的意见》从法院整体工作的角度对立案、审判、执行工作的有序衔接和高效运行进行了规范，大大提高了审判、保全、执行的衔接效率。同时亦有必要出台专门的规范性文件，即仲裁裁决保全、执行协调机制相关的指导文件，该文件能够以确定的规则全面细化执行司法解释中的制度创新，在关于仲裁程序中的保全材料移送及退回机制上、在裁决作出后人民法院要求明确给付内容的信息互通机制上、在仲裁裁决执行情况反馈机制上等，能够通过规范性文件的方式解决实际问题，同时也有助于推进法院针对仲裁裁决的执行工作。

四是完善仲裁财产保全立法工作。针对我国目前的立法现状以及自身存在的问题，结合各省市及域外的先进经验，可以在仲裁保全制度上作出一些改革。

首先，应当考虑将仲裁程序的保全决定权全部或部分前移至仲裁庭。有观点认为，法院依职权介入仲裁保全程序体现的是民事诉讼对仲裁的支持。[①]亦有观点认为，法院依职权对仲裁保全裁定之作出程序的介入实质上构成对仲裁裁决权的侵占和分割，是一种不信任、事中性的监督，容易滋生民事诉讼对于仲裁的傲慢。实际上，仲裁庭作为最了解仲裁案件争议情况的部门，更能准确判断是否确有必要作出保全措施，也可以减少当事人申请仲裁保全在仲裁机构和法院之间的流转成本，减轻法院审查仲裁保全的工作压力，分流法院的执行工作。在国际商事仲裁中，仲裁庭可以依据有关法律决定采取其认为适当的临时措施，如《德国民事诉讼法》第1041条规定，当事人无其他约定时，仲裁庭依一方当事人的申请可以命令采取对争议标的所必要的暂时措施或保全措施[②]，但在我国现行立法中尚无法律依据，有待在《仲裁法》修改时予以论证。在《仲裁法》修改时，可以考虑赋予仲裁机构一定的财产保全决定权，特别是在特殊紧急情况，即不立刻采取保全措施将造成重大损失的情况下，从法律的层面为仲裁机构打开制度之门，赋予仲裁庭因特定案件

---

① 参见刘加良：《论仲裁保全程序中的诉讼谦抑》，载《政治与法律》2009年第1期，第152页。

② 谢怀栻译：《德意志联邦共和国民事诉讼法》，中国法制出版社2001年版，第279页。

的需要、就当事人提出的仲裁保全申请自行审查并作出采取保全措施决定的权力。如此，仲裁庭作出采取保全措施决定后，由法院直接执行。从完善《仲裁法》的角度，由于仲裁的规范性和正式性在民事纠纷解决机制内部仅次于民事诉讼，让民事裁判权的作用力退出仲裁保全裁定的作出程序，是增进民事诉讼之正当品质的长远之计。

其次，关于仲裁财产保全管辖与裁决执行管辖不一致问题，各地可因地制宜、由省级高院统筹。如北京市高级人民法院组织的全市法院执行局局长座谈会（第八次会议）作出的会议纪要《关于仲裁裁决执行与不予执行申请审查若干问题的意见》第1条对于管辖的规定，最高人民法院在制定《仲裁裁决执行规定》时对该意见进行了吸纳：一方面，坚持以中级法院管辖为原则；另一方面，对符合基层法院一审级别管辖条件的，可按程序报上级法院批准后指定被执行人住所地或者被执行财产所在地基层法院管辖。

最后，关于仲裁财产保全与执行规定相对分散、各地模式不统一的问题。可对相关法律、司法解释的规定、各地的经验和做法汇编成册，制作仲裁财产保全与执行案件办理指引，并予以公示，供仲裁机构、当事人和办案人员使用、识别和援引。

六、结论

执行中司法审查对于仲裁裁决的影响巨大，有的直接使得裁决法律上归于无效，有的使得裁决虽仍有效但丧失执行力。仅以驳回执行申请为例，仲裁裁决的执行申请被驳回的，可能因为不同的原因而导致法律后果不同。而仲裁理论界尚未明确而系统地研究过当司法审查作出结论后，仲裁机构如何应对，仲裁裁决是重新作出裁决、再行作出裁决，还是等待当事人决定是否重新达成仲裁协议再做出裁决。实践中，规则的不明晰导致的后果是死胡同和两难境地，执行难以执行，法律文书又没有被撤销。因此应厘清明确司法审查结论后仲裁裁决的效力。

此外，因仲裁程序与保全之间的协调，仲裁裁决作出后与法院执行工作出现的协调问题，因执行法院在不同地方而存在差异，仲裁机构和法院的沟通仍取决于个案层面的沟通，尚未建立制度化的仲裁与执行协调的机制。故有必要出台相关的规范性文件，即仲裁保全、裁决执行协调机制相关的指导文件。能够全面细化《仲裁裁决执行规定》中的制度创新，在关于仲裁程序中的保全材料移送及退回机制上、在裁决作出后人民法院要求明确给付内容的信息互通机制上、在仲裁裁决执行情况反馈机制上等，仲裁事业及仲裁机构的发展都需要人民法院的大力支持，能够通过规范性文件的方式解决实际困难，同时也便于推进法院针对仲裁裁决的执行工作。

在民事纠纷解决机制中，商事仲裁与法院判决的方式各有千秋，仲裁有保密性、灵活性、少对抗性、《纽约公约》签署国的域外执行效力等优势，又能为人民法院分担沉重的审案压力，其作为多元纠纷解决方式之一，存在和发展是有价值的、有意义的。仲裁裁决与法院生效判决一样，都是法院“执行依据”的重要组成部分。仲裁裁决、司法审查、保全执行应当在最高人民法院、司法部的指导下建立统筹划一的规则体系，执行部门对于仲裁裁决也应当给予等同于法院判决的“最惠待遇”“平等待遇”。对于仲裁裁决的司法审查机制的完善，应当少一些权宜之计，多一些整体设计和通盘考量，更有利于促进仲裁和非诉纠纷解决机制的长远发展。

附件 1：

关于商事仲裁与仲裁司法审查、保全、执行工作协调运行的实施意见

（课题建议稿）

为进一步规范商事仲裁案件移送财产保全与执行工作，依法及时办理仲裁财产保全与执行案件，切实发挥仲裁制度效能，维护当事人合法权益，根据《民事诉讼法》、《仲裁法》、《最高人民法院关于人民法院办理财产保全案件若干问题的规定》（以下简称《财产保全司法解释》）、《最高人民法院关于人民法院办理仲裁裁决执行案件若干问题的规定》、《最高人民法院关于人民法院立案、审判与执行工作协调运行的意见》等法律、司法解释、规范性文件的规定，结合我国人民法院审判执行工作、仲裁司法审查工作实际，制定本实施意见。

一、保全

第一条【仲裁前保全】

利害关系人因情况紧急，在申请仲裁前向有管辖权的人民法院申请采取保全措施，人民法院裁定采取保全措施的，申请人提请仲裁时应将保全裁定一并提交仲裁机构，并将仲裁立案情况通知保全法院。

【说明】

《民事诉讼法》第101条规定的诉前财产保全制度。利害关系人可以在提起诉讼或者申请仲裁前向被保全财产所在地、被申请人住所地或者对案件有管辖权的人民法院申请采取保全措施。申请人在人民法院采取保全措施后30日内不依法提起诉讼或者申请仲裁的，人民法院应当解除保全。故当事人提出仲裁前财产保全，获得法院许可的，当事人（一般为仲裁申请人）为自身利益的最大化，应当告知仲裁机构，此时仲裁前保全就自动转化为仲裁中保全。

此外，当事人在保全后，向仲裁机构提请仲裁的，应当让保全法院知悉，否则其可能存在保全法院采取保全措施后30日内不知道当事人是否采取诉讼或仲裁措施的情况，可能会解除保全措施，极大影响当事人的权利。

本条文规定的意义在于，因为仲裁前保全存在法院、仲裁机构尚未建立正常的沟通渠道的前提下，应当由当事人担负的通知协调义务，若当事人自身怠于履行上述义务，自己承担可能出现的保全措施失效的法律后果，与法院、仲裁机构无关，这样的条文将更有利于促使当事人尽职地维护其自身的救济权利。

第二条【风险提示】

仲裁机构应当向当事人发放申请财产保全和执行风险告知书，告知当事人向人民法院提供财产线索的义务，以及仲裁请求不明确、无财产可供执行导致执行不能的风险。

【说明】

本条文是指示性非强制性的，能够使得当事人自发、合法地保障自身权益，同时对法院的执行工作进行了一定的解释和宣传。

第三条【材料移送】

仲裁机构收到当事人提交的仲裁财产保全申请，于七日内移送人民法院审查，情况紧急的，应当立即与人民法院联系。

移送时包括但不限于以下材料：

（一）移送财产保全函；

（二）仲裁立案通知书或仲裁机构出具的已立案说明；

（三）财产保全申请书；

（四）已知的财产状况或者财产线索；

（五）当事人的身份证明材料、授权委托书、送达地址确认书等；

（六）仲裁机构、当事人的联系方式；

（七）其他有必要移送的材料。

【说明】

执行司法解释规定，一般由被申请人住所地和被申请保全的财产所在地基层人民法院作出裁定并执行。[①]属涉外仲裁案件的，依据《民事诉讼法》第272条规定，由被申请人住所地或者财产所在地的中级人民法院作出裁定。在仲裁实践中，为进一步推动仲裁保全的便利性，提供保全工作效率，各地高级人民法院也对仲裁保全的管辖法院进行了探索和尝试，《北京市高级人民法院关于仲裁执行案件统一由中级人民法院管辖的通知》明确要求，通过仲裁机构申请财产保全的案件，统一由被执行人住所地或被执行地的中级人民法院管辖。《江苏省高级人民法院关于审理民商事仲裁司法审查案件若干问题的意见》也明确了仲裁机构根据《仲裁法》第28条的规定，提请人民法院采取财产保全措施的，由财产所在地的中级人民法院办理。各地方法院关于仲裁保全的实践探索，有效地提升了仲裁保全的成功率及保全效率。《仲裁法》第28条仅规定了仲裁机构收到当事人财产保全申请后提交人民法院，但并没有规定仲裁机构提交的期限。

《财产保全司法解释》第1条明确列举了保全申请书应载明的事项，第3条规定了仲裁过程中，当事人申请财产保全的，应当通过仲裁机构向人民法院提交申请书及仲裁案件受理通知书等相关材料。但实践中全国各地人民法院对于当事人具体提交哪些仲裁保全申请材料的要求多有不同，审查标准也不尽统一，且当事人和仲裁机构也无法通过公开渠道获取各地法院对于提交

① 《最高人民法院关于人民法院执行工作若干问题的规定（试行）》（以下简称《执行规定》）第11条、《最高人民法院关于实施〈中华人民共和国仲裁法〉几个问题的通知》。

仲裁保全申请材料的标准，[1]这导致仲裁案件当事人通过仲裁机构向各地法院提交材料往往无法一次性满足保全法院的要求，而法院以保全申请材料不符合要求为由直接退回材料、不予立案的情形时有发生，给当事人正常行使仲裁保全权利造成不少障碍，也严重影响仲裁保全效率。

第四条【续保、追加保全】

保全实施完毕后，需要续行保全或解除保全措施的，申请人可直接向保全法院申请。追加保全的，申请人应通过仲裁机构重新移送人民法院。

续行保全、解除保全的，还需同时提交前次保全裁定。

【说明】

法院采取保全措施后，可能存在财产保全的期限到期问题，因此时法院已经立案并确定承办人员，当事人可直接向法院申请，无需再通过仲裁机构。

若是追加保全的问题，就需要对保全的必要性重新审查，需要通过仲裁机构重新移送材料，视为新的保全申请。

第五条【保全裁定的作出期限】

人民法院收到仲裁机构移交的财产保全申请后，应当在五日内作出裁定；需要提供担保的，应当在提供担保后五日内作出裁定；裁定采取保全措施的，应当在五日内开始执行。

【说明】

《财产保全司法解释》第4条规定作出裁定和采取保全措施的期限，对于仲裁中的保全同样适用，其期限起算点为人民法院收到仲裁机构移交的财产保全申请后。

第六条【保全申请被驳回的救济】

人民法院裁定驳回申请人的保全申请的，申请人可直接向法院申请复议，无需通过仲裁机构移送。

【说明】

这是对于驳回保全申请后复议程序的规定，复议是对保全必要性的重新

① 北京仲裁委员会/北京国际仲裁中心通过走访和调研北京市各中级人民法院，初步形成了在北京市范围内适用的参考性材料“申请仲裁中保全材料须知（北京市）”，参见：http://www.bjac.org.cn/page/zc/zcbq.html，但我国其他省市地区的有权受理仲裁保全案件的各级法院对于仲裁保全申请材料的准备，由于地域及级别管辖较广，目前尚无法为仲裁当事人提供便利性指引，需当事人根据各地法院的实际情况自行沟通、了解。

审查，不是新的保全申请，故无需通过仲裁机构移送。

第七条【保全中执行财产查控系统的使用】

当事人在仲裁中申请财产保全，确因客观原因不能提供明确的被保全财产信息，但提供了具体财产线索的，人民法院可以依法裁定采取财产保全措施。

在该裁定执行过程中，申请人可向已经建立网络执行查控系统的执行法院，书面申请通过该系统查询被保全人的财产，执行法院可以利用网络执行查控系统，对裁定保全的财产或者保全数额范围内的财产进行查询，并采取相应的查封、扣押、冻结措施。

【说明】

《财产保全司法解释》中有对特定条件下启动网络执行查控系统查询保全财产的规定，在仲裁保全案件中，也应当一视同仁，当然，是否启动该程序，应当由保全法院视具体情况而定。

第八条【行为保全】

人民法院根据仲裁当事人的申请，可以在保全裁定中裁定责令对方作出一定行为或者禁止其作出一定行为。

【说明】

民事诉讼法中明确了保全的形式，既包括财产保全，也包括行为保全，“禁令”模式在知识产权诉讼中广泛存在，以先行禁止的保全方式防止当事人损失进一步扩大。在仲裁案件中同样也存在一方当事人超越权限的行为损害另一方的利益的行为，“禁令”的存在是非常有必要的。一方面考虑到与国际的规则接轨，另一方面考虑到诉讼与仲裁应一视同仁，故应当为仲裁的保全保留行为保全的方式，以应对不断发展变化的实践。

二、财产保全工作流程

第九条【人民法院内部分工】

仲裁前保全、仲裁保全，由人民法院立案部门审查并作出保全裁定，立执保字案号后，移送执行部门实施。

【说明】

由人民法院对财产保全申请进行审查，并决定是否采取财产保全措施以及采取何种措施。《最高人民法院关于人民法院执行工作若干问题的规定（试行）》（以下简称《执行规定》）第3条规定：“人民法院在审理民事、行政案件中作出的财产保全和先予执行裁定，由审理案件的审判庭负责执行。”《财产保全司法解释》第 2 条规定，由立案、审判机构作出的裁定，一般应当移送执行机构实施。符合紧急保全的，也可由裁定作出部门直接行使实施权。根据《最高人民法院关于执行案件立案、结案若干问题的意见》（以下简称《执行案件立结案意见》）第 5 条规定，执行财产保全裁定的，案件类型代字为“执保字”。而对于仲裁财产保全裁定的作出和实施，相关法律均没有明确规定，因此，参照诉讼保全程序，一般是由立案庭作出裁定，移送执行部门执行。

第十条【反馈保全信息】

人民法院立案部门收到仲裁财产保全申请后，应及时告知仲裁机构及申请人。

执行部门财产保全实施完毕后，应向仲裁机构及当事人反馈保全结果，包括但不限于财产名称、财产类型、查封起止日、续行保全的风险和法律后果等。

【说明】

《民事诉讼法》第 101 条第 2 款规定，人民法院接受申请后，必须在 48 小时内作出裁定。《财产保全司法解释》第 3 条同时规定了人民法院裁定采取保全措施或者裁定驳回申请的，应当将裁定书送达当事人，并通知仲裁机构。但对于仲裁机构和法院之间如何高效对接，法律司法解释并未涉及。实务操作中可能因审查和移送效率问题，无法及时采取保全措施，而对于法院作出的采取保全措施裁定或驳回保全申请的裁定的情况，由于缺少具体明确的信息共享机制，仲裁机构也无从全面掌握。

另外，关于仲裁财产保全文书公开与否的问题，仲裁机构与人民法院对此问题存在一定的争议。仲裁的审理方式具有保密性，有利于保护双方当事人的商业秘密，仲裁文书也应在保密范围。对仲裁案件保密已经被认定为当事人可期待的一种利益，保密应当是常态，公开应该是例外。[①] 而人民法院的裁判文书具有公开性，以公开为原则不公开为例外，按照《最高人民法院关于人民法院在互联网公布裁判文书的规定》（法释〔2016〕19 号）第 3 条的规定，民事、执行裁定均应公开。第 4 条对不公开的文书范围作了规定，但也并未包括仲裁的相关文书。商业秘密的泄露对商业主体来说是致命的打击，如果因仲裁财产保全潜在的文书公开风险背离了这一价值目标，当事人必然会舍

① 郭玉军、梅秋玲：《仲裁的保密性问题研究》，载《法学评论》2004 年第 2 期，第 33 页。

弃仲裁。

第十一条【信息公开】

各级人民法院应当向仲裁机构、当事人公示受理仲裁保全案件、执行实施案件的条件、流程和审查标准，并提供便捷的信息查询渠道。

【说明】

北京仲裁委员会/北京国际仲裁中心在涉及保全的前期调研中发现部分案件仍存在以下与法院保全机制沟通、对接不畅的问题：法院要求仲裁机构作出超出仲裁机构职能范围的说明，部分地方法院要求仲裁机构出具“裁决书生效证明”；仲裁中财产保全的成功率低及财产保全裁定执行难；仲裁机构与各地法院之间缺乏常规的信息沟通机制，仲裁机构无法了解到裁决书的后续执行情况等。这些协调中出现的问题，依据执行法院所处的不同地区而存在差异，仲裁机构和法院的沟通仍取决于个别的沟通能力和方式，尚未建立制度化的仲裁与人民法院保全、执行的协调机制。

三、仲裁与审判衔接

第十二条【仲裁协议有效性审查】

仲裁当事人向人民法院申请确认仲裁协议效力的，应向仲裁机构提交立案通知书，仲裁机构收到通知书之日起，仲裁程序中止。

人民法院做出裁定后，仲裁当事人应及时通知仲裁机构，人民法院裁定仲裁协议有效的，恢复仲裁程序；裁定无效的，仲裁机构将仲裁案件做撤案处理。

【说明】

根据仲裁法的相关规定，当事人申请确认仲裁协议效力，既可向仲裁机构申请，也可向法院申请。本条文是针对向法院申请后的仲裁机构的操作规程，若法院裁定仲裁协议无效，仲裁案件视为自始不存在，应作撤案处理，当事人应另寻救济渠道。

第十三条【重新仲裁】

人民法院依照《仲裁法》第61条的规定通知仲裁庭重新仲裁的，仲裁机构应于收到通知之日起七日内重新立案，并重组仲裁庭，原仲裁庭成员不再担任重新仲裁案件的仲裁员。

【说明】

本条文是法院在撤裁程序中通知重新仲裁后，仲裁机构应采取的措施。

第十四条【先予仲裁情形的处理】

人民法院以先予仲裁为由不予受理或驳回执行申请的，当事人可向仲裁机构申请重新仲裁。

【说明】

最高人民法院于2018年5月作出《关于仲裁机构“先予仲裁”裁决或者调解书立案、执行等法律适用问题的批复》（法释〔2018〕10号）中提到，根据《仲裁法》第2条的规定，仲裁机构可以仲裁的是当事人间已经发生的合同纠纷和其他财产权益纠纷。因此，网络借贷合同当事人申请执行仲裁机构在纠纷发生前作出的仲裁裁决或者调解书的，人民法院应当裁定不予受理；已经受理的，裁定驳回执行申请。

对于某些仲裁机构在纠纷发生前即出具的仲裁裁决或调解书，被最高人民法院定性为不属于《仲裁法》第2条规定的权益纠纷。遵循司法解释的真实意思，即认为在纠纷发生之前做出的仲裁裁决是不存在、无法律效力的裁决，故应当不予受理或驳回执行申请处理。仲裁裁决被驳回执行申请后，当然地被认为自始不存在既判力和执行力。但是，这并不影响原基础法律关系的效力，也不影响仲裁协议的效力，原法律关系仍需解决并获得结论。

在这种情况下，原仲裁裁决可以认为是不存在的、无效力的，而仲裁协议又是有效的，故通过重新仲裁，重新做出仲裁裁决的方式来解决这个困境，是最为适宜的。

四、执行

第十五条【仲裁裁决的解释和补正】

人民法院发现仲裁机构作出的生效法律文书执行内容不明确的，当事人信息不明确，或发现文书中存在文字、计算错误以及仲裁庭已经认定但在裁决主文中遗漏的事项，应书面征询仲裁机构的意见。仲裁机构应在15日内作出书面答复或者裁定予以补正。

人民法院向仲裁机构调阅仲裁案卷查明事实的，应书面通知仲裁机构，仲裁机构应在收到通知起15日内将案件卷宗移送至法院。人民法院审查做出结论后，应及时将卷宗退还。

【说明】

本条文是对仲裁执行司法解释相关规定的程序细化，其意义在于在仲裁裁决内容不明确或有疏漏时，保证仲裁机构和法院执行部门、仲裁司法审查部门之间的沟通顺畅。

第十六条【驳回执行申请】

人民法院以执行内容不明确具体、无法执行为由对仲裁裁决执行不予受理或驳回执行申请的，原仲裁裁决仍有效，当事人可再次向仲裁机构申请仲裁明确仲裁判项。

【说明】

人民法院对仲裁裁决执行不予受理或驳回执行申请的，既有可能是因为没有给付内容，也有可能是给付内容不明确、不具体，采用说明、补正裁定的方式也无法达到明确而具体的结果，导致法院执行部门无法操作。这种情况下，原仲裁裁决并不失去其既判力、确定力，与撤裁或不予执行后的法律效果不同，裁决仍然是有效而存在的。这种情况的出现，多数是因为当事人申请仲裁时没有提出适宜执行的仲裁请求而造成的。

当事人此时如何救济其自身权益，我们认为原仲裁协议并未失效，当事人可以重新以更明确的请求向仲裁机构申请仲裁。

第十七条【仲裁司法审查结果的通知】

人民法院在受理申请撤销仲裁裁决、不予执行仲裁裁决案件后，应及时通知当事人。

人民法院在决定撤销或不予执行仲裁裁决后，应及时通知当事人和仲裁机构。

【说明】

仲裁司法审查对于仲裁裁决的评价有重要意义，此前并不存在常态化的沟通机制，尤其是不予执行仲裁裁决时，仲裁机构很难获得相关的消息，也不知道问题出在哪里，既不利于及时地做出解释，也不利于改进今后的工作。因此有必要规定在人民法院决定报请撤裁或不予执行时，应当通知仲裁机构。

第十八条【仲裁司法审查程序中仲裁机构的解释】

人民法院在审查申请撤销或不予执行仲裁裁决程序中，应当允许仲裁机构作出书面解释。

【说明】

各仲裁机构的仲裁规则并不完全一致，人民法院在审查申请撤销或不予执行仲裁裁决程序中，尤其是倾向于决定否决仲裁裁决时，应当允许仲裁机构针对程序上可能存在的问题，以及其对仲裁规则的理解，向法院进行解释。

第十九条【仲裁保全与执行的衔接】

当事人申请对仲裁裁决立案执行后，被保全财产自动转为执行财产。

当事人向保全法院以外人民法院申请执行的，当事人应在申请执行时提供财产保全相关资料，执行法院自立案之日起负责对保全财产依法采取措施。

【说明】

实践中经常存在仲裁保全法院和仲裁裁决执行法院不一致的情况，为了能够有效地衔接保全和执行的工作，尤其是防止保全财产超过期限查封失效，应当规定保全法院和执行法院的“责任交接点”，防止因保全执行沟通不畅导致当事人权益的损害。

第二十条【执行立案申请】

当事人申请执行仲裁裁决的，人民法院不得要求当事人或仲裁机构出具裁决已生效证明。

【说明】

仲裁实行一裁终局的制度，裁决作出后裁决即生效，故不得要求申请人出具已生效证明以设置立案障碍。

第二十一条【部分不予执行】

人民法院应当裁定对仲裁裁决部分不予执行，应当在裁定主文中明确不予执行的部分裁决项，对于该仲裁项下争议，当事人可另行向法院起诉，对于未予裁定不予执行部分裁决项，执行法院继续执行。

【说明】

民诉法解释规定了部分不予执行仲裁裁决的情况，实践中部分不予执行情况较为少见，执行法院应当特别明确不予执行的仲裁裁决项以及理由，否则可能导致后续部分起诉和部分生效界限不清产生的混乱。

第二十二条【案外人申请不予执行仲裁裁决】

因案外人申请，人民法院裁定不予执行仲裁裁决的，当事人可以根据原仲裁协议重新申请仲裁，但仲裁过程中仲裁机构应当严格审查，充分考虑案外人的利益。

【说明】

案外人申请不予执行仲裁裁决是仲裁执行司法解释新创设的制度，其目的是防止虚假仲裁，以及防止利用仲裁裁决侵害案外人的权利，有多种情况的可能性。因案外人申请，人民法院裁定不予执行仲裁裁决的，原仲裁裁决当然地丧失了既判力和执行力。但是，这种情况下，不排除当事人之间仍然存在真实的合同法律关系，若仲裁协议为真实有效，当事人仍然可以依据仲裁协议重新申请仲裁，厘清二者之间的法律关系。当然，此时已经有前车之鉴的仲裁机构应当特别审慎地进行审查，并在仲裁过程中充分考虑案外人的利益。

五、机制运行

第二十三条【专人负责】

各级人民法院、各仲裁机构应指定专人负责财产保全、执行实施事项的接收、审查、流转等工作，集约化办理提高工作效率。

【说明】

仲裁财产保全作为司法支持商事仲裁工作中的重要体现，是仲裁裁决得以顺利执行的重要保障，是“以保全促调解，以保全促审理，以保全促执行”的目标得以实现的重要手段。对仲裁机构而言，应做好以下三方面事项：首先，仲裁机构在当事人通过仲裁机构提交保全申请材料时做好财产保全申请技术性指导，充分提示当事人按照各法院公示的提交仲裁保全申请材料的具体要求准备申请材料，提醒当事人申请保全的条件及可能存在的风险；其次，对于移送仲裁保全申请数量较多的仲裁机构，必要时可尝试委派工作人员专门负责财产保全事项的接收、审查、流转等工作，集约化办理，提高工作效率；最后，仲裁机构应充分重视保全机制对仲裁的重要价值和意义，进一步加强仲裁保全的实务研究。

第二十四条【信息共享】

各级人民法院、各仲裁机构应充分利用信息化方式，建立仲裁机构和人民法院信息共享机制，并建立定期会商制度。

【说明】

解决实践中当事人、仲裁机构与法院各部门存在认识不一、衔接不畅、各自为战等问题，将有效降低当事人申请保全成本。首先，各地法院向人民群众公示审理仲裁保全案件的受理条件、具体流程和审查标准，为当事人和仲裁机构提供查询渠道。其次，各仲裁机构可与法院建立定期会商制度，就财产保全工作中的相关事项等进行沟通会商，建立标准统一、流程明确的申请移送和反馈机制。再次，用好信息化手段，积极探索开发保全案件线上流转系统，实现“当天移转、即时裁定、线上反馈”。最大限度缩短流转周期，提高工作效率，达到保全结果线上反馈、保全措施到期自动提醒的效果，实现当事人、仲裁机构、保全法院之间的无缝衔接。最后，关于仲裁前的保全，仲裁机构与人民法院应当统一理念，明确受理的标准和程序，参照诉前财产保全的规定办理，向申请人释明存在的风险和法律责任，并加强对担保程序的审查。

第二十五条【辖区协作】

各地人民法院、各仲裁机构可依据本实施意见，利用辖区优势、地方特点等，进一步明确各内设机构的职责和工作衔接，探索优化人民法院、仲裁机构与当事人协调运行机制。

【说明】

各级人民法院能够以建立协调机制为目标，可以在现行法律法规、司法解释的框架内，根据本辖区的实际情况，对仲裁机构与法院工作的衔接，进行更细化的规定和更大胆的探索。

附件2：

财产保全通知书（告知仲裁机构、当事人）

××××人民法院

财产保全通知书

（××××）……号

申请保全人/被申请人：

申请人向本院申请保全一案，本院于××××年××月××日对被保全人×××财产进行了保全查封（扣押/冻结），现已保全完毕，详见《财产保全清单》。

根据《中华人民共和国民事诉讼法》第一百零三条、第一百零四条、第一百零五条、第一百零八条、第一百一十一条及相关法律规定，现告知你方享有下列相关权利义务：

一、被申请人提供担保的，人民法院可以解除财产保全。

二、申请有错误的，申请人应当赔偿被申请人因财产保全所遭受的损失。

三、当事人对财产保全的裁定不服的，可以申请复议一次。复议期间不停止裁定的执行。

四、被申请人或者其他人有隐藏、转移、变卖、毁损已被查封、扣押、冻结的财产，或者已被清点并责令其保管的财产之行为，人民法院可以根据情节轻重予以罚款、拘留；构成犯罪的，依法追究刑事责任。

五、财产保全期限届满前，申请人如继续申请保全，应当在期限届满前七日以书面形式向本院提交续行保全申请；逾期不办理续行保全申请，视为自动解除。因申请人未按期申请续行保全，导致保全自动解除，造成财产损失的，责任由当事人自行承担。

为避免未及时申请续行保全的风险，建议在保全措施有效期限届满三十日前以书面形式向本院提交续行保全申请。

六、人民法院采取财产保全措施后，有下列情形之一的，申请保全人应当及时申请解除保全：

（一）采取诉前财产保全措施后三十日内不依法提起诉讼的；

（二）其他人民法院对起诉不予受理、准许撤诉或者按撤诉处理的；

（三）起诉或者诉讼请求被其他人民法院生效裁判驳回的；

（四）申请保全人应当申请解除保全的其他情形。

申请保全人未及时申请人民法院解除保全，应当赔偿被保全人因财产保全所遭受的损失。

特此通知。

联 系 人：　　　　　　　　联系方式：

联系地址：

××××年××月××日

（院印）

附件3：

财产保全清单（告知仲裁机构、当事人）

××××人民法院

财产保全清单

裁定案号：（　　）财保　号

执保案号：（　　）执保　号

序号	被保全财产	起始日期	措施	协助机构	备注
1	××位于××的财产；产权证号为××	起：　年　月　日 止：　年　月　日	首封	××不动产登记中心	首封法院信息； 抵押情况； 账户余额/财产价值； 其他。
2					
3					
4					
……					
备注					

保全承办法官：××

法官助理：××　　　　电　　话：××

书 记 员：××

多方仲裁的仲裁员选定问题

廖　鸣*

● **摘　要**

国际仲裁机构的仲裁规则以及国家（或地区）制定的仲裁法律多是假设两方参与仲裁而进行规定的。多方在同一个仲裁条款下参与同一个仲裁程序，经常发生仲裁员选定问题。本文以笔者处理的一起仲裁案件为例，介绍国际上重要的Dutco案对多方仲裁选定仲裁员规则的影响，以及目前国际和我国常见的三种处理多方仲裁仲裁员选定的方法；比较三种做法的各自优缺点，并在我国仲裁法下从保障程序正当和仲裁裁决承认、执行的角度，对多方当事人订立涉及仲裁员选定的仲裁条款、仲裁机构制定相关规则等事项提出建议。

● **关键词**

多方仲裁　仲裁员　选定　指定

Abstract: Rules of international arbitration institutions and arbitration laws promulgated by countries (or regions) are typically drafted as if only two parties are to participate in an arbitration. Multiple parties, when participate in an arbitration under the same arbitration

---

* 廖鸣，泰和泰（北京）律师事务所合伙人，北京仲裁委员会/北京国际仲裁中心仲裁员。

agreement, face the problem of designating arbitrators from time to time. A real case with which the author dealt was raised for an example. The paper, by introducing the famous Dutco case and the impact that the case brought into multiparty arbitration rules, analyzes the three methods to handle arbitrators designation in multiparty arbitration which are mostly adopted internationally and in China. On the basis of the above, the paper forwards the suggestions on making arbitration agreement and on making arbitration rules involving multiparty in designating arbitrators, from the standpoint of due process and safeguarding the recognition and enforcement of arbitration awards.

Key Words: multiparty arbitration, arbitrators, designation, appointment

当事人的意思自治权利是仲裁相较于诉讼的重要区别，选定作为纠纷裁决者的仲裁员是当事人意思自治的重要权利之一。目前国际上以及我国仲裁普通程序的常见做法是作为申请人和被申请人的两方当事人各选定一名共同仲裁员（以下简称“仲裁员”），加上该两名共同仲裁员共同选定或者仲裁机构指定的首席仲裁员，组成仲裁庭。共同仲裁员的选定权，一方一名平等分给申请人和被申请人双方，因此在当事人为多方时，推进仲裁程序有时会碰到困难，主要包括：如何对多方当事人为申请人或者被申请人进行划分；是否可能在一个仲裁条款下通过一个仲裁程序解决同一个合同产生的多个纠纷；追加当事人或者其他相关方（包括可能非仲裁条款的签署方）干扰仲裁程序；保障仲裁请求和答辩的有序陈述等。[①] 而选定仲裁员则是多方仲裁经常碰到的程序问题。

一、问题的提出与 Dutco 案

（一）问题的提出

理论上说，共同选定仲裁员的意见不一致更多可能出现在多方仲裁中的

① Ricardo Ugarte and Thomas Bevilacqua, “Ensuring Party Equality in the Process of Designating Arbitrators in the Multiparty Arbitration: An Update on the Governing Provisions”, Journal of International Arbitration 27 (1): 2010 Kluwer Law International 9, p.9.

被申请人一方，因为一个仲裁案件的发起通常意味着由多位当事人组成（如有）的申请人已协调立场共同申请一个案件；而被申请人中的不同当事人可能在一个仲裁案件中出现面对仲裁请求立场上的不一致，对选定仲裁员的意见也不一致。

以笔者曾经在中国某仲裁委员会参与审理的一起案件为例。该案缘起于一个借款合同和作为从合同的担保合同，担保合同中约定了数位担保人提供保证，以及以借款人的财产提供抵押，后出借各方约定由出借方委托的另一方作为抵押权的行权人。产生争议后，出借方作为申请人提起仲裁，其仲裁请求书中所列被申请人为借款方、数个担保人以及抵押权行权人，仲裁请求为被申请人偿还借款、担保人承担保证责任以及抵押权行权人承担行使抵押权的责任。申请人很快选定了仲裁员，而由多数当事人组成的被申请人在仲裁规则规定期限内未能共同选定仲裁员。出现如此僵局完全在意料中，因为作为被申请人的借款方、担保人本为一方，担保人是借款人的法定代表人和找来的关联公司，而抵押权行权人系由出借人委托，本就与其他被申请人不在一个阵营，其与其他被申请人并不具有共同利益，无法共同选定仲裁员是可预见之后果。仲裁机构依据其仲裁规则，直接为被申请人指定仲裁员，并指定首席仲裁员，与申请人选定的仲裁员共同组成仲裁庭。而除抵押权行权人外的被申请人在收到组庭通知后即向机构提出异议，认为不公平地剥夺了其选定仲裁员的权利。仲裁机构依据仲裁规则对相关异议予以驳回，仲裁庭接受案卷移交进行实体审理。实体审理中不同被申请人对申请人的立场进一步说明了被申请人无法共同选定仲裁员的原因，借款人、担保人反对申请人的仲裁请求，而抵押权行权人同意仲裁请求。虽然本案最后以调解结案，仲裁员选定问题并未被深究，但是程序中暴露的多数被申请人选定仲裁员的适用规则问题却并不能完全视而不见。

当事人选择仲裁员的权利之所以重要，是因为不同当事人选择的侧重点可能不同。虽然第三方（如仲裁机构）也可以替代当事人选择公正、独立的仲裁员，但是这通常不能完全解决当事人的关注。虽然仲裁员公正、中立是自然公正、程序正义的要求，但这些并不必然是当事人进行选定的唯一考虑因素。通常当事人选定还会考虑仲裁员的教育、专业性、个人背景、对特别法律和技术问题的知识、声誉（包括其他已定仲裁员对备选仲裁员的认同程度、备选仲裁员意见在仲裁庭可能被考虑的程度）、仲裁员对本案的时间投入等。[①]

（二）Dutco 案

就多方仲裁的仲裁员选定而言，国际公认影响最大的案例是 Dutco 案。[②]该案来源于国际商会（ICC）关于 Dutco 与 BKMI 和 Siemens 案的仲裁裁决。该三方当事人均为一家阿曼水泥厂建设的联营合作方。BKMI 为发包业主，Dutco 与 Siemens 作为交钥匙工程的承建方。其合作协议中仲裁条款载明所有有关争议将依据 ICC 仲裁规则由 3 位仲裁员在巴黎进行仲裁解决。[③]后工程建设中产生争议，Dutco 申请仲裁。Dutco 作为仲裁申请人选定了 1 名仲裁员。BKMI 和 Siemens 在答辩中对 Dutco 的仲裁申请进行挑战并拒绝共同选定仲裁员，认为 Dutco 的仲裁请求应该对 BKMI 和 Siemens 分别单独提出；因为 Dutco 对两名被申请人请求的基础事实并不相同，两名被申请人的利益不一致，无法协调共同选定一名仲裁员。ICC 拒绝了两名被申请人的挑战，按照当时其惯常做法，要求两名被申请人共同选定仲裁员。ICC 在被申请人的抗议下组成仲裁庭，并推进仲裁程序。其后仲裁庭作出了部分裁决，确认仲裁庭的组成是适当的，因为联营合作合同中的仲裁条款反映了三方当事人就三方争议通过一个仲裁程序解决的共同意愿；裁决并确定关于两名被申请人的仲裁请求可以在一个仲裁程序中审理。BKMI 和 Siemens 于是向巴黎上诉法院申请撤裁，理由是仲裁庭的组成不适当，承认和执行仲裁裁决将违反公共政策。巴黎上诉法院拒绝了 BKMI 和 Siemens 的诉求，认为在多方当事人争议场合，将多方分为两方，各自选定一名仲裁员，通过一个仲裁程序解决争议，符合本案仲裁条款的约定以及 ICC 的仲裁规则。BKMI 和 Siemens 不服，提起上诉。

---

① See Ricardo Ugarte and Thomas Bevilacqua, supra note 1 of page 1, p. 12.

② Siemens AG and BKMI Industrienlagen GmbH v. Dutco Construction Co.(7 January 1992). See Eric A. Schwartz "Multi-Party Arbitration and the ICC in the Wake of Dutco" Paper presented at the Transnational Commercial Arbitration Workshop of the Institute for Transnational Arbitration on 25 June 1993 in Dallas, Texas, U.S.A. p. 5.

③ 联营合作合同的仲裁条款为：

"All disputes arising out of the this Agreement, which cannot be settled amicably among the members, shall be finally settled in accordance with the rules of conciliation and arbitration of the International Chamber of Commerce by three arbitrators appointed in accordance with those rules. The seat of the Arbitration Court shall be Paris."

1992年，法国最高法院（French Court de cassation）推翻了巴黎上诉法院的判决，认为当事方平等选定仲裁员的原则事关公共政策，当事方关于选定仲裁员权利的放弃只能在争议产生之后；即当事人在争议产生前达成仲裁条款，如未能保障对所有当事人平等选定仲裁员，则除非争议产生后所有当事人确认相关仲裁条款，否则仲裁条款中选定仲裁员部分对未能获得平等选定权的当事人不生效。①

Dutco案在多方仲裁中案情比较特殊，即两名被申请人完全独立，拥有不同的利益，申请人在同一合同项下通过一个仲裁程序对两名被申请人分别提出不同的仲裁请求。这种多方仲裁情形也被称为“多级”（multi-polar）。②ICC的案件经历中类似案件并不常见。③多级仲裁中，要求利益不一致的当事人共同选定一名仲裁员，通常是勉为其难，因为应对不同的仲裁请求，选择仲裁员的侧重点通常也不同。与多级多方仲裁对应的是“两级”（bi-polar）多方仲裁。如果作为一方的多数当事人的利益相同或者相似，其拒绝共同选定仲裁员则欠缺合理理由。在这种情形下，合理的做法是该方多数当事人如未共同选定仲裁员，则丧失仲裁员选定权；而另一方选定的仲裁员被保留。其合理性在于一方选定仲裁员的权利不能受到另一方不行使选定仲裁员权利的损害。④这也是ICC在Dutco案之前的惯常做法。

二、目前国际和中国部分仲裁机构的主要做法

法国最高法院关于Dutco案的判决在仲裁界引起轩然大波，引发各种批评或者肯定意见。批评意见主要包括：判决结果将导致误解法国仲裁法要求每一仲裁当事方选定“自己的”仲裁员，或者法国法要求所有仲裁员通过相同方式选定。⑤同时也有肯定评论认同该判决触及了以下特殊情形，即一方当事人完全按照自己意志选定了仲裁员，而其他方在共同选定仲裁员方面必须进

---

① See Ricardo Ugarte and Thomas Bevilacqua, supra note 1 of page 1, p. 11.

② Sarah Grimmer “The Expanded Role of the Appointing Authority under the UNCITRAL Arbitration Rules 2010”, Journal of International Arbitration 28（5）: 2011 Kluwer Law International 501, p. 507.

③ 在Dutco案历经仲裁、诉讼两审的4年时间中，ICC处理的新受理类似案件有6起，See Eric A. Schwartz, supra note 2 of page 2, p. 14.

④ Sarah Grimmer, supra note 2 of page 4, p. 508.

⑤ See Ricardo Ugarte and Thomas Bevilacqua, supra note 1 of page 1, p. 12.

行妥协或者被剥夺选定权而由无关第三方来选定。[①] 虽然法国最高法院判决仅对仲裁地在法国的裁决具有约束力，但是 Dutco 案对很多位于其他国的国际仲裁机构多方当事人选定仲裁员规则产生了重要影响，很多国际仲裁机构随后出台了专门针对多方仲裁仲裁员选定的新规则。目前国际主要仲裁机构以及我国部分仲裁机构在此问题上的做法主要分为以下三种：

（一）仲裁机构在包含多位的一方当事人未能共同选定仲裁员时接管所有仲裁员的指定权

Dutco 案终审判决生效后，ICC 秘书长对法国最高法院判决的解读是法国仲裁法并没有直接赋予仲裁每一方各自选定一名仲裁员的权利，但需要保证每一方在选定仲裁员问题上得到公平对待；因此由仲裁机构指定独任仲裁员、或者指定仲裁庭全部仲裁员是符合判决主旨的。[②] 按照此解读，ICC 修订了其仲裁规则，增加了专门针对多方仲裁仲裁员选定的部分。其 1998 年版仲裁规则增加了第 10 条，即在三位仲裁员组成仲裁庭，由多位当事人组成的申请人或者由多位当事人组成的被申请人没有共同选定仲裁员时，ICC 仲裁院可以（may）指定所有三位仲裁员。[③]ICC 仲裁规则的修改也带动了部分国际仲裁机构相关规则的修改，加入多方仲裁特别规则，相对于双方仲裁的默认仲裁员任命规则而优先适用。[④]

---

① Ibid.

② Eric A. Schwartz, supra note 2 of page 3, p. 14.

③ ICC 仲裁规则（1998 年版）第 10 条规定：

Article 10. Multiple Parties

（1）Where there are multiple parties, whether as Claimant or as Respondent, and where the dispute is to be referred to three arbitrators, the multiple Claimants, jointly, and the multiple Respondents, jointly, shall nominate an arbitrator for confirmation pursuant to Article 9.

（2）In the absence of such a joint nomination and where all parties are unable to agree to a method for the constitution of the Arbitral Tribunal, the Court may appoint each member of the Arbitral Tribunal and shall designate one of them to act as chairman. In such case, the Court shall be at liberty to choose any person it regards as suitable to act as arbitrator, applying Article when it considers this appropriate.

④ 进行相应规则修改的包括伦敦国际仲裁院（LCIA）[2007 年版规则第 8（1）条]，美国仲裁协会国际争端解决中心（AAA）[2007 年版规则第 6（5）条]，斯德哥尔摩商会仲裁院 [2007 年版规则第 13（4）条]，世界知识产权组织仲裁中心 [世界知识产权组织仲裁规则第 18（a）条] 等。See Ricardo Ugarte and Thomas Bevilacqua, supra note 1 of page 1, p. 16.

1998年版仲裁规则适用后，ICC仲裁院并没有系统性的适用第10（2）条的规定，在一方当事人为多位而无法共同选定仲裁员时指定所有仲裁员；经常出现的情形是ICC仲裁院确认多位申请人共同选定的仲裁员，同时因多位被申请人未能共同选定仲裁员而替被申请人方指定仲裁员。其中缘由，一是1998年版仲裁规则第7（6）条[①]规定了当事人在仲裁员选定上可以做出不同于第10条的约定，ICC仲裁院在适用指定仲裁员裁量权时需要平衡两条款适用的关系，特别是仲裁条款有当事人选定仲裁员自治的意思表示时；二是ICC仲裁院在指定仲裁员时也通常会考虑裁决所在地的仲裁法，裁决可能被执行所在地的仲裁法，以尽量避免被撤裁或者被拒绝执行的情形；三是第10（2）条给予仲裁院指定仲裁员的权利为选择性（may），而ICC仲裁院认识到当事人在选定仲裁员上的意思自治是当事人信任并选择仲裁的重要考虑因素。[②]因此，修改规则后，ICC仲裁院并未形成在多位被申请人无法共同选定仲裁员时系统性适用指定全部仲裁员的实践做法。ICC仲裁规则沿用此组庭方式至今，在最新（2017年版）仲裁规则中，相当条款规定在第12（6）–（8）条，[③]并保留了ICC仲裁院指定仲裁员的权利为选择性（may）。

---

① ICC仲裁规则（1998年版）第7（6）条规定：

"[i] nsofar as the parties have not provided otherwise, the Arbitral Tribunal shall be constituted in accordance with the provisions of Article 8, 9 and 10".

② See Ricardo Ugarte and Thomas Bevilacqua, supra note 1 of page 1, p. 14.

③ ICC仲裁规则（2017年版）第12（6）–（8）条为：

Article 12: Constitution of the Arbitral Tribunal

…

6) Where there are multiple claimants or multiple respondents, and where the dispute is to be referred to three arbitrators, the multiple claimants, jointly, and the multiple respondents, jointly, shall nominate an arbitrator for confirmation pursuant to Article 13.

7) Where an additional party has been joined, and where the dispute is to be referred to three arbitrators, the additional party may, jointly with the claimant (s) or with the respondent (s), nominate an arbitrator for confirmation pursuant to Article 13.

8) In the absence of a joint nomination pursuant to Articles 12 (6) or 12 (7) and where all parties are unable to agree to a method for the constitution of the arbitral tribunal, the Court may appoint each member of the arbitral tribunal and shall designate one of them to act as president. In such case, the Court shall be at liberty to choose any person it regards as suitable to act as arbitrator, applying Article 13 when it considers this appropriate.

目前大多数国际仲裁机构和国际组织的仲裁规则与ICC类似，授权管理机构在多方当事人未共同选定仲裁员时有权指定全部仲裁庭成员。[①] 类似规则主要包括：（1）联合国贸发会仲裁规则（2013年版）（UNCITRAL Arbitration Rules，以下简称UNCITRAL仲裁规则）。[②]UNCITRAL仲裁规则下仲裁庭任命机构在多方仲裁程序中拥有完全而灵活的指定仲裁员权利，其可以“撤销”（revoke）已经做出的仲裁员指定，也可以指定或者“再指定”（reappoint）仲裁庭的每一位仲裁员。“撤销”主要针对的是多级多方仲裁中申请人一方做出的仲裁员选定，“再指定”主要针对由多位当事人组成的被申请人一方未按照时限要求共同选定仲裁员，在申请人提交评论意见要求任命机构“接管”被申请人选定权后，被申请人收到此评论意见“觉醒”又共同选定仲裁员，此时任命机构有权利“再指定”被申请人选定人选，以尽量尊重当事人的选定权。[③] 因此，UNCITRAL仲裁规则关于多方当事人的仲裁员选定规则灵活，与ICC规则中所使用“may”体现的灵活性，具有异曲同工之妙。（2）斯德哥尔摩商会仲裁院（SCC）仲裁规则（2017年版）第17（5）条。[④]（3）美国仲裁

---

① Sarah Grimmer, supra note 2 of page 4, p. 507.

② 联合国贸发会仲裁规则（2013年版）第10条对多方仲裁仲裁员的选定问题进行了规定：

Article 10

1. For the purposes of article 9, paragraph 1, where three arbitrators are to be appointed and there are multiple parties as claimant or as respondent, unless the parties have agreed to another method of appointment of arbitrators, the multiple parties jointly, whether as claimant or as respondent, shall appoint an arbitrator.

2. If the parties have agreed that the arbitral tribunal is to be composed of a number of arbitrators other than one or three, the arbitrators shall be appointed according to the method agreed upon by the parties.

3. In the event of any failure to constitute the arbitral tribunal under these Rules, the appointing authority shall, at the request of any party, constitute the arbitral tribunal and, in doing so, may revoke any appointment already made and appoint or reappoint each of the arbitrators and designate one of them as the presiding arbitrator.

③ Sarah Grimmer, supra note 2 of page 4, p. 508.

④ SCC仲裁规则（2017年版）第17（5）条规定：

Article 17 Appointment of arbitrators

…

（5）Where there are multiple Claimants or Respondents and the Arbitral Tribunal is to consist of more than one arbitrator, the multiple Claimants, jointly, and the multiple Respondents, jointly, shall appoint an equal number of arbitrators. If either side fails to make such joint appointment, the Board may appoint the entire Arbitral Tribunal.

协会国际争端解决中心（AAA）仲裁规则（2014年版）第12.5条。[①]（4）中国国际经济贸易仲裁委员会（以下简称贸仲）（2015年版）仲裁规则第29条亦有类似规定。[②]与ICC、UNCITRAL、SCC、AAA规则不同的是，贸仲规则下仲裁委员会主任指定全部仲裁员是强制适用的，并无灵活余地。

（二）仲裁机构在多方当事人无法就申请人、被申请人划分达成一致时接管所有仲裁员的指定权

伦敦国际仲裁院（LCIA）仲裁规则第7条规定了双方仲裁当事人选定仲裁员的规则，在一方未选定时LCIA仲裁院接管。[③]第8条进一步规定了多

---

① AAA国际争端解决程序规则（2014年版）第12.5条规定：

Article 12 Appointment of Arbitrators

…

5. If there are more than two parties to the arbitration, the Administrator may appoint all arbitrators unless the parties have agreed otherwise no later than 45 days after the commencement of the arbitration.

② 贸仲（2015年版）仲裁规则：

第二十九条　多方当事人仲裁庭的组成

（一）仲裁案件有两个或两个以上申请人及/或被申请人时，申请人方及/或被申请人方应各自协商，各方共同选定或共同委托仲裁委员会主任指定一名仲裁员。

（二）首席仲裁员或独任仲裁员应按照本规则第二十七条第（二）、（三）、（四）款规定的程序选定或指定。申请人方及/或被申请人方按照本规则第二十七条第（三）款的规定选定首席仲裁员或独任仲裁员时，应各方共同协商，提交各方共同选定的候选人名单。

（三）如果申请人方及/或被申请人方未能在收到仲裁通知后15天内各方共同选定或各方共同委托仲裁委员会主任指定一名仲裁员，则由仲裁委员会主任指定仲裁庭三名仲裁员，并从中确定一人担任首席仲裁员。

③ LCIA仲裁规则（2014年版）第7条规定：

Article 7 Party and Other Nominations

7.1 If the parties have agreed howsoever that any arbitrator is to be appointed by one or more of them or by any third person (other than the LCIA Court), that agreement shall be treated under the Arbitration Agreement as an agreement to nominate an arbitrator for all purposes. Such nominee may only be appointed by the LCIA Court as arbitrator subject to that nominee’s compliance with Articles 5.3 to 5.5; and the LCIA Court shall refuse to appoint any nominee if it determines that the nominee is not so compliant or is otherwise unsuitable.

7.2 Where the parties have howsoever agreed that the Claimant or the Respondent or any third person(other than the LCIA Court) is to nominate an arbitrator and such nomination is not made within time or at all (in the Request, Response or otherwise), the LCIA Court may appoint an arbitrator notwithstanding any absent or late nomination.

…

方仲裁，第8.1条推定多方仲裁中当事人的利益不一致，无法明确分为申请人、被申请人两方。该推定可以由当事方的书面认可进行推翻，即当事方向仲裁庭递交关于所有当事方分为申请人、被申请人两方的书面确认，在此情形下，申请人、被申请人各选定一名仲裁员；否则，所有仲裁员将（shall）由LCIA仲裁院指定。[①] 为防止仲裁院指定仲裁员与当事人选定仲裁员的可能冲突，LCIA规则第8.2条约定，当事方同意适用LCIA仲裁规则“将被视为同意由LCIA仲裁院指定仲裁庭组成”。[②] 如多方达成了分为双方阵营的一致意见，则选定仲裁员适用第7条，LCIA仅在一方未选定仲裁员时接管该方的仲裁员指定权（理论上出现概率很小，多方如能达成阵营划分一致意见，通常一方共同选定仲裁员意见也已达成），并且LCIA此时的指定权是“可以”。[③] 与LCIA处理方式相同的其他国际仲裁机构规则包括：澳大利亚国际商事仲裁中心（ACICA）仲裁规则（2016年版）第13条，[④] 新西兰国际仲裁中心（NZIAC）

---

① LCIA仲裁规则（2014年版）第8条规定：

Article 8 Three or More Parties

8.1 Where the Arbitration Agreement entitles each party howsoever to nominate an arbitrator, the parties to the dispute number more than two and such parties have no all agreed in writing that the disputant parties represent collectively two separate “sides” for the formation of the Arbitral Tribunal (as Claimants on one side and Respondents on the other side, each side nominating a single arbitrator), the LCIA Court shall appoint the Arbitral Tribunal without regard to any party's entitlement or nomination.

8.2 In such circumstances, the Arbitration Agreement shall be treated for all purposes as a written agreement by the parties for the nomination and appointment of the Arbitral Tribunal by the LCIA Court alone.

② Ibid.

③ LCIA仲裁规则（2014年版）第7.2条

④ ACICA仲裁规则（2016年版）第13条规定：

13 Appointment of Arbitrators in Multi-Party Disputes

13.1 For the purposes of Articles 11 and 12, the acts of multiple parties, whether as multiple Claimants or multiple Respondents, shall have no effect, unless the multiple Claimants or multiple Respondents have acted jointly and provided written evidence of their agreement to ACICA.

13.2 If three arbitrators are to be appointed and the multiple Claimants or multiple Respondents do not act jointly in appointing an arbitrator, ACICA shall appoint each member of the Arbitral Tribunal and shall designate one of them to act as Chairperson, unless all parties agree in writing on a different method for the constitution of the Arbitral Tribunal and provide written evidence of their agreement to ACICA.

标准仲裁规则（2018年版）第6.6条、第6.7条规定，[①]等等。从规则用语看，LCIA、ACICA以及NZIAC在多方当事人无法就申请人、被申请人划分达成一致时接管所有仲裁员的指定权为强制性规则，仲裁机构并无裁量权余地。其内在逻辑是：首先，对申请人而言，作为程序的发起方，其拥有动力和被申请人达成客观反映双方立场阵营的划分协议，以积极扫清程序障碍，推进程序；其次，对被申请人而言，立场相同或相近的阵营成员通常可以共同选定仲裁员；最后，如多方对阵营划分为两方无法达成一致意见，意味着多方利益和立场迥异，此时再适用双方仲裁的各自选定仲裁员原则欠缺适当性基础，因此在机会已给当事人而当事人无法达成一致的基础上，仲裁机构接管全部仲裁员指定权具有程序正义上之正当性。

另外，香港国际仲裁中心（HKIAC）（2018年版）机构仲裁规则第8.2

---

① NZIAC标准仲裁规则（2018年版）第6.6条、第6.7条规定：

6.0 COMPOSITION AND FORMATION OF THE ARBITRAL TRIBUNAL

…

6.6 In an Arbitration where the Parties have agreed that the Arbitral Tribunal is to be composed of three arbitrators, and there are multiple Parties, the respective groups of multiple Claimants or multiple Respondents must each nominate one arbitrator. The two arbitrators must nominate the Presiding Arbitrator. If either the multiple Claimants or multiple Respondents do not act jointly in nominating an arbitrator within ten working days of:

（a）service of the Notice of Arbitration; or

（b）execution of the Arbitration Agreement in the form found at Appendix 2 to these Rules,

the selection and appointment of that arbitrator will be made by NZIAC upon application in writing by any Party. If, within ten working days after the appointment of the second arbitrator, the two arbitrators have not agreed on a nominee to act as the Presiding Arbitrator, the selection and appointment will be made by NZIAC upon application by any Party in writing.

6.7 In an Arbitration with multiple Parties who have not, within ten working days of service of the Notice of Arbitration, agreed that the disputant Parties represent two separate sides for the purpose of the formation of thc Arbitral Tribunal, as Claimant and Respondent respectively, NZIAC will, at the request of any Party, select and appoint the Arbitral Tribunal and designate one the them as the Presiding Arbitrator.

…

条[①]则类似第（一）（二）类规则的合体，更显任命机构在多方仲裁的仲裁员指定上的灵活性。

（三）仲裁机构在包含多位的一方当事人未能共同选定仲裁员时仅接管该当事人的仲裁员指定权

这种方式是ICC在Dutco案之前的做法，在目前国际仲裁机构规则中较少见，我国部分仲裁机构有类似处理的规定。例如，北京仲裁委员会仲裁规则（2019年版）第20条第5款，[②]深圳国际仲裁院仲裁规则（2019年版）第30条第1款，[③]上海仲裁委员会仲裁规则（2018年版）第26条第3款，[④]等等。按照

---

① HKIAC机构仲裁规则（2018年版）第8.2条规定：

若争议涉及两个以上的当事人并应提交三位仲裁员，则除非当事人另有约定，仲裁庭应按下述方式组成：

（a）申请人或申请人集体和被申请人或被申请人集体，按所适用的第8.1（a）（b）或（c）款的程序，各提名一位仲裁员；

（b）若当事人已按第8.2（a）款提名了仲裁员，则第8.1（d）款规定的程序适用于首席仲裁员的提名；

（c）若当事人未能依第8.2（a）款提名仲裁员，或未能就提名仲裁员一事而约定分为不同两方（即申请人和被申请人两方），HKIAC可在考虑或不考虑任何一方当事人提名的情况下指定仲裁庭的所有成员。

② 北京仲裁委员会/北京国际仲裁中心仲裁规则（2019年版）第二十条规定：

第二十条　仲裁庭的组成

……

（五）案件有两个或者两个以上的申请人或者被申请人时，申请人方或者被申请人方应当共同协商选定或者共同委托主任指定一名仲裁员；未能自最后一名当事人收到仲裁通知之日起15日内就选定或者委托主任指定仲裁员达成一致意见的，由主任指定。

……

③ 深圳国际仲裁院仲裁规则（2019年版）第三十条规定：

第三十条　三人仲裁庭的组成

（一）除非当事人另有约定，申请人和被申请人应当各自在收到仲裁通知之日起15日内指定或委托仲裁院院长指定一名仲裁员；当事人未能按照上述规定指定或委托仲裁院院长指定的，由仲裁院院长指定。如果一方当事人有多个，则该方多个当事人应共同指定或共同委托仲裁院院长指定仲裁员；该方多个当事人无法达成一致的，由仲裁院院长指定。

……

④ 上海仲裁委员会仲裁规则（2018年版）第二十六条规定：

第二十六条　仲裁庭的组成

……

（三）案件申请人方/被申请人方为两人及两人以上的，申请人方/被申请人方应当共同协商选定或者共同委托主任指定一名仲裁员为仲裁庭的组成人员；申请人方/被申请人方未能就选定或委托主任指定一名仲裁员为仲裁庭的组成人员达成一致意见的，由主任指定。申请人方/被申请人方应当共同协商提名或共同委托主任指定仲裁庭的首席仲裁员；申请人方/被申请人方未能就选定或委托主任指定一名仲裁员为仲裁庭的首席仲裁员达成一致意见的，由主任指定。

……

以上仲裁机构规则的相关规定，一方当事人为多位时，如该方不能共同选定仲裁员，则仲裁员指定权自动移转至仲裁机构；该移转不影响已共同选定仲裁员的当事方做出的选定。

三、多方仲裁仲裁员选定规则的考虑因素以及问题的尝试解答

（一）三种做法的利弊分析

目前绝大部分仲裁机构的仲裁规则均认可当事人在选定仲裁员事项上的意思自治，同时也提供在当事人未就选定仲裁员达成合意时有关仲裁庭组成的默认规则。从国际实践层面看，仲裁机构在面临 Dutco 案相同或者相似情形时，通常会考虑裁决的执行问题，而在指定仲裁员方面持慎重态度。[①] 这也是 ICC 在 Dutco 案后较长时间未形成指定全盘仲裁员系统性做法的重要原因。认为在选定仲裁员方面受到不平等对待的当事方，可能在裁决地法院以下列理由寻求撤裁：一是仲裁庭的组成不符合当事方的约定；二是裁决不符合当地公共政策。而在执行阶段，当事方通常可以《关于承认和执行外国仲裁裁决的公约》（以下简称《纽约公约》）第 V（1）（d）条[②]或者第 V（2）（b）条[③]

---

① See Ricardo Ugarte and Thomas Bevilacqua, supra note 1 of page 1, p. 15.

② 《纽约公约》第 V（1）（d）条规定：

Article V

1.Recognition and enforcement of the award may be refused, at the request of the party against whom it is invoked, only if that party furnishes to the competent authority where the recognition and enforcement is sought, proof that:

…

（d）The composition of the arbitral authority or the arbitral procedure was not in accordance with the agreement of the parties, or, failing such agreement, was not in accordance with the law of the country where the arbitration took place.

…

③ 《纽约公约》第 V（2）（b）条规定：

Article V

2. Recognition and enforcement of an arbitral award may also be refused if the competent authority in the country where recognition and enforcement is sought finds that:

…

（b）The recognition or enforcement of the award would be contrary to the public policy of that country.

…

的规定为基础寻求不予承认和执行。每方当事人以及每方当事人中的每一位选定仲裁员的权利是否得到尊重，对仲裁庭裁决效力和可执行性具有重要影响。仲裁庭的组成问题是仲裁裁决被撤裁或者被拒绝执行的影响因素之一。

在法国最高法院终审 Dutco 案 1 年后（即 1993 年），曾经有学者评论国际仲裁机构的仲裁规则、各国的仲裁法律，没有一家可以做到对多方当事人仲裁可能出现的所有问题均进行规定。这些规则和法律通常是假设两方参与仲裁而进行规定的。[①] 在分析目前国际主要仲裁机构仲裁规则基础上，可以说上述评论仍然成立。不是这些规则不想完全规定解决多方当事人仲裁的所有问题，特别是选定仲裁员问题，而是其中涉及当事人选定仲裁员权利有无、平等，以及仲裁天然具有的双方属性，规则需在当中做出价值判断和取舍，同时兼顾国家层面的仲裁法对仲裁员选定的规定。就此而言，第一种方案，ICC、UNCITRAL、SCC、AAA 等国际仲裁机构或者仲裁规则赋予仲裁员任命机构一定程度的自由裁量权以灵活处理多方当事人仲裁中的选定或者指定问题，似乎更能灵活地应对多方仲裁的各种情形。

第三种方案，仲裁机构替未共同选定仲裁员的一方当事人指定仲裁员的做法，虽在国际仲裁机构普遍适用已是多年以前，[②] 但以中国部分仲裁机构为代表，通过对多方仲裁选定仲裁员制定特别规则，与之前国际仲裁机构普遍以双方选定仲裁员规则类推适用多方仲裁已有不同，也进一步彰显了这种做法的优点，即尽量满足当事方选定仲裁员的权利，多位当事人的一方未共同选定仲裁员，只是导致该方选定权利移转至机构，不影响另一当事方选定仲裁员的权利。ICC 在 Dutco 案之后实践中并未形成仲裁院接管所有仲裁庭组成人员指定权的普遍做法也进一步说明了保障已选仲裁员当事方正当权利应是仲裁机构的重要顾虑之一。当然这种做法也有不足之处：即在单方申请人对多方被申请人时，产生事实上选定仲裁员权利的不公平，单方申请人可以完全决定选定人员，而多方被申请人的每一方仅享有部分选定权利。

第二种以英国、澳大利亚、新西兰等英联邦国家为代表的方案似与第一

① Eric A. Schwartz, supra note 2 of page 2, p. 6.

② 这是 ICC 在 Dutco 案之前的惯常做法。ICC 仲裁规则在 Dutco 案之前没有专门针对多方仲裁选定仲裁员的条款，多方仲裁同时适用双方仲裁选定仲裁员的条款，即一方选定一名仲裁员，未选定的由仲裁院指定，不影响已选定一方的选定效力。See Eric A. Schwartz, supra note 2 of page 2, p. 8.

种、第三种方案的规范出发点不同，着重的是仲裁多方能否清晰分为申请人、被申请人两个阵营，只要答案为否定，则自动产生全部仲裁员指定权移转的后果；如果多方已划分为两方阵营，任一方未共同选定仲裁员，则适用双方仲裁的默认规则，未共同选定仲裁员的一方丧失仲裁员选定权。该方案比第一种、第三种方案规范更全面。事实上，多方仲裁在仲裁员选定上会碰到两个层面的问题，一是多方当事人难以在形式上明显区分为申请人和被申请人两方，多方当事人无法就被划分为申请人、被申请人两阵营达成一致；二是作为申请人、被申请人其中的任一方包括两名或者两名以上的当事人，即划分为申请人、被申请人两组后，一组的多数当事人无法就共同选定仲裁员达成一致。第一种、第三种方案均解决的是第二层次的问题，而第二种方案力求能解决两个层次的问题。

（二）“真假”多方当事人

事实上，对于多数当事人可以被清晰区分为申请人和被申请人两方的多方仲裁情形，有学者称之为“不真正多方”。比如：（1）多数连带债权人共同向同一债务人主张债权；（2）债权人向多数连带债务人主张债权；（3）受让A公司控股股权的B公司向A公司原来的多数股东主张担保责任；（4）A公司原来的多数股东向B公司主张股权转让款等。[①] 当特定多数当事人受到共同控制，或者对仲裁结果具有共同利益时，他们被视为事实上的一方当事人是合适的。[②]

在分析多方当事人选定仲裁员权利分配的公平性时，需考虑当事方利益的一致性问题，以决定是给予单方当事人单独权利，还是利益一致方的多方当事人共同权利。如果部分多方当事人拥有全部或者部分重合的利益，则为选定仲裁员组成仲裁庭的目的，这些当事方可以被视为组成“一方”。否则，如果仲裁条款约定每方当事人均单独选定一名仲裁员，不加限制地照此组庭将会带来组成仲裁庭的仲裁员人数多，拥有共同利益的多数当事人一方在选择仲裁员人数上多于另一方，会产生程序上不公正的问题。

通常，多方仲裁源于同一份合同的相同仲裁条款。问题是多方当事人对包含相同仲裁条款合同的签署能否解读为：在因该合同产生多方之间的争议时，

---

① Jean-Louis Devolve Final Report on Multi-Party Arbitrations Approved by the ICC's Commission on International Arbitration, 6 ICC BULL. 26, 29-30 (No.1, 1995).

② Eric A. Schwartz, supra note 2 of page 3, p. 15.

是否同意加入一个多方仲裁？进一步而言，多方被申请人能否抗辩主张申请人应针对不同被申请人分别提起多个而不是一个仲裁程序。目前多数国际仲裁机构的仲裁规则对此并未明确规定。而从规则经常出现的“合并仲裁”“合并审理”等规定看，仲裁机构往往更注重程序效率，在仲裁程序数量上做减法，而不是做加法。[①]

（三）问题的尝试解答

回到本文初始提到的案件，该案申请人申请将利益不同的多数当事方作为共同被申请人，必然对被申请人共同选定仲裁员造成干扰。此种情形下仲裁机构或者仲裁庭是否应接受被干扰被申请人的要求而提供救济？如何救济？比如：为选定仲裁员组成仲裁庭之目的对多数方组成的被申请人按照存在共同利益与否进行划分，是否具有共同利益的多数被申请人才被要求共同选定仲裁员？

这些问题可以从瑞士 Neuchatel 州法院在 Dutco 案之前即处理的一起案件中寻求解答线索。该案为合伙纠纷，创始合伙人 FP1、FP2、FP3 与后来加入的其他合伙人 NPs 签订联营协议，后 FP1 和 FP2 通知 FP3 和 NPs 终止联营协议并解散合伙，纠纷产生。NPs 提起仲裁，列 FP1、FP2、FP3 为被申请人。仲裁条款约定所有申请人共同选定 1 名仲裁员，所有被申请人共同选定 1 名仲裁员。FP1 和 FP2 认为 FP3 并无权利加入代表被申请人共同选定仲裁员，因为 FP3 实质上不是被申请人，其立场与 NPs 相同。FP1 和 FP2 其后共同选定了 1 名仲裁员。FP3 就其选定仲裁员权利被剥夺寻求司法救济。Neuchatel 州法院在解决被申请人选定仲裁员争议时注意到，仲裁当事方的立场是：NPs 和 FP3 希望继续合伙，而 FP1 和 FP2 希望解散合伙，因此将 FP3 列为被申请人是“人造的”。Neuchatel 州法院确认了 NPs 选定的仲裁员以及 FP1 和 FP2 共同选定的仲裁员。[②] 瑞士联邦法院随后在审理 FP3 的上诉时认可了 Neuchatel 州法院的判决，理由是：“通过认定每一方在仲裁程序中的真实当事方角色，并将持有相同或相似立场的当事方划分在同一阵营，Neuchatel 法院的判决并未违反当事方订立的仲裁条款。相反，这样处理实际上是尊重仲裁条款的真

---

① ICC 的实践亦是不愿意接受被申请人拆分仲裁程序的要求，see Eric A. Schwartz，supra note 2 of page 3，p. 9.

② See 13 ASA Bull.51（1995），转引自 Ricardo Ugarte and Thomas Bevilacqua，supra note 1 of page 1，p. 44.

实意思。仲裁条款关于申请人、被申请人的划分应被理解为按照当事方的真实立场，而不是仅凭他们在仲裁程序中被申请指定的角色。”①

以上案件产生在Dutco案之前，瑞士法院依据瑞士仲裁法中关于仲裁当事人拥有选定仲裁员权利的规定，②通过探求当事方真实角色进行申请人、被申请人归类划分，进而争取最大程度的实现当事人选定仲裁员的权利。这样处理的前提需要，一是仲裁地仲裁法载明仲裁当事人选定仲裁员的权利，二是仲裁当事方选定仲裁员或者之前，每方当事人在仲裁实体请求上的立场可以准确获取。而Dutco案确立了适用范围更广的公平性原则，在申请人、被申请人具有相似或者不相似利益时均可适用。③如果仲裁条款写明仲裁机构有权在当事人无法共同选定仲裁员时指定所有仲裁员，则Dutco案的做法将几乎不会面对接受来自仲裁员选定权利方面的挑战，同时保障对双方当事人的公平性。瑞士法院对该案的处理可以作为笔者所遇案件处理的借鉴，即第三方（仲裁机构或者法院）对选定仲裁员争议的当事方，根据其在仲裁中的利益和立场，进行列入申请人或者被申请人的阵营划分，而不是仅以申请人仲裁申请所列为据；划为同一阵营的当事方拥有共同选定一名仲裁员的权利和义务。④

四、中国情景分析及规则建议

无论如何，仲裁机构或者仲裁庭对多方仲裁选定仲裁员问题的处理，需结合仲裁地国家（或地区）仲裁法的规范、当事人仲裁条款的规定，来寻求合理合法的方案。笔者以下规则建议以中国仲裁机构为中心，因此需首先分析中国《仲裁法》关于当事人选定仲裁员的规定。

---

① Ibid.

② 1969年《瑞士州际仲裁法》（1969 Swiss Inter-Cantonal Arbitration Convetion）第19条规定，“在一方当事人对仲裁庭的组成人员施加控制性影响时，（任何当事人）可以提出对仲裁庭组成的反对。”（Objection may be raised in respect of the arbitral tribunal as such, if one of the parties has exercised an overriding influence in respect of the designation of the members.）

③ See Ricardo Ugarte and Thomas Bevilacqua, supra note 1 of page 1, p. 46.

④ 以上处理建议仅为追求程序和实质正义理想状态下的考虑，可行性需综合考虑中国仲裁法、仲裁机构规则、当事人仲裁条款而定。

（一）中国仲裁法关于仲裁员选定或者指定的规定

中国《仲裁法》第31条第1款规定："当事人约定由三名仲裁员组成仲裁庭的，应当各自选定或者各自委托仲裁委员会主任指定一名仲裁员，第三名仲裁员由当事人共同选定或者共同委托仲裁委员会主任指定。第三名仲裁员是首席仲裁员。"第32条规定："当事人没有在仲裁规则规定的期限内约定仲裁庭的组成方式或者选定仲裁员的，由仲裁委员会主任指定。"

就以上法律规定分析：（1）该两条款为强制性还是任意性规范问题？笔者倾向于解释为强制性规范，即当事人如约定3名仲裁员组成仲裁庭，则申请人、被申请人各自拥有的选定（包括委托机构指定）仲裁员的权利是法定的。如此理解是因为第31条第1款中使用的"应当"一词在中国法语境下多被解释为强制性意义，[①]第32条也未规定当事人可以另行约定。（2）将该两条款理解为强制性规范，假设当事方约定由三名仲裁员组成仲裁庭，各自选定一名仲裁员的话，如果被申请人包含多人，未能共同选定一名仲裁员，而申请人选定了一名仲裁员，适用中国仲裁机构仲裁规则（如贸仲2015年仲裁规则第29条第3款）由仲裁委员会主任指定仲裁庭三名仲裁员，则以上操作是否与《仲裁法》第31条第1款、第32条相符则不无疑问。毕竟第31条第1款规定了每方当事人的选定仲裁员权利，第32条规定了只有在当事人没有在期限内选定仲裁员，仲裁委员会主任才能"接管"该方指定仲裁员的权利。而申请人在期限内选定了仲裁员，仲裁委员会主任依据仲裁规则"推翻"其选定，似无《仲裁法》下的依据。因此，如果多方当事人在仲裁条款中约定由三名仲裁员组成仲裁庭，各自选定一名仲裁员，产生争议进入仲裁程序后，贸仲依据其仲裁规则第29条由仲裁委主任指定全部仲裁员，则选定仲裁员的一方理论上可以依据《仲裁法》第31条第1款、第32条到法院对组庭提出挑战；而相关程序下作出的裁决如在境外被申请承认和执行，申请承认和执行所在地仲裁法如有关于当事方选定仲裁员的规范，败诉方理论上亦可依据《纽约公

---

① 参见：谢晖：《"应当参照"否议》，载《现代法学》2014年第2期；王敏：《法律规范中的"必须"与"应当"辨析》，载《法学》1996年第8期。另外值得注意的是仲裁法条款的强制性或者任意性问题，《英国1996仲裁法》专门附有SCHEDULE 1，列明强制性适用的条款，不允许当事人选择性适用，See：https：//www.legislation.gov.uk/ukpga/1996/23/schedule/1，而仲裁庭的组成条款并不在强制性条款中，理论上允许当事人自由约定。《英国1996仲裁法》的这种做法使其境内仲裁机构制定仲裁规则时可以约定的事项、当事人在仲裁协议或者仲裁条款中可以约定的事项，更加明确。

约》以及当地仲裁法相关规定，对承认和执行申请提出挑战。

（二）规则建议

仲裁机构设计多方仲裁关于仲裁员选定或者指定的规则时，需考虑：（1）裁决所在国的仲裁法，是否有关于当事人选定仲裁员权利的规定，是否强制性适用规定；（2）裁决可能被承认和执行所在国的仲裁法。

在目前中国《仲裁法》框架下，就多方仲裁而言，建议：

1. 就当事人订立仲裁协议或者仲裁条款而言，如仲裁协议或者条款指向的仲裁机构，其关于多方仲裁规则是一方当事人未能共同选定仲裁员时机构接管所有仲裁员的指定权（如贸仲），合同的多方当事方应尽量避免在仲裁条款中出现类似于“约定由三名仲裁员组成仲裁庭”，“各自选定或者各自委托仲裁委员会主任指定一名仲裁员”的表述，以避免落入《仲裁法》第31条规定，产生仲裁规则与《仲裁法》规范相符性问题，也有助于避免将来在撤裁或者执行方面可能面对来自败诉方的挑战。

2. 就仲裁机构制定仲裁规则而言，如关于多方仲裁的规则是机构接管未共同选定仲裁员一方的仲裁员指定权（如北仲），则规则中可以考虑设立多方就划分申请人、被申请人事项达成一致的程序（类似于本文提到的部分英联邦国家仲裁机构的做法），以及机构对多方是否可以分为申请人和被申请人两方进行评判的权利，毕竟剥夺未共同选定仲裁员一方选定仲裁员的权利是以该方多数当事人拥有相同或高度相近利益，可以视为一方却未行使作为一方的权利为前提。

3. 就制定仲裁规则进一步而言，如关于多方仲裁的规则是机构接管所有仲裁员的指定权（如贸仲），则规则用语对机构指定权应尽量使用“可以”，以增加机构在个案考虑仲裁地法律撤裁以及承认和执行裁决地执行风险上的灵活度，保留在指定仲裁员方面的裁量权。由此进一步观之仲裁机构规则的制定原则，在充分遵守当地仲裁法强制性规范的基础上，可考虑在设定仲裁机构义务上，更多预留裁量权和灵活性，以免给自己设立不必要的条框；在设定仲裁当事人义务上，特别是程序方面，可以更多考虑强制性，以提高仲裁效率。[①]

---

① 这也是笔者过往从事WTO以及中国经贸案件调查规则制定工作中的一点感悟。

建设工程价款优先受偿权行使期限之起算日的类型化分析

——兼论《建设工程施工合同司法解释（二）》第二十二条

高印立*

● **摘　要**

承包人享有的建设工程价款优先受偿权，具有优先于一般抵押权和普通债权的清偿顺位，对承包人意义重大。因此，如何确定优先受偿权行使期限的起算点也就显得十分重要。本文结合《建设工程施工合同司法解释（二）》第22条的规定，对建设工程价款优先受偿权行使期限的起算日进行了类型化分析，并对承包人采取多种行使方式时如何确定行使日进行了探讨。裁判机构在确定优先受偿权行使期限的起算日时，不应机械地套用“发包人应当给付建设工程价款之日”，而应综合考量该行使期限的性质及承包人“知道或应当知道”这一主观因素，并根据具体个案的不同情形作出认定。

● **关键词**

建设工程　优先受偿权　行使期限　起算　除斥期间

---

* 高印立，北京采安律师事务所高级顾问，教授级高级工程师，北京仲裁委员会/北京国际仲裁中心仲裁员。

致谢：北京采安律师事务所的石伟博士对本文提出了有益的意见，郝梓林女士翻译了本文题目和摘要，在此一并致谢！

Abstract: The contractor’s right to receive priority compensation of the construction project priors to the settlement of the general mortgage and ordinary claims, which is of great significance to the contractor. Therefore, it is very important to determine the starting date of exercise period of the priority compensation right. This paper refers to the provisions of Article 22 of the “Judicial Interpretation II of Construction Contracts” to conduct a typed analysis of the starting date of exercise period of the priority right to compensation of construction projects, also discuss how to determine the exercise date when the contractor adopts multiple exercise methods. When determining the starting date of the exercise period of the priority compensation right, the tribunals shall not mechanically apply “the date when the employer should pay”, but shall comprehensively consider the nature of the exercise period and the subjective factor that the contractor “knows or should know”, and make the determination according to different circumstances based on specific cases.

Key Words: construction project, priority right of compensation, exercise period, starting date, exclusion period

一、前言

承包人对建设工程价款的优先受偿权是一项法定权利，具有优先于一般抵押权和普通债权的清偿顺位，对承包人意义重大。因此，如何确定优先受偿权行使期限的起算点也就显得十分重要。《最高人民法院关于建设工程价款优先受偿权问题的批复》将该权利的行使期限规定为六个月，自建设工程竣工之日或者建设工程合同约定的竣工之日起计算。但由于实践中发包人付清工程款的时间均在工程竣工验收合格之后，且工程价款的结算、审计也需要较长时间，因此，承包人在工程竣工后的六个月内向发包人主张优先受偿权存在困难，该规定也因有导致承包人权利落空之嫌而受到诟病。为此，《最高人民法院关于审理建设工程施工合同纠纷案件适用法律问题的解释（二）》（以下简称《建设工程施工合同司法解释（二）》）第 22 条对此作了修正，即将优先受偿权行使期限的起算日修正为发包人应当给付建设工程价款之日。建设工程价款优先受偿权属于工程款债权的担保物权，其行使应当是在工程款债权未受清偿之时，故修正后的起算时间更符合法理和工程实践，值得赞同。

然而，司法解释并未就“应当给付建设工程价款之日”进行明确界定。由于工程实践中的情形复杂多样，发包人应当给付工程价款的时间有时难以确定，这就导致本条在具体案件的适用中可能面临困境。比如“应当给付建设工程价款”中的“价款”是否包括质量保证金？当事人未办理工程结算时，如何确定“应当给付建设工程价款之日”？存在“黑白合同”情形的，应当按照哪份合同确定“应当给付建设工程价款之日”？当事人对应付款日期约定不明的，能否参照《最高人民法院关于审理建设工程施工合同纠纷案件适用法律问题的解释》（以下简称《建设工程施工合同司法解释（一）》）第18条来确定“应当给付建设工程价款之日”？[①] 此外，在承包人采取多种优先受偿权行使方式时，如何计算该权利的行使期限？

对于上述问题的认识，理论上关注较少，司法实践中的处理也不尽一致。因此，有必要针对实践中的不同情形进行分析和梳理。本文结合《建设工程施工合同司法解释（二）》第22条的规定，对承包人优先受偿权行使期限的起算日进行类型化分析，并对承包人采取多种行使方式时的期限计算进行了探讨。

二、当事人约定了付款时间且工程价款已经确定

对于当事人约定了付款时间且工程价款已经确定的情形，发包人应当支付工程价款之日即优先受偿权行使期限的起算日是较为明确的。但建设工程施工合同具有分期付款的特点，且发包人在工程竣工验收合格之后要预留一定比例的质量保证金，以保证承包人在缺陷责任期内对工程缺陷进行维修的资金。因此，应以哪一期应付款的时间作为行使期限的起算日，具有实践意义。以下分工程竣工和未竣工两种情形分别进行讨论。

（一）工程已经竣工

由于对建设工程的折价、拍卖会导致工程的处分权会由发包人转移至他

① 《最高人民法院关于审理建设工程施工合同纠纷案件适用法律问题的解释》第18条规定：“利息从应付工程价款之日计付。当事人对付款时间没有约定或者约定不明的，下列时间视为应付款时间：（一）建设工程已实际交付的，为交付之日；（二）建设工程没有交付的，为提交竣工结算文件之日；（三）建设工程未交付，工程价款也未结算的，为当事人起诉之日。”

人，此时，承发包人之间的建设工程合同应已解除或履行完毕，即承包人无法就工程进度款行使优先受偿权。因此，对于工程最终价款已经确定的建设工程合同，承包人行使优先受偿权的起算日应确定为发包人应当付清工程价款的时间。

值得讨论的是，质量保证金也是工程价款的组成部分，那么，应当付清的工程价款是否包含质量保证金呢?

本文认为，质量保证金实质上是在一定期限内，由承包人以预留工程价款的方式对其工程质量缺陷维修所做的一种担保。如果承包人所建工程在缺陷责任期内未出现质量缺陷，或质量保证金足以支付修复相应质量缺陷的费用，则发包人应当按期返还一定数额的质量保证金。此时，质量保证金的担保功能终止，其又成为工程价款的组成部分。反之，若质量保证金不足以支付修复质量缺陷的费用，则承包人无权再要求发包人返还，发包人也就不再承担支付该笔款项的义务。由此可见，质量保证金应否支付具有不确定性。如果以最后一笔质量保证金的支付时间作为全部价款优先受偿权行使期限的起算日，那么，在发包人无须支付质量保证金的情况下，会使优先受偿权行使期限的确定出现逻辑上的矛盾，也易造成承包人被动地丧失优先受偿权。为便于理解，举例如下：

承发包人签订某建设工程施工合同，合同为固定总价，且无变更。合同约定发包人于工程竣工验收合格后支付至合同总价的97%，3%的余款作为质量保证金于工程竣工验收合格1年后返还。但由于承包人原因，导致工程在1年的缺陷责任期内出现了质量缺陷，3%的工程款全部用于工程修复。若以合同约定的质量保证金支付时间作为优先受偿权行使期限的起算日，那么在这种情况下，发包人应当支付全部工程价款的时间实际是在工程竣工验收合格之后，两个时间并不一致，这就出现了逻辑上的矛盾。

因此，根据质量保证金的支付是否为最后一笔款项，在确定优先受偿权行使期限的起算日时，可以划分为以下两种情形：

1. 如果当事人实际完成工程结算的时间较晚，合同约定发包人支付质量保证金的时间早于发包人支付工程结算款的时间，则以发包人应当支付的最后一笔工程款的时间作为行使优先受偿权的起算日。为便于说明，举例如下：

承发包人签订某建设工程施工合同，合同约定发包人应于工程结算后10日内支付结算款的97%，剩余3%作为质量保证金于工程竣工验收合格1年后返还。而当事人在工程竣工验收合格后2年才完成工程结算，那么，承包人行使优先受偿权的起算时间应当确定为工程结算后的第11日。

2. 如果工程无须进行结算或实际完成结算的时间较早，从而使得合同约定支付的最后一笔款项是质量保证金，则上述发包人应当付清的工程价款不包括质量保证金。此时，承包人行使优先受偿权的起算时间一般是指支付质量保证金的前一笔款项。如果发包人应当返还质量保证金，承包人就质量保证金主张优先受偿的，则应以合同约定的质量保证金支付时间作为行使优先受偿权的起算日。为便于说明，举例如下：

承发包人签订某建设工程施工合同，合同约定发包人应于工程结算后10日内支付结算款的97%，剩余3%作为质量保证金于工程竣工验收合格1年后返还。而当事人在工程竣工验收合格后6个月即完成了工程结算，那么，承包人就除质量保证金外的工程款行使优先受偿权的起算时间，应当确定为工程结算后的第11日。若承包人对发包人应支付的质量保证金主张优先受偿的，其行使优先受偿权的起算时间应当确定为工程竣工验收合格1年后的第一天。

（二）工程尚未竣工

对于工程尚未竣工的情形，如果当事人就已完工程价款数额、时间进行了约定，则应当以约定的付款之日作为行使优先受偿权的起算时间。关于未竣工工程合同解除后的质量保证金应否扣留的问题，实践中存在应当扣留和不应扣留两种不同观点，[①] 此处不赘。

---

① 在最高人民法院（2017）最高法民申1319号民事裁定书中，最高人民法院认为："涉案施工合同尚未履行完毕即被依法解除，施工合同关于质保金的约定亦不再具拘束力。原审法院未在应付工程价款中扣除5%的质保金，并无不当。"而在最高人民法院（2019）最高法民终940号民事判决书中，法院则持相反观点。

具体案件中，对于法院认定应当扣留的，可参照上述工程竣工的情形进行处理；对于法院认定不应扣留的，则应按法院认定的最后一笔工程款的支付时间确定优先受偿权行使期限的起算日。当然，如果当事人在结算已完工程价款过程中，重新就质量保证金的预留和返还达成一致的，则从其约定。此时，优先受偿权行使期限的起算日，也可参照前述已竣工工程中的方法进行确定。

三、当事人约定了付款时间但工程价款未达成一致

实践中，大量的工程纠纷因工程结算无法达成一致而产生。在这种情况下，如何确定行使优先受偿权的起算时间在实践中有不同理解。本文根据以下不同情形分别进行讨论。

（一）当事人之间约定有结算默示条款的

对于当事人约定有“不予答复视为认可”等结算默示条款，且该条款有效并适用的，应当将合同约定的发包人答复期限届满日视为结算日。裁判机构应当根据该结算日确定合同约定的付款时间，并以此作为优先受偿权行使期限的起算日。

需要注意的是，结算默示条款生效后，当事人就结算价款又进行了磋商并达成一致的，应认为是对默示的结算结果进行了变更。此时，应以最终结算达成的日期作为工程结算日，并以此确定应付款时间。

（二）发包人未在约定的期限内审核结算报告的

对于当事人约定了结算审核期限，发包人未在该期限内进行审核的，应以该结算审核期限届满为基础计算应付款时间，并以该应付款之日作为优先受偿权行使期限的起算日。但若当事人明确约定了承包人行使优先受偿权时间点的，则应以该时间点作为行使优先受偿权的起算时间。为便于说明，举例如下：

比如，承发包人在合同中约定，发包人在收到竣工结算报告及结算资料后56天内不支付工程价款的，承包人可以行使优先受偿权，则承包人行使优先受偿权期限的起算日可以认定为发包人收到竣工结算报告和结算资料后的

第57日。[①]

再如，承发包人在合同中约定，发包人在收到竣工结算资料后委托有资质的审价单位进行审价，并于4个月内完成审价；竣工结算审价完成后1个月内累计支付至工程结算价的95%，剩余5%作为工程质量保修金。该情形下，若发包人未在约定的期限内完成审价，应当认为发包人在收到竣工结算资料5个月后开始支付工程款，并以此作为承包人行使优先受偿权期限的起算日。

在“铜陵有色金属集团铜冠建筑安装股份有限公司与江西自立环保科技有限公司建设工程施工合同纠纷案”及“南京市溱桥建筑安装工程有限公司与马鞍山苏杭置地发展有限公司建设工程施工合同纠纷案”中，法院均据此认定了承包人行使优先受偿权期限的起算时间。[②]

（三）其他情形

对于当事人未约定结算审核期限，或发包人完成审核后承包人不同意该审核结果从而使结算未达成一致等情形，应如何起算优先受偿权的行使期限，司法实践中存在多种不同观点。

有观点认为，应以承包人起诉之日作为优先受偿权行使期限的起算日；[③]也有观点认为，应以判决生效之日作为优先受偿权行使期限的起算日；[④]还有法院在判决中支持了优先受偿权，但对起算时间并未明确。如在“杭州信达建设集团有限公司与重庆西子置业发展有限公司建设工程施工合同纠纷案”中，法院认为，双方当事人约定工程款的支付时间在结算完毕后，本案诉讼即在处理双方之结算纠纷，因此工程价款优先权未超过法定期限；[⑤]在“大昌建

---

① 《建设工程施工合同（示范文本）》（GF-1999-0201）通用条款第33.4条规定：“发包人收到竣工结算报告及结算资料后28天内不支付工程竣工结算价款，承包人可以催告发包人支付结算价款。发包人在收到竣工结算报告及结算资料后56天内仍不支付的，承包人可以与发包人协议将该工程折价，也可以由承包人申请人民法院将该工程依法拍卖，承包人就该工程折价或者拍卖的价款优先受偿。”需要注意的是，若有其他优先于上述条款的约定的，则应按照约定的优先顺序处理。

② 参见江西省高级人民法院（2019）赣民终386号民事判决书、安徽省高级人民法院（2019）皖民终750号民事判决书。

③ 参见新疆维吾尔自治区高级人民法院（2019）新民终320号民事判决书。

④ 参见黑龙江省哈尔滨市中级人民法院（2019）黑01民终6587号民事判决书。

⑤ 参见重庆市高级人民法院（2019）渝民终251号民事判决书。

设集团有限公司、舟山市国贸房地产开发有限公司普陀分公司建设工程施工合同纠纷案”中，法院认为，承包人行使优先受偿权时，工程价款债权的数额应当是明确的，否则无法确定优先受偿权的范围，而双方在起诉前未能明确工程价款，故承包人主张优先受偿权并未超过行使期限。[①]

笔者认为，对于此类情形，由于并不存在一个符合当事人意思的应付款时间，因此，需要确定一个“拟制”的应付款时间作为优先受偿权行使期限的起算日。对此，本文分析如下。

第一，该种情形不属于约定不明。

由于应付款时间与结算时间相关联，在当事人结算完成之前，发包人的准确应付款时间无法确定。可见，应付款时间无法确定并非约定不明确引起，而是因当事人履行过程中的分歧所致。因此，该种情形不属于合同对付款时间的约定不明，不应按照没有约定或约定不明的规则进行处理。

第二，不宜以造价鉴定意见出具之日作为优先受偿权行使期限的起算日。

对于需要委托造价鉴定确定工程价款的情形，造价鉴定意见仅是对工程价款出具的专业意见，其还要接受当事人的质证和裁判机构的审查，不一定是最终的结论，也不包含何时支付工程价款的信息。而且，诉讼案件还可能存在二审和再审程序，对同一工程项目也可能作出不同的鉴定意见。此时，以哪份鉴定意见作出时间作为优先受偿权行使期限的起算日，难以确定。

第三，不宜以裁判机构的裁判文书生效之日作为优先受偿权行使期限的起算日。

司法解释将优先受偿权行使期限的起算时间规定为发包人应当付款之日，其原因在于，优先受偿权的成立虽可与债权同步，但其行使却应当是在债权未满足之时；如果工程款的给付时间未到，发包人有拒绝给付的权利，对此，承包人无权行使优先受偿权。[②]可见，司法解释规定的起算日实质上是优先受偿权的可行使之日。

虽然生效的裁判文书确定了承包人的债权数额，但债权确定之日并不等同于承包人可行使权利之时。在司法实践中，承包人通过申请法院拍卖工程

---

① 参见浙江省舟山市中级人民法院（2019）浙09民终368号民事判决书。

② 参见最高人民法院民事审判第一庭编著：《最高人民法院建设工程施工合同司法解释（二）理解与适用》，人民法院出版社2019年版，第452页。

实现优先受偿权的途径有两种：一种是由法院或仲裁机构确认承包人享有优先受偿权后，承包人向法院申请执行；另一种是准用实现担保物权的程序直接申请法院拍卖。[①] 而根据《民事诉讼法》第 179 条的规定，[②] 对于实现担保物权的非讼案件，法院仅能进行形式审查，而不能依职权审查实体事项。因此，对于工程价款未确定的情形，当事人应当采取第一种行使方式。也就是说，承包人并非只有在债权数额确定时才能行使优先受偿权。特别是在发包人拖延结算的情况下，承包人当然可以以提起诉讼或仲裁的方式寻求救济。

因此，承包人主张优先受偿权并不以发包人欠付工程款数额的确定为前提，将确认债权数额的裁判文书的生效之日作为优先受偿权行使期限的起算日，并无必要。

此外，进行造价鉴定的建设工程案件再经过一审、二审程序，从起诉之日到裁判文书生效历时长久（极端的情形可能长达数年）。这就使得优先受偿权的起算时间点被人为地延长，进而使得其他权利人的利益在此期间内一直处于不确定的状态。这与优先受偿权行使期限之保护不特定人利益的功能相悖。

第四，宜将承包人的起诉之日作为其优先受偿权行使期限的起算日。

关于优先受偿权行使期限的性质，通说认为其为除斥期间，不适用中止、中断或延长的规定，承包人必须在该期间内行使优先受偿权，否则将不能得到支持。[③] 最高人民法院于 2008 年 2 月 29 日作出的《〈关于对人民法院调解书中未写明建设工程款有优先受偿权应如何适用法律问题的请示〉的复函》

---

① 从学理上看，前者属于司法保护主义，后者属于司法保护下的自救主义。参见曹士兵：《我国〈物权法〉关于抵押权实现的规定》，载《法律适用》2008 年第 1 期。关于实现担保物权的程序，《民事诉讼法》第 196 条规定："申请实现担保物权，由担保物权人以及其他有权请求实现担保物权的人依照物权法等法律，向担保财产所在地或者担保物权登记地基层人民法院提出。"第 197 条规定："人民法院受理申请后，经审查，符合法律规定的，裁定拍卖、变卖担保财产，当事人依据该裁定可以向人民法院申请执行；不符合法律规定的，裁定驳回申请，当事人可以向人民法院提起诉讼。"

② 《民事诉讼法》第 179 条规定："人民法院在依照本章程序审理案件的过程中，发现本案属于民事权益争议的，应当裁定终结特别程序，并告知利害关系人可以另行起诉。"

③ 参见最高人民法院民事审判第一庭编著：《最高人民法院建设工程施工合同司法解释（二）理解与适用》，人民法院出版社 2019 年版，第 447 页。

也对此进行过明确。[①] 而大凡影响当事人权利行使的期间，或自权利成立时起算，或从权利可行使时起算。[②] 且有观点认为，从权利人知晓或应当知晓权利存在之时起算方为公平合理。[③] 比如，我国船舶优先权的行使期限自优先权产生之日起算；《中华人民共和国民法典》(以下简称《民法典》)规定的形成权和质量异议期，均是自权利人知道或者应当知道权利产生之日起算。[④] 而建设工程价款优先受偿权的成立条件与行使条件不同，依笔者见解，其应自建设工程质量合格时成立，[⑤] 故司法解释规定的行使期限应属于自权利可行使时起算的类型。同时，基于该行使期限的除斥期间特征，参照《民法典》第199条的规定，优先受偿权的行使期限自权利人知道或者应当知道权利产生之日起算较为妥当，司法解释所规定的“发包人应当给付建设工程价款之日”则是上述学理解释和一般规定的具体化。

而在工程实践中，承发包双方未完成结算的原因主要有两种：一种是当事人对工程价款存在争议；另一种则是发包人出于拖欠工程款的目的，拖延结

---

① 《最高人民法院〈关于对人民法院调解书中未写明建设工程款有优先受偿权应如何适用法律问题的请示〉的复函》(〔2007〕执他字第11号)明确：“建设工程款优先受偿权是一种法定优先权，无需当事人另外予以明示。最高人民法院《关于建设工程价款优先受偿权问题的批复》第四条明确规定，建设工程承包人行使优先权的期限为六个月。依据该条规定，建设工程承包人行使优先权的期限为六个月，且为不变期间，不存在中止、中断或延长的情形。”

② 黄立：《民法总则》，中国政法大学出版社2002年版，第498页。转引自张鹏：《诉讼时效与除斥期间区分标准之再探索》，载《南昌高专学报》2006年第2期。

③ 张鹏：《诉讼时效与除斥期间区分标准之再探索》，载《南昌高专学报》2006年第2期。

④ 《海商法》第29条规定：“船舶优先权，除本法第二十六条规定的外，因下列原因之一而消灭：(一)具有船舶优先权的海事请求，自优先权产生之日起满一年不行使；(二)船舶经法院强制出售；(三)船舶灭失。前款第（一）项的一年期限，不得中止或者中断。”《民法典》第199条规定：“法律规定或者当事人约定的撤销权、解除权等权利的存续期间，除法律另有规定外，自权利人知道或者应当知道权利产生之日起计算，不适用有关诉讼时效中止、中断和延长的规定。存续期间届满，撤销权、解除权等权利消灭。”第621条第2款规定：“当事人没有约定检验期限的，买受人应当在发现或者应当发现标的物的数量或者质量不符合约定的合理期限内通知出卖人。买受人在合理期限内未通知或者自收到标的物之日起二年内未通知出卖人的，视为标的物的数量或者质量符合约定；但是，对标的物有质量保证期的，适用质量保证期，不适用该二年的规定。”

⑤ 也有观点认为，优先受偿权应以工程竣工或无过错停工为成立条件。参见最高人民法院民事审判第一庭编著：《最高人民法院建设工程施工合同司法解释（二）理解与适用》，人民法院出版社2019年版，第450页。

算。在承包人向法院提起诉讼主张工程款债权之时，因其诉讼主张中含有发包人应当付款的意思，故其应当知道其权利受到了侵害。因此，在无法确定发包人的应付款时间时，以承包人起诉之日作为优先受偿权行使期限的起算日有理论基础，也符合《民法典》关于除斥期间起算的规定，较为妥当。

需要注意的是，当承包人以诉讼的方式行使优先受偿权时，起诉之日与裁判文书生效之日对承包人的权利并无影响。二者本质的区别在于，若承包人在提起诉讼时未主张优先受偿权，由于在执行程序中直接主张优先受偿权也受到六个月期间的限制，[①] 则其在起诉之日 6 个月后，无权再依据生效判决在执行程序中主张优先受偿权。这就要求承包人在向发包人主张工程价款时，宜同时主张工程价款的优先受偿权，而不宜采用确定价款和确认优先受偿权“两步走”的方式。在起诉请求支付工程价款的同时主张优先受偿权，既不会增加承包人的诉讼成本，也有利于尽快结束工程之上权利负担的不稳定状态，对交易安全有益无害。

四、当事人没有约定付款时间或约定不明

一般来说，当事人在合同中均会约定发包人的付款时间。当事人没有约定或约定不明的情形大多出现在工程未完工的情况下。关于当事人对付款时间没有约定或约定不明时，应以何种标准认定优先受偿权行使期限的起算日，有观点认为，《建设工程施工合同司法解释（一）》第 18 条的规定对确定优先受偿权行使期限的起算时间有借鉴意义。具体来说，建设工程实际交付的，以交付之日为应付款时间；建设工程未交付的，以承包人提交结算文件之日作为应付款时间；既未交付也未结算的，以承包人起诉之日作为应付款时间。[②] 司法实践中，也有法院持同样观点。[③] 还有法院认为，应当以承包人起诉之日作为优先受偿权行使期限的起算日。[④] 本文对此讨论如下。

---

① 参见陈东强：《建设工程价款优先受偿权的行使与规制》，载《山东法官培训学院学报》2018 年第 5 期。

② 参见最高人民法院民事审判第一庭编著：《最高人民法院建设工程施工合同司法解释（二）理解与适用》，人民法院出版社 2019 年版，第 446 页。

③ 参见最高人民法院（2019）最高法民终 1962 号民事判决书、河北省高级人民法院（2019）冀民终 616 号民事判决书。

④ 参见广东省高级人民法院（2018）粤民终 1860 号民事判决书。

第一，《建设工程施工合同司法解释（一）》第18条不宜作为确定起算日的参照。

《建设工程施工合同司法解释（一）》第18条规定的目的，在于确定发包人欠付工程款的利息。该规定将实际交付之日、提交竣工结算文件之日及起诉之日视为应付款时间，更多的是考虑到发包人占有工程而受益以及发包人的过错。而为建设工程价款优先受偿权设置行使期限的原因在于，该权利不由承包人占有且不经登记而生效，社会公众只能基于法律的规定知晓该权利类型，却无法知晓该权利的期限和其担保的债权数额，从而容易损害第三人的利益，不利于交易安全，也可能使得发包人或第三人囿于其优先效力而不敢再于标的物上设立他物权，妨碍不动产的利用，[①] 其功能在于督促承包人及时行使权利，以避免妨碍其他权利人的权利实现，其性质决定了应当考虑承包人的主观因素。可见，二者的出发点完全不同。因此，不宜以该条款作为确定优先受偿权行使期限起算日的借鉴或参照。

第二，不应以工程交付之日作为起算日。

实践中，尽管工程已经交付，但在结算价款尚未确定的情况下，承包人一般会在交付工程后向发包人提交竣工结算报告，并在此后一定的时间内催促发包人尽快办理工程结算，或与发包人就价款结算问题进行磋商。一般来说，由于工程结算涉及的问题较为复杂，且承包人为尽快取得工程款也不会轻易诉诸法律手段。因此，该时间不会持续太短，根据工程规模的不同和当事人的沟通情况，持续几个月甚至一年以上都是正常的。在这种情况下，要求承包人在工程交付后6个月内必须以诉讼或仲裁的方式向发包人主张工程欠款，不符合我国建筑市场的基本状况，对承包人来说也过于严苛。

第三，对于已经完成工程结算的，宜以结算之日作为起算日。

在完成工程结算之后，工程价款已经确定，此时，发包人有义务向承包人支付欠付的工程款。因此，宜以工程结算之日作为优先受偿权行使期限的起算日。

第四，其他情形下，可以承包人起诉之日作为优先受偿权行使期限的起算日，具体理由如前所述，此处不赘。

---

① 参见高印立:《建立我国建设工程优先受偿权登记制度的思考》，载《中国房地产》2007年第3期。

五、合同约定了应付款时间但存在"黑白合同"情形

《建设工程施工合同司法解释（二）》对"黑白合同"情形下的权利义务确定作了不同的表述：对于强制招标项目，当事人应当按照中标合同确定权利义务；对于自愿招标项目，当事人应当以中标合同作为结算依据；当事人签订的建设工程施工合同与招标文件、投标文件、中标通知书载明的实质性内容不一致的，应当以招标文件、投标文件、中标通知书作为结算依据。根据上述规定，承包人行使优先受偿权的期限起算，似应按照中标合同或招标文件、投标文件、中标通知书确定。但本文认为，承包人行使优先受偿权的期限起算具有特殊性，原则上应当以当事人实际履行的合同约定作为认定依据。

第一，优先受偿权行使期限的起算直接影响到承包人的实体权利，而如前所述，有关司法解释的规定应属于自权利可行使时起算的类型，且应自权利人知道或者应当知道权利产生之日起算为妥。同时，既然优先受偿权行使期限的主要功能在于督促承包人及时行使权利，以免损害第三人的利益和交易安全，那么，优先受偿权的行使就应当考虑承包人"知道或应当知道"这一主观因素。而这种对他物权的限制也应当考虑到当事人之间的利益平衡，不能因此疏于对权利人利益的保护。因此，在确定该权利行使的起算时间时有必要考虑承包人的真实意思。

第二，从工程实践来看，不考虑当事人的真实意思，一律按照中标合同确定优先受偿权行使期限的起算日，既不利于对承包人利益的保护，也有悖常理。为便于说明，举例如下：

承发包人就某建设工程按照中标结果签订中标合同后，又就同一工程项目签订了补充协议，二者计算工程价款的方法不同，因此，构成"黑白合同"。关于工程款支付，中标合同约定，发包人按照承包人完成工程量的80%付款，待双方办理工程结算后14天内付清工程款；而作为"黑合同"的补充协议约定，发包人按照实际完成的工程节点付款，待双方办理工程结算后12个月内付清工程款。当事人实际履行的是补充协议。工程结算完成12个月后的第一个月，承包人即提起诉讼，请求法院判令发包人支付工程款，并确认其对该工程款享有优先受偿权。

在上述案例中，由于双方当事人实际履行的是补充协议，故承包人主观上认为，其在完成结算的12个月后才能向发包人主张权利。在此之前，承包人并不知道其权利受到了侵害。因此，该案中，若以中标合同作为依据，判决承包人因其行使期限超过了6个月而丧失了优先受偿权，显然既不符合失权期间的基本法理，也与常理不合。

第三，对于实际履行的合同无效的情形，笔者认为，如前所述，除斥期间的起算有两种类型，第一种是权利成立之日，第二种是知道或应当知道权利受到损害之日。《建设工程施工合同司法解释（二）》第22条采用的是第二种类型。而该条所规定的“发包人应当给付建设工程价款之日”则是上述第二种类型的具体化，是第二种类型在建设工程施工合同中逻辑推导的结果。在当事人实际履行的合同效力出现瑕疵时，本文倾向于回归本源，按照承包人知道或应当知道其权利受到损害这一标准，来确定优先受偿权行使期限的起算日，因此，在上述案例中，将优先受偿权行使期限的起算日确定为工程结算完成12个月后的第一天似更合理。

此外，对于多份合同均无效的，应当以当事人实际履行的合同作为确定发包人应当付款之日的依据。

六、采取多种优先受偿权行使方式时的行使日确定

根据《民法典》第807条的规定，协议折价和申请法院拍卖是承包人行使工程价款优先受偿权的两种方式。其中，申请法院拍卖又可分为诉讼和非讼两种方式。由此，当事人存在采取多种方式行使优先受偿权的可能，实践中主要有两种情形：一种为当事人协商折价失败后承包人又求助于司法程序；另一种为承包人采用非讼方式主张优先受偿权未被支持后又提起诉讼或仲裁。值得讨论的是，在上述情形下，若当事人协商折价或承包人采取非讼方式行使优先受偿权的时间尚在司法解释规定的行使期限内，但承包人第二次寻求救济时已经超过了行使期限，则其关于优先受偿权的主张是否会因超过行使期限而不被支持？

由《民法典》第807条的规定可知，法律并未禁止承包人在协议折价失败后求助于司法程序，也未禁止承包人以非讼方式行使优先受偿权失败后再求助于诉讼方式。很显然，协议折价方式不消耗司法资源，社会成本低、效率高，而允许承包人以非讼的方式直接申请法院拍卖，其立法意图是要将“对

人诉讼”改为“对物诉讼”，[①]相较于诉讼方式也具有审理周期短、一审终审等特点，同样具有社会成本低、效率高的优势。可见，当事人采取协议折价或非讼拍卖的方式行使优先受偿权，有利于降低社会成本，减少司法资源的消耗，在条件适用的情况下应当予以鼓励。因此，本文倾向于认为，可以将当事人第一次协议折价或非讼申请拍卖与其后的第二次救济视为一个连贯的行使行为，即将承包人第一次协议折价或非讼拍卖的时间作为这一连贯行使行为的行使日，在该行使日未超过6个月行使期限的情况下，其第二次寻求救济的时间即使超过了行使期限，也不因此丧失优先受偿权。

司法实践中也有判例持类似意见。在“河南恒和置业有限公司与中天建设集团有限公司建设工程施工合同纠纷案”中，承包人与发包人于2014年11月3日对第三方造价咨询单位出具的工程造价《审核报告》进行了确认，2014年12月1日，承包人向焦作市中级人民法院提交了涉案工程的拍卖联系函，请求依法确认对涉案工程的优先受偿权。2015年8月4日，承包人向发包人发送工作联系单，要求对涉案工程价款享有优先受偿权。2016年5月5日，承包人又向河南省洛阳市中级人民法院提交了《优先受偿权参与分配申请书》，请求参与分配，依法确认并保障其对涉案建设工程价款享有的优先受偿权。最高人民法院就此认为，承包人行使建设工程价款的优先受偿权未超过法定期限。[②]

需要注意的是，实践中存在承包人以发联系函的方式向发包人主张优先受偿权的情形，而对其效力则存在不同观点。第一种观点认为，承包人通过发函方式主张建设工程价款优先受偿权的，可以认可其效力。至于工程欠款的数额可以通过后续程序确定，不能以工程款数额未定为由否定建设工程价款优先受偿权行使的有效性。第二种观点认为，承包人通过发函方式主张建设工程价款优先受偿权的，需要确定欠付工程款的数额和工程折价的数额；对于欠付工程款数额及工程折价的数额不明确的，不能认定为优先受偿权行使

---

① 参见梁慧星：《合同法第二百八十六条的权利性质及其适用》，载《山西大学学报（哲学社会科学版）》2001年第3期。

② 参见最高人民法院（2019）最高法民终255号民事判决书。

的有效方式。[①] 司法实践中也有判决支持了第一种观点。[②]

本文认为，首先，如前所述，发出联系函并非法定的优先受偿权行使方式。其次，从法律性质上看，承包人单方发出的联系函是一种单方行为，其可以视为一种通知。因当事人未经协商，故不能产生协议折价的法律效果。最后，发包人仅回函同意承包人享有优先受偿权，亦不足以认定其为行使优先受偿权的行为。因为优先受偿权由法律规定，无须发包人同意。因此，只有当事人就优先受偿权的受偿数额、折价范围等有关具体事项进行了协商的，才能认为其构成协议折价的行使方式。

七、结语

建设工程价款优先受偿权行使期限的主要功能，在于督促承包人及时行使权利，以免损害第三人的利益和交易安全，故优先受偿权的行使应当考虑承包人"知道或应当知道"这一主观因素。因此，在确定该权利行使期限的起算日时，应当回归本源，根据具体个案的不同情形作出认定。

笔者认为，对于能够根据当事人的约定确定应付款时间的，优先受偿权行使期限的起算日应为付清工程款之日，但由于质量保证金应否返还具有不确定性，故最后一笔款项为质量保证金的，该质量保证金的支付时间不应作为起算日；对于当事人约定了结算默示条款或结算审核期限的，则应以相应的答复期限或审核期限届满时作为起算日；对于当事人未就工程价款达成一致的其他情形，以及未约定付款时间或约定不明的，宜以当事人提起诉讼之日作为起算日；对于存在"黑白合同"情形的，则应考虑承包人的真实意思，宜以当事人实际履行合同中约定的应付款之日作为起算日。

此外，对于承包人采取多种优先受偿权行使方式的，本文倾向于认为，宜将承包人第一次协议折价或非讼拍卖的时间作为优先受偿权的行使日，在该行使日未超过 6 个月行使期限的情况下，其第二次寻求救济的时间即使超过了行使期限，承包人也不因此丧失优先受偿权。

---

① 李后龙、潘军锋：《建设工程价款优先受偿权审判疑难问题研究》，载《法律适用》2016 年第 10 期。

② 参见最高人民法院（2012）民一终字第 41 号民事判决书。

信用保险融资纠纷的仲裁处理

——出口信用保险项下贸易不真实的法律问题

梁　鹏*

● **摘　要**

信用保险融资纠纷的法律问题主要包括仲裁庭的管辖权、银行是否为适格的当事人以及保险公司不予赔付的理由。关于仲裁庭的管辖权问题,《保险合同》和《赔款转让协议》约定了不同的仲裁机构,而银行向《赔款转让协议》约定的仲裁机构申请仲裁时,仲裁庭作中止仲裁的做法无可厚非,但是,出于仲裁效率考虑,在理论上可以探讨由该仲裁庭直接管辖,一并审理《保险合同》纠纷和《赔款转让协议》纠纷。关于银行是否适格的当事人问题,除非卖方(被保险人)怠于行使保险合同之债权,银行可以向《保险合同》约定的仲裁机构申请仲裁,否则银行不宜作为适格的仲裁申请人。关于保险公司不予赔付之理由,不应采保险合同无效之观点,在对保险合同作有效认定之下,宜以贸易不真实不属保险合同保障范围支持保险人拒绝赔付。

● **关键词**

贸易不真实　管辖权　适格当事人　拒赔理由

---

* 梁鹏,法学博士,中国社会科学院大学教授。

Abstract: The legal issues of credit insurance financing disputes mainly include Whether the arbitral tribunal has jurisdiction, whether the bank is a qualified party, and the reasons why the insurer does not pay benefits. About the jurisdiction of the arbitration tribunal, when insurance contract and the payment transfer agreement agreed different arbitration institutions, and the bank applies to the arbitration institution in the payment transfer agreement for arbitration, the tribunal's decision to suspend the proceedings is understandable. but, for the sake of efficiency of arbitration, in theory, it is reasonable for the arbitration institution of the payment transfer agreement to merge their jurisdiction. As for the question of whether the bank is qualified party, unless the seller (the insured) is negligent in exercising the creditor's rights under the insurance contract, so the bank may apply to the arbitration institution in the Insurance Contract for arbitration, otherwise the bank should not be the qualified party. As for the reasons why an insurance company does not pay insurance benefits, the insurance contract should not be void, and the arbitration tribunal should support the insurer to refuse paying benefits, because the unreal trade is not covered by insurance contract.

Key Words: unreal trade, jurisdiction, qualified party, reason for refusing to pay

一、问题的提出

在国际货物贸易中，我国出口商（下称卖方）为了防范国外进口商（下称买方）不能支付货款的信用风险，常常向保险公司购买短期出口信用保险，签订出口信用保险合同。根据出口信用保险合同，在国外买方未按约定支付货款时，由保险公司向国内卖方支付货款。[①]不过，该保险合同通常在第 1 条中约定：保险合同的适保范围为“真实、合法、有效”的销售合同，据此，倘

① 值得注意的是，并非所有未按约定支付货款的风险均能获得保险保障，出口信用保险合同通常仅保障由于商业风险和政治风险造成的不能支付货款。

若货物销售的卖方与买方签订的贸易合同不真实，则保险公司不应赔付。

在取得保险公司签发的保单之后，有些买方为了获得融资，便以该保单作为一种担保向银行进行借款，此种担保的简要操作措施是：由银行、保险公司、卖方三家签订《赔款转让协议》，该协议约定：银行向卖方出借款项，若借款期限届至而卖方不能还款，则银行可以向保险公司索赔出口信用保险项下的保险金。[①] 然而，当银行向保险公司索赔之时，保险公司往往拒绝赔付，双方因此产生纠纷，于是，银行向仲裁机构提出裁决请求，[②] 在仲裁过程中，被申请人保险公司针对银行的主张，通常会提出如下抗辩：

其一，仲裁机构对本案不具有管辖权。

其二，银行不是适格的仲裁申请人。

其三，买方与卖方之间的贸易不真实，保险公司不应赔付。

上述三个抗辩理由也是审理此类案件的焦点问题，这些问题如何解决，实务中看法不一，同一仲裁庭的仲裁员常常为此争执不下，本文试图对上述问题发生之情形进行归结，并针对各个问题谈谈一己之见。

二、仲裁庭的管辖权：两个仲裁协议的不同约定

（一）管辖权争议的产生

在上述类型案例中，可能出现的一种情况是，保险公司与被保险人（卖方）在出口信用保险合同的纠纷解决条款中约定，将纠纷提交某一仲裁委员会（为行文方便，下称《保险合同》约定的仲裁委员会），而银行、保险公司、卖方（被保险人）三方签订之赔款转让协议的纠纷解决条款则约定将纠纷提交另一仲裁委员会（为行文方便，下称《赔款转让协议》约定的仲裁委员会）。实践中，银行为获取保险金，通常会向《赔款转让协议》约定的仲裁委员会提出仲裁申请，主张保险公司直接向其赔付保险金。在银行提出仲裁申请后，保险公司通常会提出管辖权异议，认为《赔款转让协议》约定的仲裁委员会对保险合同纠纷不具有管辖权。由此，申请人银行与被申请人保险公司首先在管辖权问题上发生争议。

---

① 当然，银行以何种身份向保险公司索赔乃是双方争议的主要问题之一，下文将详细论述这一问题。

② 此类案件，亦有通过法院判决解决纠纷的，但通过仲裁方式解决纠纷的较多，鉴于仲裁的保密性，本文引用的案例为法院判决。

（二）意思自治原则下管辖权争议的解决及其缺憾

解决仲裁管辖权争议的基本出发点是尊重当事人的意思自治。英国国际贸易法教授施米托夫指出："商事仲裁法中的首要原则是当事人的意思自治。"[①]而"这种意思自治的体现即仲裁协议。"[②]依我国《仲裁法》的规定，仲裁协议中最能体现当事人意思自治的当属"选定的仲裁委员会"，只有当事人自愿选定某一仲裁委员会作为争议解决的机构，该仲裁委员才可以行使管辖权。因此，从本质上讲，当事人的意思自治才是仲裁管辖权的前提和出发点。

从当事人意思自治的角度讲，上述案件的管辖权处理当为：《保险合同》约定的仲裁机构对保险公司是否应当赔付保险金具有管辖权，《赔款转让协议》约定的仲裁委员会则对该赔款是否应当支付给银行具有管辖权。这是因为，此类案件的当事人在《保险合同》和《赔款转让协议》中约定了不同的仲裁机构，由于保险合同的争议只涉及保险公司是否应当赔付保险金的争议，赔款转让协议则只涉及保险公司在应当赔付的情况下是否将保险金转让给银行的争议，赔款转让协议的纠纷并不包括保险公司是否应当向被保险人（卖方）赔付保险金的问题，故而，从表面看来，《赔款转让协议》约定的仲裁机构无权管辖保险合同纠纷。职是之故，在此类案件中，代理保险公司的律师通常在其答辩状中提出："本案仲裁庭对出口信用保险合同项下争议不具有管辖权，本案审理范围仅限于申请人能否基于《赔款转让协议》请求保险公司支付保险赔款。"[③]

如果依据当事人意思自治下的管辖权处理，案件应当被中止审理。实践中，银行若申请仲裁，通常会向《赔款转让协议》约定的仲裁机构提出申请，然而，至少在表面上，该仲裁机构并不拥有对保险合同纠纷的管辖权，因为保险公司和被保险人在保险合同中另行约定了仲裁机构。然而，审理赔款转让协议纠纷，必须以保险合同是否应当赔付作为依据。于是，《赔款转让协议》约定的仲裁机构必须等待《保险合同》约定的仲裁机构对保险合同争议作出

---

① ［英］施米托夫：《国际贸易法文选》，中国大百科全书出版社 1993 年版，第 611 页。

② 乔欣：《仲裁权论》，法律出版社 2009 年版，第 83 页。

③ 有些保险公司的代理律师为了强调赔款转让协议约定的仲裁委员会不具有管辖权，还常常在答辩状中申明：保险公司提供的陈述和证据，仅仅是为了仲裁庭了解案件情况，该陈述和所提交之证据，并不代表保险公司认同该仲裁委员会对保险合同纠纷具有管辖权。

裁决，才能审理保险公司与银行之间的赔款转让争议，此即民事诉讼中“本案须以另一案件审理结果为依据”的情形，此种情形，仲裁庭通常会作出中止仲裁程序的决定。[①]

仲裁程序中止虽然是仲裁庭尊重当事人意思自治的自然结果，但这一结果似乎并不完全符合“快捷性”的现代仲裁理念。有学者认为，现代化的仲裁理念应当体现更大的“灵活性、快捷性、兼容性、和谐性”，[②]其中，“快捷性”是现代化仲裁的重要理念之一。在此类案件中，仲裁程序中止后，当事人不得不向《保险合同》约定的仲裁委员会提出仲裁申请，待该仲裁委员会作出裁决之后，重新启动已经中止的仲裁程序，本应于半年之内结束的案件，往往被拖到一年方能结束，难谓符合现代仲裁的“快捷性”理念。

事实上，较为先进之仲裁委员会对仲裁中止的规定，对仲裁程序中止通常持相对保守的态度。例如，中国国际经济贸易仲裁委员会和北京仲裁委员会的仲裁规则中虽有仲裁程序中止的规定，但除了当事人协议中止仲裁程序这一种情形之外，[③]对其他情形均未列明，只是以“其他需要中止仲裁程序的情形”或者“出现特殊情况需要中止仲裁程序的”概括规定，将是否需要中止仲裁程序的判断权交给仲裁庭。这与民事诉讼法对诉讼程序中止作出明确的规定形成鲜明的对比。仲裁规则之所以对中止仲裁程序作概括规定，大约也是考虑到中止程序可能对仲裁效率存在不利影响，尽量通过仲裁庭的判断避免实施不必要的中止程序。概括规定既照顾到必须中止的情形，又照顾到那些可能降低仲裁效率，没有必要中止程序的情形，应是妥当的做法。

---

① 在国内，部分仲裁委员的仲裁规则明确将此种情形列为应当中止仲裁程序的情形。例如，长沙仲裁委员会的仲裁规则（2016）在第59条第1款第2项规定“本案必须以另一案审理结果为依据，而另一案尚未审结的”，仲裁程序中止。部分仲裁委员会虽未明确将此种情形规定为应当中止的情形，但仲裁规则中通常会有“出现其他需要中止仲裁程序的情形的”，或者“出现特殊情况需要中止仲裁程序的”等规定，仲裁庭通常会将此类案件所涉情形解释为“出现特殊情况需要中止仲裁程序的”情形，进而作出中止仲裁程序的决定。

② 张斌生主编:《仲裁法新论》，厦门大学出版社2008年版，第2页。

③ 有的仲裁规则规定了“各方当事人共同申请，或者一方当事人申请、其他当事人未表示反对”两种情形，但其实质均是当事人对中止仲裁程序不持异议。

（三）扩张管辖权：解释论的尝试

如上所述，依据仲裁条款对《保险合同》和《赔款转让协议》作分别管辖，并在此基础上中止仲裁程序当然是中规中矩的做法，然而，为了提高仲裁效率，能否由一个仲裁委员会通过扩张管辖权的办法审理此类案件，乃是一个值得探讨的问题。笔者以为，可以将《赔款转让协议》约定之仲裁委员会的管辖权扩展到保险纠纷。为此，笔者尝试从解释论上提供如下两个理论依据：

1. 仲裁协议的默示变更

对于保险公司和卖方来说，似可推断二者具有变更仲裁机构的意图。梳理当事人签订协议的过程可知，在签订保险合同时，卖方与保险公司已经约定了仲裁机构管辖，可以认定，保险公司和卖方已经明知争议解决的方式和争议解决的机构。然而，在其后签订与保险合同密切相关的赔款转让协议时，卖方和保险公司却变更了保险合同中仲裁机构的约定，进而与银行另行约定了其他仲裁机构。在《赔款转让协议》的履行以《保险合同》的履行为基础，且保险公司和卖方对这两个合同所约定的解决机构不同明知的情况下，除非该两方当事人故意寻找解决纠纷程序上的麻烦，否则，从一个理性的主体来看，约定仲裁机构的不同只能解释为：保险公司与卖方有意将《保险合同》约定的仲裁机构变更为《赔款转让协议》约定的仲裁机构。

对于银行来说，其似乎接受了其他两方当事人变更仲裁机构的默示行为。其原因是，一般来说，银行、保险公司、卖方三者签订赔款转让协议之前，卖方已经向银行出示了保险合同，一个理性的银行应当仔细审查保险合同，特别是合同中的纠纷解决条款，因此可以推断，银行对《保险合同》已经约定了仲裁机构亦属应知。一个理性的银行不应允许本合同纠纷的解决需要经过两个仲裁程序，其在应知的情况下同意另行约定仲裁机构，可以理解为其接受保险公司及卖方的默示变更，将保险纠纷纳入《赔款转让协议》的管辖范畴。

2. 基础案件的管辖被吸收[①]

在诉讼管辖理论上，存在牵连管辖理论。其是指“对某一案件有管辖权

---

① 在此类纠纷中，解决保险纠纷是解决赔款协议的基础，申请人却基于赔款转让协议提起仲裁，我们不妨将保险纠纷称为基础案件，将赔款转让协议的纠纷称为申请案件。

的法院，可以管辖与此案有牵连的诉讼案件”[①]。依据这一理论，如果已经受理的案件与另一案件之间具有牵连关系，哪怕受理案件的法院对另一案件没有管辖权，该法院也可以管辖另一案件。[②]这种管辖理论能否适用于仲裁案件管辖权的扩展，值得深思。

仲裁案件能否借鉴牵连管辖理论，需要考虑牵连管辖理论是否与仲裁的理念相适应，在笔者看来，牵连管辖理论完全符合现代仲裁的效率理念。牵连管辖的理论基础乃在于诉讼效率方面，“尽量避免法院和当事人重复劳动，把两个或两个以上的诉讼程序合并为一个诉讼程序，尽量以一个程序过程解决当事人的全部诉讼请求”[③]能够“提高审理办案效率，防止案件审理的过分拖延”[④]。很显然，这一理论基础与仲裁追求快捷性，提倡高效解决纠纷的理念完全吻合，故这一管辖理论可以为仲裁所采纳。或许正是基于仲裁案件与诉讼案件关于牵连管辖理论的同质性，有仲裁法论者已经提及，在两个合同之间存在不可划分的本质联系时，可以扩大仲裁协议的管辖范围。[⑤]

如果在仲裁中采纳牵连管辖理论，则《赔款转让协议》约定的仲裁委员会可以管辖《保险合同》纠纷。很显然，保险合同纠纷是赔款转让纠纷的基础性案件，保险合同纠纷得不到解决，银行便无法主张转让赔款，二者之间存在明显的牵连关系，银行既然已经在《赔款转让协议》约定的仲裁委员会申请仲裁，依据牵连管辖理论，似可由该仲裁委员会一并管辖保险合同纠纷。如此，《保险合同》约定的管辖被《赔款转让协议》约定的管辖所吸收。

基于以上论证，似可认为三方当事人对《保险合同》的仲裁条款进行了变更。至于保险公司在仲裁实践中以《保险合同》已经约定仲裁机构为由提出管辖异议，更大程度是一种利用仲裁协议的自治性阻却银行索赔的仲裁策略，此种策略严重降低了仲裁的效率，对其应作负面评判。

综上所述，在管辖权问题上，审理《赔款转让协议》的仲裁庭出于程序

① 《中国大百科全书》编辑部：《中国大百科全书/法学》，中国大百科全书出版社1984年版，第418页。

② 参见柴发邦：《中国民事诉讼法学》，中国人民公安大学出版社1992年版，第137页。

③ 黄川：《民事诉讼管辖研究》，中国法制出版社2001年版，第256页。

④ 黄川：《民事诉讼管辖研究》，中国法制出版社2001年版，第256页。

⑤ 参见王小莉：《仲裁协议效力扩张的主要表现形式及其问题研究》，载《仲裁研究》第22辑，第14页。

安全考虑，作出对保险合同纠纷不具有管辖权的决定，并据此中止仲裁程序，在现行管辖理论下无可厚非。但是，自理论研究的角度看，以牵连管辖和默示变更管辖理论为基础，似可确认《赔款转让协议》约定的仲裁委员会对保险合同纠纷具有管辖权。如此处理，完全符合仲裁的快捷性理念，亦不完全违反各方当事人的意志。

三、银行作为仲裁当事人的适当性探讨

（一）保险公司对银行作为申请人的否认

当银行以申请人的身份提起仲裁之后，保险公司往往在其答辩状中提出，银行并非适格的申请人，真正的申请人应当是作为被保险人的卖方。

保险公司否认银行作为适格仲裁申请人的主要理由是《赔款转让协议》的约定。三方签订的《赔款转让协议》明确约定：发生保险责任范围内的损失，应当由卖方（被保险人）直接向保险公司索赔，保险公司也接受卖方（被保险人）委托银行对其进行的索赔，但是，由银行提起的索赔，需要卖方（被保险人）向银行签发授权委托书，授权银行行使索赔权。[①] 据此，银行可以向保险公司提起索赔，但只能以卖方的名义提起索赔，而不能以自己的名义提起索赔，即在银行向保险公司提起索赔的情形下，卖方应当作为被代理人，银行只能代理卖方进行索赔。同理，若银行向仲裁机构提起仲裁，亦只能以卖方的名义提起，而不能以自己的名义提起。银行作为代理人，本当以被代理人（卖方）的名义提起仲裁，其却以自己的名义提起仲裁，在法律上自然无法成立。

（二）银行作为申请人的实务认识分歧

对于保险公司的这一抗辩，仲裁庭成员之间存在两种不同的认识：

一种观点认为，银行有权作为适格的仲裁申请人。其理由有二：

第一，银行作为受益人，享有对保险公司的直接请求权。此种观点认为，保险公司，银行和卖方三方已经签订《赔款转让协议》，约定由银行向保险公司索赔，此时，银行乃是保险合同的受益人，根据保险法原理，受益人享有

---

① 该约定的原文通常是：“在本协议第一条授权范围内，如发生保险责任范围内的损失，应由甲方直接向乙方索赔……乙方也接受甲方委托丙方进行索赔。在甲方委托丙方索赔的方式下，甲方需与丙方另行签订书面委托代理协议，授权丙方向乙方行使索赔权。”

对保险公司的直接请求权，当保险公司拒绝赔付时，银行自然可以以受益人的身份向仲裁机构申请仲裁。例如，在“中国银行抚州分行诉中国出口信用保险公司南昌营业管理部”一案中，抚州市中级人民法院认为：“宜腾公司、南昌中信保公司与抚州中行签订《赔款转让协议》，三方当事人协商一致在宜腾公司与南昌中信保公司保险单有效期内，发生保险责任范围内的损失时，南昌中信保公司的理赔款直接全额支付给抚州中行。该约定应视为在财产保险合同中指定受益人的行为，并不违反法律规定，各方应予遵守。”①

第二，银行作为债权让与的受让人，享有对保险公司的直接请求权。此种观点认为，《赔款转让协议》约定“发生保险责任范围内的损失，甲方（卖方）授权乙方（保险公司）将按照保险单规定理赔后应付给甲方的赔款直接全额支付给丙方（银行），且同时乙方在上述出口项下的赔偿责任终止”。这便是卖方将自己对保险公司的债权（虽然这种债权是或然的）转让给了银行，根据我国《合同法》第81条，受让人银行取得了与债权相关的权利，自然可以以权利主体的身份申请仲裁。例如，在“宁夏银行诉中国出口信用保险公司陕西分公司”一案中，②法院认为：依据《赔款转让协议》约定，“出口信用保险公司接受商贸公司向宁夏银行转让索赔权，由宁夏银行索赔的方式。宁夏银行也向出口信用保险公司提供了协议约定的文件，并由出口信用保险公司员工签收。依约索赔权转让对出口信用保险公司发生效力。前述索赔权转让也符合合同债权转让的法律规定，故宁夏银行主体适格”。

另一种观点认为，银行无权作为适格的仲裁申请人。

持这种观点的主要理由是，赔款协议的安排在法律上属于向第三人履行，银行的法律地位乃是债权人指定接受交付的第三人，该第三人依照《赔款转让协议》的约定不享有对保险公司的直接请求权，由于银行不享有直接请求权，故不能作为申请人直接提起仲裁。例如，在“徽商银行合肥分行诉中国出口信用保险公司安徽分公司”一案中，③安徽省高院认为：“《赔款转让协议》约定由恒昊公司授权出口信用保险安徽分公司将按照保单规定理赔后应付给恒昊公司的理赔款直接支付给徽商银行合肥分行营业部，该约定仅针对保险

① 参见江西省抚州市中级人民法院（2013）抚民三初字第1号民事判决书。

② 参见陕西省西安市雁塔区人民法院（2015）雁民初字第06336号民事判决书。

③ 参见安徽省高级人民法院（2012）皖民二终字第00101号民事裁定书。

合同项下的赔款支付对象作出变更，即出口信用保险安徽分公司本应向恒昊公司支付的赔款根据恒昊公司的授权直接向徽商银行合肥分行营业部支付，其法律性质上应属于向第三人履行，并不必然导致徽商银行合肥分行营业部具有本案保险合同项下的索赔权……徽商银行合肥分行现以自己名义起诉，无事实和法律依据。”

（三）银行作为适格申请人理由之批驳

对于可以作为适格当事人的理由，笔者作如下批评：

第一，银行不是保险合同的受益人。银行之所以不能作为受益人，原因主要是：其一，依据现行《保险法》，财产保险中并无受益人的概念。我国《保险法》第 18 条对“受益人”的概念作出了规定，其是指“人身保险合同中由被保险人或者投保人指定的享有保险金请求权的人”。依照这一规定，受益人的概念只能出现在人身保险合同中，财产保险中则没有“受益人”的说法。而出口信用保险合同显然属于财产保险，依法不应出现受益人的概念。其二，在保险实践中，财产保险中虽然出现了“受益人”的概念，[①] 个别学者也提出了在财产保险中设置“受益人”的观点，[②] 但是，从目前的理论与实践看来，倘若在财产保险中设置受益人，必须在合同中明确写明“受益人”三个字，否则很难将其认定为受益人。[③] 盖受益人在保险合同中具有特殊地位，其享有直接对保险公司请求保险金的权利，不写明“受益人”三个字不足以彰显这一特殊地位。而《赔款转让协议》中，并未明确将银行约定为受益人，故很难将其认定为受益人。

第二，银行不宜作为债权转让的受让人。依债权让与理论，将来之债权是否可以转让尚有争议。有学者认为，“只有债权在将来的发生属于可确定性……可以成为让与的对象”。[④] 保险合同为射幸合同，保险公司是否赔付保险金，取决于未来不确定事件的发生，尽管理论上认为，保险合同一经签订，

---

① 财产保险中的“受益人”概念主要在保证保险中，在按揭购房过程中，银行为保证自己的贷款能够收回，便要求购房者以购买的房屋作为抵押，同时，为防止抵押的房屋灭失，银行又要求购房者为房屋购买保证保险，该保证保险属于财产保险，不过，银行要求购房者与保险公司签约的财产保险单中注明“本保单第一受益人为某银行”。

② 何建东：《财产保险合同应构建受益人的法律地位》，载《中国保险》2005 年第 6 期，第 54 页。

③ 从司法实务来看，法院将银行认定为受益人的情形并不常见。

④ 韩世远：《合同法总论》（第三版），法律出版社 2011 年版，第 470 页。

被保险人便享有债权，但保险金的赔付却具有不确定性，此种射幸性债权能否转让不无疑问。即使我们能够确定依据保险合同产生的债权可以转让，在《赔款转让协议》中，银行所处之地位，仍与债权让与之受让人有所不同。依债权让与之通说，债权让与之后，该债权即由原债权人转移于受让人，受让人取代让与人的法律地位而成为新的债权人。[①] 作为新债权人，当债务人不履行义务时，当然可以以自己的名义向债务人行使债权。但是，在此类案件中，《赔款转让协议》通常明确约定，向保险公司（债务人）提出索赔的主体是卖方（被保险人），银行若欲索赔，须接受卖方（被保险人）之委托。由此观之，卖方（被保险人）并不欲使银行拥有对保险公司（债务人）独立之权利，银行并未成为新的债权人。

（四）银行作为不具申请人资格之主体详释

如上所述，认为银行不具有申请人资格的观点之理由乃是向第三人履行理论，这一理由值得赞同。

在概念上，《赔款转让协议》的内容符合向第三人履行的概念。所谓向第三人履行，"是指合同当事人约定由债务人向第三人履行合同债务"。[②]《赔款转让协议》的主要内容是，基于保险合同的约定，保险公司若需要对卖方（被保险人）赔付保险金，则将本应给付于卖方（被保险人）的保险金支付给银行。此种约定的本质是，卖方（被保险人）要求保险公司向第三人银行履行保险合同所生之债务，完全符合向第三人履行之概念。

在约定内容上，《赔款转让协议》约定银行不得独立主张保险合同之债权，符合我国《合同法》及相关司法解释关于向第三人履行之规定。众所周知，我国《合同法》第64条乃是关于向第三人履行之规定。[③] 该条规定："当事人约定由债务人向第三人履行债务的，债务人未向第三人履行债务或者履行债务不符合约定，应当向债权人承担违约责任。"自法解释学的角度看，该条中"债务人应当向债权人承担违约责任"的规定，已经包含有"第三人不得向债

① 崔建远：《合同法》（第二版），北京大学出版社2013年版，第245页。

② 江平主编：《民法学》（第三版），中国政法大学出版社2015年版，第627页。

③ 参见崔建远：《为第三人利益合同的规格论——以我国〈合同法〉第64条的规定为中心》，载《政治与法律》2008年第1期；韩世远：《试论向第三人履行的合同——对我国〈合同法〉第64条的解释》，载《法律科学》2004年第6期；叶金强：《第三人利益合同研究》，载《比较法研究》2004年第1期。

务人主张权利”的意思。《最高人民法院关于适用〈中华人民共和国合同法〉若干问题的解释（二）》（以下简称《合同法司法解释二》）第16条进一步对此作出阐明：“人民法院根据具体案情可以将合同法第六十四条、第六十五条规定的第三人列为无独立请求权的第三人，但不得依职权将其列为该合同诉讼案件的被告或者有独立请求权的第三人。”据此，向第三人履行纠纷中的第三人不得独立向债务人主张债权已有明确规定。在本文所述案件中，《赔款转让协议》不仅约定保险公司将保险金支付于银行，而且约定了索赔权行使的主体，即合同中约定的“应由甲方（卖方）直接向乙方（保险公司）索赔”。尽管合同中出现了“乙方（保险公司）也接受甲方（卖方）委托丙方（银行）进行索赔”的字样，但是，稍具民商法常识之人均能认识到，这不过是让丙方（银行）代理甲方（卖方）进行索赔，丙方（银行）不能独立提出索赔，真正的索赔主体只有甲方（卖方，被保险人）。而这一约定完全符合我国《合同法》第64条和《合同法司法解释二》第16条关于向第三人履行之规定，即第三人（银行）不能作为独立的主体向债务人（保险公司）请求履行债务，银行既然不能独立行使权利，也便不能作为独立的仲裁申请人申请仲裁。

值得注意的是，《赔款转让协议》的内容虽然主要是向第三人履行，但其本身并不是合同法理论上之向第三人履行的合同。依合同法理论，向第三人履行的合同又称利他合同，“是指有将合同所生之权利直接归属于第三人（合同当事人以外之人）之内容的合同”。[①] 在向第三人履行的合同中，合同当事人不能作为第三人，故有学者明言：“利他合同不是一种三方当事人的合同，第三人虽能享受给付利益，但其并非合同当事人。”[②] 本文所述案件中，《赔款转让协议》乃是卖方（被保险人）、保险公司、银行三方签订的合同，故其内容虽属向第三人履行，性质上却并非向第三人履行之合同。

总之，在银行申请仲裁时，对于其是否可以作为适格的申请人的问题，笔者认为，基于《赔款转让协议》约定的有效性，银行并非适格的申请人。

四、贸易不真实：证明责任与实体处理

尽管大多数案件可能由于管辖权异议或当事人资格问题不能进入实体审

① 韩世远：《合同法总论》（第三版），法律出版社2011年版，第262页。

② 朱广新：《合同法总则》（第二版），中国人民大学出版社2012年版，第353–354页。

理阶段，但实务中仍有少数贸易不真实纠纷因法院或仲裁庭的不同认识得以进入实体审理。在审理过程中，保险人往往以保险合同所承保的贸易不真实，而保险合同仅保障真实贸易为由拒绝赔付。审理的关键问题在于谁来证明贸易的不真实和保险人基于何种理由拒赔。

（一）贸易不真实的证明责任

保险公司是否应当赔付的关键在于贸易是否真实，如若贸易真实，则保险人应当赔付，反之则可以拒绝赔付。然而，实务中，贸易之真实性究竟应当由银行证明还是由保险公司证明颇有分歧。

部分裁判机构似乎认为，应当由银行证明贸易之真实性。例如，在“宁夏银行诉中国出口信用保险公司陕西分公司”一案中，[①]法院直接认定：“本案的举证责任在宁夏银行。而宁夏银行提交的证据不足以证明商贸公司案涉JXQ1006出口贸易的真实性……故宁夏银行应当承担举证不利的法律后果。”

另有部分裁判机构认为，应当由保险公司证明贸易不真实。例如，在“中国银行抚州分行诉中国出口信用公司南昌分公司”一案中，[②]法院认为：“由于南昌中信保公司提供证明上述主张的证据仅为相关人员对事件的调查记录，并无直接有效证据证明涉案出口贸易为不真实……故南昌中信保公司在本案中否认出口贸易真实性的主张，证据不足，不予支持。”此案中，尽管法院并未明确指出贸易不真实的举证责任在于保险公司，但从判词来看，法院将证明贸易不真实的责任分配给了保险公司。

证明贸易真实与否的举证责任究竟在谁？应从保险纠纷的举证责任分配入手。

通说认为，保险纠纷的举证责任分配为：先由被保险人完成初步举证责任，再由保险公司证明该事故不属于其应当承担的责任。我国《保险法》及相关司法解释并未在实体法上对双方当事人的举证责任作明确规定，仅于《保险法》第22条中模糊规定：“投保人、被保险人或者受益人应当向保险人提供其所能提供的与确认保险事故的性质、原因、损失程度等有关的证明和资料。”通说对本条的解读是：索赔方的举证责任为初步的举证责任，只要提供其所能提供与确认保险事故的性质、原因、损失程度等有关的证明和资料，其举证

① 参见陕西省西安市中级人民法院（2017）陕01民终7264号判决书。

② 参见江西省抚州市中级人民法院（2013）抚民三初字第1号民事判决书。

责任即已完成。[①] 保险公司如果拒绝承担保险责任，应当证明存在除外责任等情形。[②]

依照这一通说，在信用保险融资纠纷中，银行需要完成初步举证，然后由保险公司证明其不应承担责任。此类案件中，多数情况下，应当提供初步证据的主体原本应是作为被保险人的卖方，但卖方可能就索赔事项委托银行向保险公司提起仲裁或者诉讼，[③] 总之，银行取代卖方成为提供初步证据的主体。不过，依《保险法》第22条之规定，银行需要提供的证据乃是“其所能提供的证明和资料”，这种举证责任非常轻微，只需提供“作为一个正常合理的举证人‘客观所能提供’的证据”[④]。实践中，银行只要提供保险合同、赔款转让协议、买方付款账户的流水情况、索赔申请、可能损失通知等文件，便算完成了初步举证责任，然后由保险公司举证证明卖方和买方之间的交易不真实。通常情形下，保险公司会委托境外法律机构调查贸易的真实性，并由当地公证机构进行公证，或者取得当地使领馆的认证，以之提交裁判机构，以便证明买卖双方之间不存在真实贸易，由此完成自己的举证责任。

值得注意的是，在保险公司承担举证责任之后，举证责任又转移至银行一方。尽管保险公司提供的境外调查资料属于间接证据，其证明力有限，并不能完全证明交易的虚假性，[⑤] 但是，由于这些调查多数已被公证或认证，便具备了足够的说服力，符合了民事诉讼理论上证明责任转移的关键要素——主

---

① 个别观点认为，《保险法》第22条的立法宗旨及功能仅为提醒或督促请求权人请求保险金时应努力提供所有能提供的证明和资料，而不含分配举证责任之意。参见岳卫：《人身保险中故意免责的举证责任》，载《法学》2010年第5期，第83页。

② 参见张影、黄冠猛：《保险合同纠纷案件的举证责任分配》，载《人民司法》2010年第14期，第96页。持同样观点的文章还有何丽新：《保险索赔中举证责任特殊性的思考》，载《河北法学》2000年第3期，第52页。

③ 此种情形，银行作为卖方（被保险人）的代理人，须以卖方（被保险人）的名义提起诉讼或仲裁，但案件证据须由银行提出。

④ 何丽新：《保险索赔中举证责任特殊性的思考》，载《河北法学》2000年第3期，第52页。

⑤ 在“中国银行抚州分行诉中国出口信用保险公司南昌分公司”一案中，法院即认为“由于南昌中信保公司提供证明其上述主张的证据仅为相关人员对事件的调查记录，并无直接有效证据证明涉案的出口贸易不真实……故南昌中信保公司本案中否认出口贸易真实性的主张，证据不足，不予支持”。

张方已经作出了具有足够说服力的证明，[①] 此时，证明责任应当转移至银行一方，即银行须证明保险公司提供的证据不符合真实性、合法性、关联性，抑或提出买卖双方交易真实的其他证据。不过在此情况下，银行通常不能对这些证据提出反驳，亦无法提出新的证据证明交易的真实性。于是，保险公司提出的调查文件便具有了足够的优势，裁判者足以据此认定买卖双方之间的交易不真实，银行需要对此承担举证不能的不利后果。

（二）贸易不真实保险之实体处理：保险人拒绝赔付之理由

若保险公司提出之贸易不真实的证据取得优势地位，而银行又不能提出相反证据，则保险人不应赔付。然而，对保险公司基于何种理由拒赔，却有不同看法。

有观点认为，保险人不应赔付之理由在于保险合同根本未成立。[②] 理由是，传统民法理论认为，民事法律行为的成立要件包括：当事人、标的和意思表示。[③] 合同属于典型的民事法律行为，其成立应当符合这三个要件。[④] 然而，本文所涉之保险合同，却不存在“标的”要件。关于出口信用保险的标的，学界素有争议，[⑤] 广为接受的观点大致有“信用风险说”和“无争议债权说”。[⑥] 前者将信用保险的标的界定为“债务人信用可能出现的风险”。后者则将信用保险的标的界定为“债权人应收账款不能回收的风险”。对于贸易不真实之信用保险而言，由于不存在真正的债务人，也便不存在“债务人信用可能出现的风险”；又由于不存在应收之账款，也便不存在“应收账款不能回收的风险”，据此，该信用保险不存在保险标的。既然信用保险不存在保险标的，信用保

① 参见马贵翔：《举证责任转移的内在机理及其程序化》，载《浙江工商大学学报》2007年第6期，第4页。

② 笔者将出口信用保险的这一问题在保险法专业微信群中进行讨论，部分学者持合同不成立或无效的观点。

③ 参见王泽鉴：《民法总则》，北京大学出版社2009年版，第201页。

④ 也有观点认为，民事法律行为的成立要件包括两个：当事人和意思表示，但“意思表示”中包括了“标的”的内容。参见陈甦主编：《民法总则评注》，法律出版社2017年版，第1031页。

⑤ 关于信用保险的标的，理论上有：“债务人信用”“信用风险”“经济损失”“贸易合同”“信用利益”“无争议债权”等说法。参见周玉坤：《形式与本质：出口信用保险基础问题研究》，中国金融出版社2017年版，第16–18页。

⑥ 参见周玉坤：《形式与本质：出口信用保险基础问题研究》，中国金融出版社2017年版，第16–18页。

险合同自然缺乏标的。而无标的之保险合同，自然不能成立。

倘若认定保险合同不成立，其结果似乎不能为理性人所接受。认定合同无效之后，其法律后果是双方返还财物。对保险人来说，便是将所收之保险费退还给被保险人，[①] 在被保险人欺骗投保的情况下，保险人还须将保险费退还给被保险人，自然不能为广大民众所接受；更重要的是，保险公司在合同签订后，便开始履行承担风险的义务，[②] 而作为继续性合同，被保险人无法将保险人承担风险所付出的劳动或服务退还给保险人，于是形成了投保人欺骗保险人毫无成本，即使欺骗败露，保险人也可以取回保险费的不合理局面。

而且，传统民法理论所谓的"不存在标的，合同即不能成立"的理论，已经受到新的理论的冲击。《国际商事合同通则》第 3.3 条（自始不能）第 1 款规定："合同订立时不可能履行所承担之义务的事实本身不影响合同的效力。"我国有学者指出："该款规定系顺应现代发展趋势，即使与合同相关的财产在合同订立时已经灭失，合同仍然有效，自始履行不能与合同订立后发生的履行不能其结果是一样的。"[③] 而著名民法学家梁慧星先生也在其著作中指出，标的是否可能，不应是影响法律行为的要件。[④]

在保险法理论中，不存在保险标的的保险合同也存在有效的可能性。保险法理论上存有客观不确定危险与主观不确定危险之区分，前者是指危险是否发生，客观上并不确定之危险，后者是指危险是否发生，客观上是确定的（危险客观可能发生，或者客观上不可能发生），但当事人因不知危险已经发生或者不可能发生，主观上误认为该危险的发生具有不确定性。[⑤] 我国台湾地区"保险法"第 51 条第 1 款规定："保险契约订立时，保险标的之危险已发生或已消灭者，其契约无效。但为当事人所不知者，不在此限。"此款后半段之规制对象，包括客观上"已消灭"，但当事人不知该危险已不存在之主观不确定危险，

① 由于出口信用保险的投保人与被保险人通常是同一主体，为方便行为，下文如无特别说明，不再采取"投保人（被保险人）之表述，改采'被保险人'行文"。

② 现代保险法理论认为，保险合同签订后，保险人的义务是为被保险人承担风险，其义务并非在发生保险事故后支付保险金，支付保险金只是保险人履行义务的一种表现形式。若未发生保险事故，不能认定保险人未履行任何义务。

③ 韩世远：《国际商事合同通则与中国合同法的发展》，载《环球法律评论》2015 年第 6 期。

④ 参见梁慧星：《民法总论》（第四版），法律出版社 2011 年版，第 172 页。

⑤ 参见叶启洲：《保险法专题研究》，台湾元照出版公司 2007 年版，第 22–25 页。

我国台湾地区相关规定并不认为该类保险合同无效，而理论上更是直接指出该类合同为有效合同。[①] 尽管本文所论之“不存在保险标的”与该条所谓之“保险标的危险已消灭”字面上有所差别，但在保险理论上，“不存在保险标的”与“保险标的危险已消灭”的效果几乎是一致的。因为，保险所保障的，乃是危险，“不存在保险标的”，自然没有危险，虽存在保险标的，但该保险标的危险已消灭。同样是没有危险，二者在效果上几无差异。既然保险标的“危险已消灭”的合同可以为有效合同，“不存在保险标的”的保险合同也存在有效的可能性。

在贸易不真实的情况下，将保险合同视为有效合同更为合理。卖方与保险人订立合同，对保险人而言，核保时，其对被保险人提交的相关材料只能作形式审查，通常而言，保险人无法得知被保险人所投保之交易不真实，故而，其对贸易不真实之保险合同的签订仅具善意。对投保人而言，其签订保险合同之目的通常是获得银行贷款，尽管其对外之交易不真实，存在欺诈保险人之嫌疑，但是，自保险法角度看，保险法作为特别法，并未将此种情形视为无效合同。[②] 自合同法角度看，被保险人之欺诈使得合同变为可撤销合同，然撤销权之行使在受骗之保险人，因保险人行使撤销权将会导致自己返还保险费，故保险人绝无撤销合同之动力，而被保险人拒绝撤销合同必将使可撤销合同变为有效合同。

在保险合同有效的情形下，保险人可能拒赔的理由通常有二：其一是保险公司在贸易真实的情况下方能承担保险责任，现买卖双方贸易不真实，故不会出现买方应当支付货款的情形，也不会发生保险事故，既然未发生保险事故，保险公司自然无须赔付。例如，在“徽商银行合肥分行诉中国出口信用保险公司安徽分公司”一案中，法院认为：“恒昊公司与出口贸易项下的特定买方之间不存在真实的出口贸易关系，保险事故并未真正发生，出口信用保

---

① 江朝国教授认为：“衡估双方均为善意非谓诈领保险金互相勾结破坏危险共同团体性之因素认为保险契约在当事人双方不知保险标的之危险已发生或已消灭时仍有效。”参见江朝国：《保险法逐条释义》（第二卷：保险契约），台湾元照出版公司2013年版，第185页。

② 保险法中规定的保险合同无效，仅限于三种情形：第一，人身保险合同不具有保险利益；第二，死亡保险未经被保险人同意并认可保险金额；第三，父母以外的他人为无行为能力人投保死亡保险。本文所论之情形显然不属于这三类。

险安徽分公司也不需要承担保险赔偿责任。”[①] 其二是贸易不真实不属于承保范围。这种理由通常认为，既然保险合同的保障范围限于真实之贸易，不真实之贸易当然不在承保范围之内，不属承保范围之危险，自然无须赔付。例如，在“泉州银行晋江支行诉中国人民财产保险公司晋江分公司”一案中，保险公司的代理人提出：“第三人投保的虚假出口贸易不属于保险合同的承保范围，被告根据出口信用保险合同的约定不应承担保险赔偿责任。”[②]

笔者以为，在上述两个拒赔理由中，贸易不真实不属承保范围的理由更具合理性。保险理论与实务均承认的核赔程序是：在核赔过程中，对被保险人提出索赔之事故，核赔人员首先应当判断该事故是否属于承保范围，倘若不属于保障范围，便不再审查其事故是否真实发生，只有属于承保范围之事故，保险人才会进一步审查其是否真实发生。法院在审判此类案件时，应当与保险业的这一核赔程序相一致，一旦查知贸易不真实，便可以保险合同中的保障范围条款判决保险人不予赔付。虽然法院一旦查明出口贸易之不真实，也便表明保险事故不会发生，但从判决理由而言，使用不属承保范围之理由，显然更符合理性人之逻辑。

综上，在贸易是否真实的举证责任分配上，银行作为被保险人的委托人，需要首先提供贸易真实的初步证据，只要其能够提供保险合同、赔款转让协议、买方付款账户的流水情况、索赔申请、可能损失通知等文件，便算完成了初步举证责任。进一步的举证责任将由保险人承担，其须举证证明贸易的不真实。在保险人证明贸易不真实之后，法院不宜以保险合同缺乏保险标的而作出无效或未成立的认定，相反，认定保险合同有效可能是更适当的选择。在合同有效的基础上，法院再以贸易不真实不属保障范围为由判定保险人不予赔付。

五、结语

信用保险融资纠纷的仲裁争议，起源于卖方（被保险人）为获得银行贷款而作出之以虚假贸易投保的行为。预防纠纷之发生，关键在于对卖方贸易真实性的控制。对于贸易之真实性，保险合同以保障范围的规定排除了不真

① 参见安徽省合肥市中级人民法院（2011）合民二初字第00027号民事裁定书。

② 参见福建省泉州市中级人民法院（2015）泉民初字第629号民事判决书。

实贸易，这便将保证贸易真实性的义务交给了卖方（被保险人）。[①] 至少在接受索赔之前，保险公司对贸易真实性没有核查义务。尽管在卖方、保险公司、银行三方签订的《赔款转让协议》中，有时会明确约定卖方对贸易的真实性负责，[②] 但是，在卖方（被保险人）可能通过购买信用保险欺诈贷款的情况下，为保证贷款之回收，审核贸易真实性的义务实际上落在了银行的头上。事实上，在信用保险融资业务中，保险公司通常会对银行出具书面提示，提醒银行注意贸易的真实性，[③] 而银行往往忽略了对贸易真实性的审查，最终导致不能获得保险赔付的结局。为化解贷款不能回收的风险，银行应在签订贷款合同之前，切实审查贸易的真实性。

① 在保险实务中，由于出口信用保险合同的签订通常早于货物的出口，出口信用保险公司承保后，卖方才对具体的出口业务自行申报，故而，保险公司实际上亦无法审查贸易的真实性。

② 例如，在“中国银行抚州分行诉中国出口信用保险公司南昌分行”一案中，《赔款转让协议》第6条明确约定“甲方（卖方）应当保证贸易的真实性、合法性”。

③ 保险公司对银行出具的提示文件通常是《关于加强信保融资业务风险管理的友情提醒》，其中载明：“建议贵行在贸易融资前做好对贸易真实性的核实，对贸易单证进行严格的审查，重点关注虚假贸易融资业务风险特征。”并要求银行在签字盖章后寄回保险公司。

仲裁司法审查中“一事不再理”问题裁判思路评析

古　黛*

● **摘　要**

关于仲裁裁决违背“一事不再理”原则是否导致裁决撤销或不予执行的问题，目前我国法院尚未形成统一意见。本文归纳了实践中主要存在的三种裁判思路，认为该等情形并不构成撤销或不予执行法定事由之仲裁机构“无权仲裁”或“仲裁的程序违反法定程序”，而是涉及仲裁机构认定事实及适用法律的实体问题，不属于法院司法审查的范围。

● **关键词**

一事不再理　裁判思路　实体问题

Abstract: Regarding the question whether an arbitration award that violates the principle of “res judicata” leads to withdrawal or non-enforcement of the award, Chinese courts have not formulated a unified opinion at present. By analyzing the three typical rationales in practice, this article advocates that this violation does not constitute the legal grounds—either the arbitration institution “goes beyond its arbitral authority” or “the arbitration procedure was not in conformity with the

* 古黛，广东一裁律师事务所合伙人。

statutory procedure" — to vacate or not to enforce awards. Whether the principle is violated relates to arbitral tribunal's finding of fact and application of law, and such substantive issues do not belong to the scope of judicial review.

Key Words: res judicata, ruling rationales, substantive issues

"一事不再理"原则是指同一当事人就同一案件事实、同一标的不得重复请求裁判，《中华人民共和国仲裁法》（以下简称《仲裁法》）第9条规定的"一裁终局"通常被认为是该原则在仲裁中的体现。目前理论界对仲裁中"一事不再理"的研究不多[①]，更不用提与此相关的司法审查问题。但是，在当事人申请撤销或不予执行仲裁裁决的理由当中，主张仲裁裁决违背"一事不再理"原则重复仲裁的并不少见。由于该问题缺乏深入的研究，实践中分歧较大，导致绝大多数法院对此持保守回避的态度，裁判理由往往不触及问题的根本，而是在具体分析重复仲裁的要件后，以该案不存在"一事不再理"的情形驳回当事人的主张。为统一裁判，有必要从根源上解决仲裁裁决违反该原则是否导致裁决不予执行或撤销后果的问题。

本文归纳了司法实践中对该问题主要存在的三种裁判思路，依次进行分析，并支持第三种处理方式，即仲裁裁决是否违反"一事不再理"属于实体问题，并非裁决撤销或不予执行的事由，法院不予审查。

一、关于仲裁裁决违反"一事不再理"后果的三种裁判思路

关于仲裁裁决违反"一事不再理"是否为撤销或不予执行裁决的理由，主要存在如下三种裁判思路：

第一种，仲裁裁决违反"一事不再理"构成撤销或不予执行仲裁裁决事由之仲裁机构"无权仲裁"。例如，在"中国石化集团国际石油勘探开发有限公司与UNI-TOP Asia Investment Limited申请撤销仲裁裁决"案[②]中，针对北京市高级人民法院拟撤销裁决的请示，最高人民法院在复函中认为，中国国际经济贸易仲裁委员会前后两次仲裁裁决所涉当事人相同、争议标的相

① 罗剑雯:《仲裁中的"一事不再理"新探》，载《广东社会科学》2014年第1期。

② （2017）京04民特39号。

同、仲裁请求相同，属于同一纠纷，违反了“一裁终局”的法律制度，符合《仲裁法》第70条和《中华人民共和国民事诉讼法》（以下简称《民事诉讼法》）第274条规定的撤销涉外仲裁裁决之仲裁机构无权仲裁的情形。

第二种，仲裁裁决违反“一事不再理”构成撤销或不予执行仲裁裁决事由之“仲裁的程序违反法定程序”。例如，2005年最高人民法院在《最高人民法院关于江智锋申请撤销仲裁裁决一案的请示的复函》[①]中认为，上海仲裁委员会在作出调解书之后，又就同一纠纷作出裁决书，违反了一裁终局的法律规定，属于仲裁程序与仲裁规则不符的情形，符合法定撤销裁决的情形。

第三种，仲裁裁决是否违反“一事不再理”涉及实体认定，法院不予审查。例如，在“神户天津事业开发株式会社与天津市南市食品街管理委员会申请撤销仲裁裁决”案[②]中，北京市高级人民法院认为，申请撤销裁决的理由为“一事不再理”，但这涉及案件的实体认定，仲裁庭作出该仲裁裁决的程序合法，不存在《仲裁法》和《民事诉讼法》关于撤销仲裁裁决的情形。又如，广东省广州市中级人民法院在“吴鸿有诉孙秀霞等仲裁裁决”案[③]中认为，就案涉仲裁裁决是否违反“一事不再理”的问题，该事项属于广州仲裁委对案件实体内容的审理，不属于撤销仲裁裁决的事由，本院对此不予审查。再如，北京市第三中级人民法院在“肖丰诉北京瑞宝利热能科技有限公司8号裁决”案[④]中认为，是否违反“一裁终局”制度，属于仲裁庭对于案件的实体审理范围，不属于法院审查撤销仲裁案件的范围。

笔者认为前两种思路欠妥，支持第三种处理方式。以下依次说明支持与否的理由。

二、第一种思路的问题——仲裁机构重复受理并非“无权仲裁”

形成第一种裁判思路的理由是，《仲裁法》第9条规定了仲裁一裁终局制度，意味着仲裁庭不得就已生效裁决决定的事项再行仲裁，而仲裁机构违反“一事不再理”原则重复受理仲裁案件，明显违反前述规定，超出其法定权限，

---

① （2005）民四他字第23号。

② （2019）京04民特105号。

③ （2017）粤01民特959号。

④ （2016）京03民特302号。

自然属于无权仲裁的情形，构成《仲裁法》及《民事诉讼法》规定的撤销或不予执行仲裁裁决事由之仲裁机构“无权仲裁”。

但是，“无权仲裁”的用语含义多重，仲裁机构“无权”重复受理仲裁案件，并不在《仲裁法》及《民事诉讼法》规定的撤销及不予执行裁决之仲裁机构“无权仲裁”的范围内。

撤销及不予执行我国仲裁裁决及涉外仲裁裁决法定事由之仲裁委员会/仲裁机构“无权仲裁”应作相同理解。《民事诉讼法》第237条与《仲裁法》第58条分别规定了不予执行及撤销我国仲裁裁决的法定情形，均是司法对仲裁权的监督，审查范围应为同一标准，因此这两条规定的仲裁委员会“无权仲裁”含义相同。此外，《民事诉讼法》第274条及《仲裁法》第70条规定不予执行及撤销涉外仲裁裁决的理由包括仲裁机构“无权仲裁”，从字面上理解，这里的仲裁机构“无权仲裁”应与《民事诉讼法》第237条规定的“无权仲裁”含义相同。

仲裁机构“无权仲裁”存在三种情形：不可仲裁性、超出仲裁请求、仲裁机构非约定。对于《民事诉讼法》第237条“裁决的事项不属于仲裁协议的范围或者仲裁机构无权仲裁的”如何理解，《最高人民法院关于人民法院办理仲裁裁决执行案件若干问题的规定》[①]（以下简称《仲裁裁决执行规定》）第13条明确，除超出仲裁协议约定外，存在其他三种情形：（1）裁决的事项属于依照法律规定或者当事人选择的仲裁规则规定的不可仲裁事项；（2）裁决内容超出当事人仲裁请求的范围；（3）作出裁决的仲裁机构非仲裁协议所约定。

仲裁机构重复受理仲裁案件，不属于前述仲裁机构“无权仲裁”包括的情形。这三种情形中，超出仲裁请求与仲裁机构非约定这两种情形与重复仲裁没有关系，可以立即排除。至于“可仲裁性”是指“根据应适用的法律，该争议是否可以通过仲裁方式解决”[②]。《仲裁法》第2条、第3条对可仲裁性问题作出了具体规定，分别规定了可以通过仲裁解决纠纷的情形（即平等主体之间合同和财产权益纠纷）以及不能仲裁的情形（包括婚姻、收养、监护、扶养、继承纠纷和行政纠纷）。既然《仲裁法》第9条关于仲裁委员会不应受

---

① 法释〔2018〕5号。

② 北京市高级人民法院关于印发《北京市高级人民法院国内商事仲裁裁决司法审查工作要点》的通知（京高法发〔2013〕65号）。

理的前提是"裁决作出后"，那么该等纠纷显然可以通过仲裁的方式解决。因此，重复仲裁的问题也不涉及可仲裁性。

另外，从支持仲裁发展以及与国际接轨的角度出发，也应对仲裁机构"无权仲裁"作出狭义理解，不应将仲裁机构违反"一事不再理"列入无权仲裁的范围。例如，美国《联邦仲裁法》第 10 条第 4 项规定，仲裁员越权仲裁是导致撤销仲裁裁决的事由之一。对于该条的适用，美国上诉法院第二巡回法庭在 Matter of Andros CompaniaMaritima，S.A.（Marc Rich & Co.，A.G.）① 案中明确指出"我们一贯以最限缩的方式对此作出解读"。在 Philadelphia Elec. Co. v Nuclear Elec. Ins.② 案中，一方当事人主张仲裁庭重复仲裁，超出其仲裁权限，应当撤销裁决。对此，美国纽约特区地方法院引述了纽约上诉法院在多个案件③ 中的观点——"先前的裁决是否构成对本案所寻救济的阻碍，属于仲裁员专属管辖的范围"，驳回该方的主张。

总之，第一种思路未能准确把握"无权仲裁"的含义，仲裁机构违反"一事不再理"受理重复仲裁的案件，并非《民事诉讼法》及《仲裁法》规定的产生撤销或不予执行仲裁裁决后果的仲裁机构"无权仲裁"。

三、第二种思路的问题——仲裁委员会重复受理并不影响案件公正裁决

第二种裁判思路的理由是《仲裁法》第 9 条就仲裁委员会不得重复受理仲裁案件作出了规定，这是对仲裁程序提出的法定要求，违反该规定即构成《仲裁法》第 58 条及《民事诉讼法》第 237 条规定的撤裁或不予执行事由之"仲裁的程序违反法定程序"。

受前述 2005 年最高人民法院出具的复函影响，该思路在当前实践中较为常见，但该复函的内容与之后最高人民法院发布的《仲裁裁决执行规定》等

① 579 F.2d 691.

② 845 F Supp 1026.

③ Board of Education of Patchoque–Medford Union Free School District v. Patchoque–Medford Congress of Teachers，48 N.Y.2d 812，424 N.Y.S.2d 122，123，399 N.E.2d 1143，1144（1979）.

司法解释不一致，应当以后发布的规定为准[①]。仅以违反《仲裁法》有关受理案件的规定就认为属于前述规定的“仲裁的程序违反法定程序”，值得商榷。

违反法定程序导致裁决撤销或不予执行的一个关键要素是：可能影响案件的公正裁决。《最高人民法院关于适用〈中华人民共和国仲裁法〉若干问题的解释》第20条将《民事诉讼法》第237条规定的“仲裁的程序违反法定程序”限定为“可能影响案件正确裁决”的情形。2018年，《仲裁裁决执行规定》第14条对其略微调整，改为“可能影响案件公正裁决”的情形。

所谓影响案件公正裁决是指，仲裁庭未在程序上平等对待当事人，实质性影响到裁决结果公正的情形[②]。当事人未经适当通知，或因其他原因无法陈述和辩论，必然会影响到仲裁的公正[③]。其他违反法定程序的主要情形包括：未按规定给予答辩期、当事人约定开庭却书面审理、有正当理由却未准许延期开庭申请导致当事人未能出庭、证据未向对方展示、仲裁庭未形成多数意见时未按首席仲裁员的意见裁决[④]。

仲裁委员会违反《仲裁法》第9条的规定重复受理并不影响案件公正裁决。除存在一个已生效的裁决外，重复受理仲裁案件与受理一个新的案件没有什么不同，裁决结果中关于当事人权利义务的裁判，并不会因为多走一次程序而受到实质性的影响。毕竟，仲裁委员会及仲裁庭仍应当遵守《仲裁法》、仲裁规则以及当事人对于程序上的约定，并不仅因重复受理案件而在实质裁判上对一方有所偏倚。

当然，仲裁委员会重复受理案件的确会影响到当事人，但涉及的是效率问题，而这并非撤销或不予执行裁决的理由，否则效果适得其反。仲裁程序的制度价值有二：效率与公正，但只有公正性得不到满足时才有撤销或不予执

---

① 《最高人民法院关于人民法院办理仲裁裁决执行案件若干问题的规定》第24条第1款规定：“本规定自2018年3月1日起施行，最高人民法院以前发布的司法解释与本规定不一致的，以本规定为准。”

② 沈德咏、万鄂湘主编：《最高人民法院仲裁法司法解释的理解与适用》，人民法院出版社2015年版，第178页。

③ 沈德咏、万鄂湘主编：《最高人民法院仲裁法司法解释的理解与适用》，人民法院出版社2015年版，第178页。

④ 沈德咏、万鄂湘主编：《最高人民法院仲裁法司法解释的理解与适用》，人民法院出版社2015年版，第178页。

行裁决的必要[①]。毕竟，如果以仲裁程序违反效率性为由撤销或不予执行裁决，将导致当事人另行解决纠纷，进一步拖延显然违背了当事人想尽快解决纠纷的本意。此外，虽然重复仲裁可能出现相互矛盾的裁判，但这也非公正裁决的问题。

因此，仲裁委员会受理重复仲裁的案件，并不影响案件公正裁决，不构成撤销或不予执行仲裁裁决事由之“仲裁的程序违反法定程序”。

四、第三种思路成立的理由——仲裁裁决是否违反“一事不再理”属于实体问题不在司法审查的范围之内

仲裁委员会在作出是否受理的程序性决定之前，需要认定事实及适用法律判断是否构成“一事不再理”，因此仲裁委员会是否重复受理案件属于实体问题，不在法院审查的范围之内，并非撤销或不予执行裁决的事由，第三种裁判思路正确。

（一）仲裁委员会是否违反“一事不再理”重复受理案件实质属于事实认定及法律适用问题

尽管根据《仲裁法》第 9 条作出是否受理的决定有关程序，但该决定是仲裁委员会认定事实和适用法律后的判断结果，其实质并非程序性问题。

后案与前案构成重复仲裁应满足如下条件：当事人相同；仲裁标的相同；仲裁请求相同。在《最高人民法院执行工作办公室关于澳门大明集团有限公司与广州市东建实业总公司合作开发房地产纠纷仲裁裁决执行案的复函》[②]中，最高人民法院认为中国国际经济贸易仲裁委员会受理澳门大明公司的仲裁请求并不违反“一事不再理”原则，理由是两个仲裁的申请人、请求裁决的内容和范围以及当事人对同一事项的法律权利不同。

根据前述要件，重复仲裁的判断关乎法律适用及事实认定。其一，判断仲裁标的是否相同涉及法律适用问题。如前述复函所定义，仲裁标的是指当事人在实体法上的权利义务或者法律关系。据此，判断两个仲裁案件的仲裁标的是否相同，需要分别判断两案中当事人之间的法律关系，这就需要仲裁

---

① 沈德咏、万鄂湘：《最高人民法院仲裁法司法解释的理解与适用》，人民法院出版社 2015 年版，第 177 页。

② （2003）执他字第 9 号。

委员会依据其对法律的理解在具体案件当中适用。其二，确定两案当事人是否相同可能涉及事实认定，如更名等事实问题的查明。

总之，如果仲裁庭未能正确判断重复仲裁，根源在于法律适用及事实认定出现偏差。因此，仲裁庭对《仲裁法》第9条的违反，实际上属于对该条的错误适用，应归于对案件实体处理的范畴。

前述结论可通过对法院违反《仲裁法》第9条的处理得以印证。《仲裁法》第9条对仲裁委员会及法院提出了相同要求，均涉及二者在程序上的决定。那么对于二者违反该规定到底属于程序还是法律适用问题，结论应当一样。

原审法院存在不当处理的，二审法院需要明确区分是属于实体还是程序问题。《民事诉讼法》第170条对上诉案件的处理作出了规定，其中第1款第2项规定的原判决"认定事实或适用法律错误"与第4项规定的原判决存在"严重违反法定程序"的处理不同，前者应当改判、撤销或者变更，后者则应撤销并发回重审。

法院违反《仲裁法》第9条被认定为实体问题，属于《民事诉讼法》第170条第1款第2项规定的"认定事实或适用法律错误"。例如，最高人民法院在山东鲁北海生生物有限公司与青岛德诚矿业有限公司加工合同纠纷二审民事裁定书①中认为，中国国际经济贸易仲裁委员会已经就鲁北海生公司要求德诚公司赔偿损失的反请求作出裁决，根据《仲裁法》第9条的规定，法院对鲁北海生公司就同一纠纷提出的本案诉讼不应受理，山东省高级人民法院受理的行为不妥，依据《民事诉讼法》第170条第1款第2项撤销山东省高级人民法院作出的民事裁定。类似案例还包括山东省高级人民法院审理的烟台市瑞丰投资有限公司与济南市长清银河商厦有限责任公司金融借款合同纠纷案②、湖南省高级人民法院审理的临武县泡金山铅锌矿有限公司与郴州市姣龙矿业有限公司、蒋福龙管辖权纠纷③等。

事实上，除《仲裁法》第9条外，法院违反"一事不再理"的其他情形，主流观点也认为是属于法律适用及/或认定事实问题，而非程序问题。例如，在一公报案例——威海鲲鹏投资有限公司与威海西港房地产开发有限公司、山

① （2014）民二终字第150号。

② （2014）鲁商终字第143号。

③ （2017）湘民辖终384号。

东省重点建设实业有限公司土地使用权纠纷管辖权异议案[①]中，最高人民法院认为，一审裁定认为鲲鹏公司的起诉违反一事不再理的原则，驳回起诉，属于适用法律错误，应予纠正。又如，在湖北华鑫科工贸股份有限公司、荆州市沙市商场有限责任公司债权转让合同纠纷再审民事裁定书[②]中，最高人民法院认为，本案诉讼在前诉生效判决后发生了新的事实，并且与前诉在当事人、诉讼标的、诉讼请求等方面均有不同，不构成重复起诉。二审法院以重复起诉为由驳回起诉，属于适用法律不当，依据《民事诉讼法》第 170 条第 1 款第 2 项撤销了二审裁定。

从域外司法经验来看，美国的法院认为仲裁庭违反"一事不再理"属于适用法律错误的问题。例如，在 Tully Const. Company/A.J. Pegno Const. Co., J.V. v. Canam Steel Corp.[③]案中，Canam 公司认为仲裁员违反"一事不再理"原则，导致重复仲裁，该裁决应予撤销。对此，美国纽约特区地方法院认为，不能因仲裁庭对法律作出了错误判断就撤销仲裁裁决。

综上，虽然仲裁委员会违反"一事不再理"或《仲裁法》第 9 条规定的"一裁终局"原则确实涉及仲裁程序中某些环节的处理，但其实质属于法律适用及事实认定的问题，并非程序问题。

（二）仲裁委员会关于法律适用与事实认定的实体问题不在司法审查的范围之内

除特定情形外，我国当前对仲裁权的司法审查仅限于程序方面，法律适用与事实认定的实体问题不在司法审查的范围之内。从我国立法进程和司法实践来看，实体审查一度属于对仲裁权的司法监督内容，该监督的范围呈缩小趋势。

立法上，我国对仲裁权的监督有过实体审查的时期。1991 年及 2007 年修订的《民事诉讼法》中，"适用法律错误"与"认定事实证据不足"属于不予执行仲裁裁决的情形。《民事诉讼法》（1991 年修正）第 217 条及《民事诉讼法》（2007 年修正）第 213 条规定，不予执行的仲裁裁决的情形包括："……（四）认定事实的主要证据不足的；（五）适用法律确有错误的……"

① （2005）民一终字第 86 号。

② （2018）最高法民再 85 号。

③ 2015 WL 906128.

但随着《仲裁法》的颁布与《民事诉讼法》的修订，除非特定情形，对仲裁裁决进行实体审查已被排除在司法审查之外，法院无权再审查仲裁庭适用法律与认定事实是否正确。《全国人大法律委员会关于〈中华人民共和国仲裁法（草案）〉审议结果的报告》明确指出，为实现一裁终局，避免又裁又审的情况出现，就“不应当对仲裁裁决进行实体审查，如果需要审查，也应当有明确、严格的限制”，建议将原本参照《民事诉讼法》起草的撤销裁决理由之“认定事实的主要证据不足的”和“适用法律确有错误的”删除，替换为如今《仲裁法》第58条规定的“（四）裁决所根据的证据是伪造的；（五）对方当事人隐瞒了足以影响公正裁决的证据的”。之后，2012年修订《民事诉讼法》时，“适用法律错误”与“认定事实证据不足”也从不予执行仲裁裁决的法定情形中删除，理由是法院对不予执行裁决的审查比撤销裁决的审查更为宽泛，不合理，应统一审查标准。从此，除个别字词外，不予执行与撤销裁决的法定情形基本相同，均不再包括对仲裁庭适用法律或认定事实的审查。

司法实践中，我国法院坚持仲裁司法监督的有限原则，即将仲裁司法监督限制在一定的范围内。正如最高人民法院在《最高人民法院关于安庆市康宅房地产开发有限责任公司与杨新潮申请撤销仲裁裁决复查一案请示的复函》[①]中所述，这么做的原因，是为了避免审判权对仲裁干预过大，以保护当事人的意思自治，促进仲裁事业的发展。

据此，一般情况下对仲裁权的司法监督限于程序性问题，法院无权对仲裁庭适用法律、认定事实等实体问题进行审查。关于重复仲裁作出是否受理的决定，实质是法律适用问题。仲裁裁决是否违反“一事不再理”不在法院审查的范围之内，并非撤销或不予执行仲裁裁决的事由。

五、结语

仲裁裁决违反“一事不再理”并非撤销或不予执行仲裁裁决的理由。是否受理案件，在仲裁机构的职权范围之内，仲裁机构违反一裁终局受理重复仲裁的案件，不属于撤销或不予执行仲裁裁决事由之仲裁机构“无权仲裁”。由于仲裁委员会重复受理并不影响案件公正裁决，也不构成撤销或不予执行裁决事由之“仲裁的程序违反法定程序”。

---

① （2003）民立他字第34号。

仲裁裁决是否违反“一事不再理”属于实体问题，不在司法审查的范围之内。仲裁裁决是否违反“一事不再理”需要考虑两个仲裁案件的当事人、仲裁标的和仲裁请求是否相同。这涉及仲裁委员会或仲裁庭认定的事实及适用的法律，属于实体问题。虽然仲裁委员会是否受理案件是程序上的一个决定，但这只是事实认定及法律适用后所得结果的体现，并不改变其为实体问题的本质。我国对仲裁权的司法监督一般限于程序性问题，法院无权对仲裁裁决中的实体问题进行审查。因此，仲裁裁决是否违反“一事不再理”不在法院审查的范围之内，并非撤销或不予执行仲裁裁决的理由。该种处理方式不但体现出法院一贯的仲裁审查有限原则，有利于促进仲裁的发展，还避免了无谓的审查，客观上起到了节省司法资源的效果。

我国临时仲裁裁决撤销制度的建构

苟应鹏*

● **摘　要**

尽快建立符合中国国情的临时仲裁裁决撤销制度是推进我国仲裁制度改革完善与仲裁事业发展的大事，也是我国打造国际仲裁中心的基础性工作。未来我国临时仲裁裁决撤销制度应以保障当事人切身利益为基本价值取向，充分实现当事人权益救济、仲裁司法监督以及保障国家有效行使司法主权的功能。作为直观体现保障国家有效行使司法主权以及维护本国当事人利益的临时仲裁裁决撤销管辖权应以"仲裁地"为判断归属。对于临时仲裁裁决撤销制度的核心——撤销事由的选择应基于利益平衡进行本土化合理选择，当事人举证与法院主动查明的协同作用模式更为符合我国国情以及仲裁国际化的客观需求。而已为中国法院撤销的临时仲裁裁决，其他国家或地区不应再对此项裁决予以承认和执行。

● **关键词**

临时仲裁裁决撤销制度　仲裁司法监督　司法主权　仲裁地　临时仲裁裁决撤销事由

Abstract: The establishment of the setting aside of the Ad Hoc

---

* 苟应鹏，西南政法大学人民法庭研究中心研究人员。

Arbitral Award in accordance with Chinese national conditions as soon as possible is a major event to promote the reform and improvement of our arbitral system and the development of arbitration, and it is also the basic work for China to build an international arbitration center. In the future, the setting aside of the Ad Hoc Arbitral Award should take the protection of the vital interests of the parties as the basic value orientation, realize the relief of the rights and interests of the parties, the judicial supervision of arbitration and the effective exercise of judicial sovereignty by the state. As an intuitionistic embodiment of the effective exercise of judicial sovereignty by the state and the protection of the interests of the parties, the basis for the setting aside of the Ad Hoc Arbitral Award should be based on the "seat of arbitration". The choice of the cause of annulment, which is the core of the setting aside of the Ad Hoc Arbitral Award, should be based on the balance of interests. The synergy mode identified by the parties and the court is more in line with the national conditions of our country and the objective needs of the internationalization of arbitration. An Ad Hoc Arbitral Award set aside by a mainland Chinese court shall no longer be recognized and enforced by other countries or regions.w

Key Words: the setting aside of the Ad Hoc Arbitral Award, the judicial supervision of the arbitration, the sovereignty of the judiciary, seat of arbitration, the condition of annulment of the Ad Hoc Arbitration

一、问题的提出

作为机构仲裁最初形态的临时仲裁是根据双方当事人合意确定的仲裁协议，在相关纠纷发生后，由双方当事人指定的仲裁员组成仲裁庭审理其间纠纷，并在临时仲裁裁决作出后仲裁庭即行解散的仲裁制度。[①] 也就是说，与机

① 基金项目：2019 年度国家社科基金后期资助项目"临时仲裁制度立法研究"（19FFXB013）资助；2018 年度司法部国家法治与法学理论研究项目"自贸区临时仲裁机制创新研究"（18SFB3019）的阶段性研究成果。参见赵秀文：《国际商事仲裁法》，中国人民大学出版社 2014 年版，第 26 页。

构仲裁不同的是，临时仲裁不由任何常设仲裁机构进行程序管理，而由双方当事人通过仲裁协议直接组织仲裁庭按照自己设计或选定的仲裁规则进行仲裁。[①] 在比较法上，临时仲裁与机构仲裁并行不悖，甚至大多数仲裁方式都为临时仲裁。但在我国却并非如此。

虽然我国在1987年加入的《纽约公约》已经涵盖了临时仲裁裁决，但这并非对我国临时仲裁解纷机制的肯定。事实上，我国对临时仲裁制度的真正接纳是在新时代下的法治国家建设，"一带一路"倡议实施，自贸区建设以及打造国际仲裁中心等国家战略的推动下展开的。党的十八届四中全会通过的《中共中央关于全面推进依法治国若干重大问题的决定》明确提出要"完善仲裁制度，提高仲裁公信力"。最高人民法院积极落实十八届四中全会决议内容，高度重视仲裁制度的完善和创新，在2016年12月30日发布的《关于为自由贸易试验区建设提供司法保障的意见》(以下简称《自贸区司法保障意见》)，为我国自贸区建设提供包括临时仲裁在内的更为全面的保障。[②] 它从国家宏观政策方面打破了我国自1995年起开始生效的《仲裁法》不承认临时仲裁的桎梏，在我国仲裁法制发展史上具有里程碑意义。同时，在修订《仲裁法》被第十三届全国人大常委会列为二类立法项目后，2018年12月31日中共中央办公厅、国务院办公厅联合发布的《关于完善仲裁制度提高仲裁公信力的若干意见》亦要求加快推进仲裁制度改革创新，完善司法支持监督机制，提高仲裁服务国家全面开放和发展战略的能力。地方性实践探索也在中央的宏观意见下稳步推进，如我国第一部临时仲裁规则——《横琴自由贸易试验区临时仲裁规则》，中国互联网仲裁联盟发布的我国第一部《临时仲裁与机构仲裁对接规则》。然而，上述探索过于笼统，法律层级较低，实操性亦较为匮乏。在推进和落实临时仲裁的过程中，其公正性问题也随之显露出来。

因此，当我们在强调临时仲裁充分尊重当事人意思自治等种种优势时，仍无法回避临时仲裁之固有缺陷所引发的非公正问题，如由当事人自行选任

① 参见乔欣：《仲裁法学》，清华大学出版社2015年版，第9页。

② 《最高人民法院关于为自由贸易试验区建设提供司法保障的意见》第9条第3款规定："在自贸试验区内注册的企业相互之间约定在内地特定地点、按照特定仲裁规则、由特定人员对有关争议进行仲裁的，可以认定该仲裁协议有效……"

的缺乏专业性的仲裁员作出的临时仲裁裁决大多数无法定分止争。由于受到“一裁终局”原则的约束，当事人对临时仲裁裁决持有异议的，维护其切身利益的最有效方法就是寻求国家司法的帮助，向法院申请撤销临时仲裁裁决便是其中之一。从另一个层面来说，国家也能够通过临时仲裁裁决撤销程序对临时仲裁进行适当有效的监督，进一步保证临时仲裁的公正性。但遗憾的是，我国现有理论研究与实务探索皆未就本土化的临时仲裁裁决撤销机制进行体系性的全面思考，在深层理念与制度机理上存在明显不足。有鉴于此，本文将对域外成熟的临时仲裁裁决撤销制度法律规范体系进行深层次的分析研究，并在借鉴域外有益经验的基础上，探索出符合中国国情的临时仲裁裁决撤销规则机制，完善相应的顶层制度设计，最终实现中国临时仲裁裁决撤销制度的体系化建构。

二、临时仲裁裁决撤销制度的基础思路：功能预设的明确

以法律形式承认临时仲裁是一国仲裁制度成熟的明显标志。[①]但在探讨具体的规则制度之前，为了体系化地建构临时仲裁裁决撤销制度，必须明确临时仲裁裁决撤销制度应有的价值取向和功能。只有明确好临时仲裁裁决撤销制度的功能定位，做好功能预设，再进一步设定具体规则，才能确保实现临时仲裁裁决撤销制度的积极效果。

（一）临时仲裁裁决撤销制度的基本功能：实现当事人权益救济

临时仲裁是在充分尊重双方当事人意思自治的情况下展开的，仲裁员的选任、仲裁庭的组成、仲裁程序规则等皆由当事人自行确定，因而备受国际商事案件中当事人的喜爱。但临时仲裁在强调当事人自由意志的同时，由于双方当事人在法治意识等方面存在差异以及其他外部因素的影响，仲裁庭作出的临时仲裁裁决极有可能无法调和双方当事人的利益冲突。而在当事人对临时仲裁裁决持有异议时，由于仲裁庭随着临时仲裁裁决的作出已经解散，当事人此时已无法通过临时仲裁解决后续争议。再加上“一裁终局”原则的拘束，如果不给予当事人以救济，不仅会损害当事人的合法权益，甚至会严重影响一国司法之公信。虽然当事人也可通过社会救济等方式维护其利益，但最具

① 参见祁壮：《构建国际商事仲裁中心——以〈仲裁法〉的修改为视角》，载《理论视野》2018年第7期，第47页。

实质性意义的仍是国家司法救济。因此，为切实保障当事人利益，并在尽可能接近客观真实的基础上最终解决纷争，就需要让当事人能够在临时仲裁裁决作出后通过司法途径维护其切身利益，以使当事人可无“后顾之忧”地选择适用临时仲裁。另外，临时仲裁的适用也需要国家司法的积极支持，原因在于，临时仲裁作为一种非司法性的纠纷解决机制并不具有法院诉讼天然的国家强制力作为支撑。因而，为使当事人切身利益能够及时实现，也需要国家通过司法救济的方式为临时仲裁提供必要的协助。按照我国现行的仲裁制度，当事人有三种寻求司法救济的方法，其中最主要的就是向法院申请撤销仲裁裁决。虽然是1995年《仲裁法》对机构仲裁的规定，并不涉及临时仲裁，但机构仲裁与临时仲裁最主要的差异并不在于当事人对裁决结果的异议与救济。因此，对于临时仲裁而言，也需要给予当事人通过向法院申请撤销临时仲裁裁决以维护其合法权益的司法救济途径，保证临时仲裁公平正义价值的实现。

（二）临时仲裁裁决撤销制度的衍生功能：仲裁司法监督

首先，从仲裁权的性质出发，“仲裁权的本质决定了仲裁监督的正当性。”① 仲裁权从本质上而言是一种权力，② 而权力就必须受到合理的监督和制约。同时，“仲裁权的民间属性以及国家立法所赋予的仲裁裁决与司法判决等同的效力”③ 也呼应了仲裁监督的必要性。其次，从仲裁的性质而言，或许可以说机构仲裁乃是司法性和契约性的综合，但临时仲裁其本性仍是一种非司法性的纠纷解决机制，更为强调的是其契约性。但即使如此，临时仲裁的契约性并非使其能够免于监督，仲裁庭的权力来自并且永远受制于双方当事人合意达成的仲裁协议以及仲裁地法律，契约性仅仅是要求排除一切不正当的监督，而非不要监督。④ 而对仲裁的监督，最主要的方式是国家司法权力的监督，同时也是最有实质性意义的监督方式。所谓仲裁司法监督，即法院依据法律授

---

① 汪祖兴：《仲裁监督之逻辑生成与逻辑体系——仲裁与诉讼关系之优化为基点的渐进展开》，载《当代法学》2015年第6期，第4页。

② 参见乔欣：《仲裁权研究》，法律出版社2001年版，第15页。

③ 章杰超：《论仲裁司法审查理念之变迁——以N市中院申请撤销国内仲裁裁决裁定为基础》，载《当代法学》2015年第4期，第129页。

④ 参见汪祖兴：《仲裁监督之逻辑生成与逻辑体系——仲裁与诉讼关系之优化为基点的渐进展开》，载《当代法学》2015年第6期，第5页。

权对仲裁裁决结果进行的审查和控制，以及对仲裁的支持与协助。[①] 在我国乃至国际上的仲裁司法审查程序中，通过当事人提起撤销仲裁裁决请求对仲裁进行监督都是一种最主要的司法监督形式。[②] 并且，当事人寻求司法救济与国家对仲裁进行司法监督乃是一物两面的关系。在当事人对临时仲裁裁决存有争议时，当事人可以选择司法救济的方式维护其合法权益，但在国家通过司法权对当事人切身利益予以救济的同时，实则也是国家司法对临时仲裁的监督和制约。一旦法院通过裁定撤销临时仲裁裁决对临时仲裁案件进行合理矫正，则表明临时仲裁案件的处理存在不当之处，也直观地体现了国家司法监督的合理性。

（三）临时仲裁裁决撤销制度的间接功能：保障国家有效行使司法主权

在经济全球化的大背景下，临时仲裁裁决撤销制度还具有保障国家有效行使司法主权的功能，而这主要是通过一国或地区法院享有撤销临时仲裁裁决的管辖权来实现的。根据国家主权的属地原则，“通过法院对包括临时仲裁裁决在内的所有仲裁裁决的撤销纠纷实行管辖是国家行使司法主权的一种重要手段。”[③] 换言之，从国家本位主义观出发，由于临时仲裁所适用的案件大多数为国际商事案件，如果本国法院不享有撤销临时仲裁裁决管辖权不仅会使本国丧失对仲裁的司法监督权，还会阻碍本国仲裁国际化进程，导致本国的纠纷解决机制在世界范围内失去影响，极不利于本国贸易和法律规则走向世界，进而损害本国利益。

国际仲裁的立法和实践表明，撤销仲裁裁决管辖权于一国司法主权、法律政策目标而言具有高度的不可或缺性。例如，1985 年比利时《仲裁法》规定，仲裁地虽然在比利时但无涉于比利时任何当事人的国际仲裁案件，当事人不得就此项仲裁裁决向比利时法院申请撤销。比利时强行要求其法院放弃撤销仲裁裁决管辖权的这一做法不仅没有起到太多的正面作用，还导致“绝大多数的境外当事人因无撤销仲裁裁决这种品质控制规则而恐惧地不敢选择该国

① 参见赵健：《国际商事仲裁的司法监督》，法律出版社 2000 年版，第 1 页。

② 参见张卫平：《仲裁裁决撤销程序的法理分析》，载《比较法研究》2018 年第 6 期，第 11 页。

③ 张圣翠、傅志军：《我国自贸区临时仲裁制度创新研究》，载《上海财经大学学报》2019 年第 2 期，第 148 页。

为仲裁地，从而使其成为世界仲裁中心之一的目标完全落空”[①]。由于无法实现比利时既定的法律政策目标、保障本国当事人利益，在饱受非议中施行13年后，比利时悄然废除了这项制度。[②]有鉴于此，如果不从立法层面赋予我国法院对撤销临时仲裁裁决的管辖权，不仅会严重损害我国司法主权，以及在国际商事贸易以及各类国际经济纠纷案件中我国当事人的合法权益，还会阻碍我国法律政策目标的实现，国家利益亦遭侵蚀。从制度机理层面考虑，临时仲裁裁决的撤销管辖权更与临时仲裁裁决撤销制度保障国家有效行使司法主权的功能具有十分紧密的关系。

三、临时仲裁裁决的撤销管辖权

包括临时仲裁裁决在内的所有仲裁裁决的撤销主要是根据仲裁裁决的国籍进行确定的。换言之，仲裁裁决的国籍属性解决了法院对撤销仲裁裁决的管辖权问题。[③]原因在于，“仲裁裁决的国籍标志着其法律效力的来源，无论是仲裁执行地法院对裁决的承认与执行，还是仲裁裁决地法院对裁决进行撤销监督，均源于仲裁裁决国籍的认定。”[④]虽然国际社会在仲裁裁决籍属的确定上仍然存在“仲裁地标准”“仲裁程序适用法标准”“混合标准”等不同的认定标准，但“仲裁地”仍是国际通行的实践选择。

（一）“仲裁地”是国际通行的判断仲裁裁决撤销管辖权的基准

在国际商事仲裁中，法律拟制的仲裁地乃是“仲裁与特定国家的法律制度建立联系的地点”[⑤]。因此，在大多数国家或地区看来，“在其境内作出的仲裁裁决，应当具有当地国家的国籍，而当地法院对在各自国家境内作出的仲

---

① 张圣翠、傅志军：《我国自贸区临时仲裁制度创新研究》，载《上海财经大学学报》2019年第2期，第148页。

② See Albert Jan van den Berg, Should the Setting Aside of the Arbitral Award Be Abolished? *ISCID Review*, Vol.29, 2014, p.276.

③ 参见杨弘磊：《中国内地司法实践视角下的〈纽约公约〉问题研究》，中国政法大学2006年博士学位论文，第32页。

④ 祁壮：《论国际商事仲裁裁决的国籍属性》，载《江西社会科学》2018年第9期，第194页。

⑤ 祁壮：《构建国际商事仲裁中心——以〈仲裁法〉的修改为视角》，载《理论视野》2018年第7期，第48页。

裁裁决，享有撤销的权力。”[①] 要言之，“仲裁地”是域外国家或地区判断仲裁裁决撤销管辖权的基准。英国、美国、奥地利、荷兰等国家，甚至是在以激进著称的法国都选择采用仲裁地作为判断仲裁裁决籍属的衡量标准，国际立法上的《联合国国际贸易法委员会国际商事仲裁示范法》（以下简称《示范法》）[②] 与《纽约公约》也都直接或间接采纳“仲裁地标准”认定仲裁裁决的籍属。[③]

随着国际商事仲裁市场的蓬勃发展，各个国家或地区为赢得仲裁所带来的重要外汇收入，纷纷向当事人抛出橄榄枝，在本国或本地区建立更为友好的仲裁法制环境，希望仲裁当事人选择本国或本地区作为仲裁地。历史上，一些国家就曾通过修改国内仲裁立法而与国际主流做法接轨，以尽可能“减少在仲裁裁决籍属问题上的冲突”，方便当事人解决纠纷、实现利益需求，从而吸引当事人选择本国作为仲裁地，以“在国际商事仲裁市场上争得更大的市场份额”[④]。如德国在 1998 年就选择“放弃其先前采用的‘仲裁程序适用法’标准，转而采取地域标准确定裁决国籍，仲裁地与仲裁程序适用的法律不再分离，凡仲裁地在德国则适用德国仲裁法”[⑤]。如此一来，德国法院便享有撤销在其境内作出的所有仲裁裁决的管辖权，在给德国带来外汇收入的同时也有效保障了其司法主权的行使，并使其顺利成为著名的国际仲裁中心之一。

（二）我国《民事诉讼法》与《仲裁法》应以“仲裁地”为临时仲裁裁决撤销管辖权依据

根据我国现行《仲裁法》第 58 条的规定，我国实际上是以仲裁机构之所在地确定仲裁裁决的国籍，即“仲裁机构标准”。作为我国在确定仲裁裁决国

---

① 赵秀文：《论国际商事仲裁裁决的国籍及其撤销的理论与实践》，载《法制与社会发展》2002 年第 1 期，第 69 页。

② 《联合国国际贸易法委员会国际商事仲裁示范法》第 2 条（A）：“仲裁”是指无论是否由常设仲裁机构进行的任何仲裁。联合国国际贸易法委员会：《贸易法委员会国际商事仲裁示范法》，at https://uncitral.un.org/sites/uncitral.un.org/files/media-documents/uncitral/zh/07-86997_ebook.pdf，2019 年 9 月 17 日。

③ 祁壮：《论国际商事仲裁裁决的国籍属性》，载《江西社会科学》2018 年第 9 期，第 197 页。

④ 同上；另参见祁壮：《构建国际商事仲裁中心——以〈仲裁法〉的修改为视角》，载《理论视野》2018 年第 7 期，第 48 页。

⑤ 李虎：《网上仲裁法律问题研究》，中国政法大学 2004 年博士论文，第 109 页。

籍上的独有标准，不仅与《纽约公约》等国际通行实践严重背离，在我国司法实践中也产生了难以克服的实践难题。[①] 暂且不言我国在认定机构仲裁裁决国籍标准上本身的混乱，在临时仲裁下，现行民事诉讼法与仲裁法确立的“仲裁机构标准”更无适用之余地。而要使临时仲裁得以在我国真正全面铺开，在临时仲裁裁决国籍的认定上，就应当摒弃现行民事诉讼法与仲裁法确立的“仲裁机构标准”，而改采国际社会通行的“仲裁地标准”。原因在于，我国要成功打造国际仲裁中心，争得更大的国际商事仲裁市场份额，就要尽可能地与国际主流做法接轨，以使我国贸易和法律规则对世界产生影响并引领世界。而国际商事仲裁市场的竞争最主要的就是仲裁地的竞争。当事人更愿意选择的是“对仲裁开放、友好，且具有公正品质与较高专业水平的仲裁地来对裁决行使监督权，即使其所选择的仲裁地与仲裁本身不存在联系”[②]。因此，一国或地区的仲裁法治状况以及该国或地区对仲裁司法审查的态度都会直接影响当事人在临时仲裁协议中对仲裁地的确定。而仲裁地的确定就直接决定了哪一个国家或地区的法院对仲裁裁决享有撤销的司法监督权。[③] 换句话说，在我国对外开放战略的纵深推进下，“临时仲裁机制的引入和境外仲裁机构内地仲裁的增多，迫使我们要尽快确立领域标准，由仲裁地法院行使撤销仲裁裁决的排他决定权”，否则无疑是“将仲裁地的控制权拱手相让给其他法域，极不利于保护我国内地当事人的利益”[④]。

同时，对临时仲裁裁决籍属适用“仲裁地标准”，也可推动立法者对我国现行民事诉讼法与仲裁法规定的“仲裁机构标准”进行修改。虽然最高人民法院早在2009年发布的《关于香港仲裁裁决在内地执行的有关问题的通知》中就已经明确以“仲裁地”作为衡量仲裁裁决国籍的标准，但截至目前我国并未在立法层面对以“仲裁地”作为仲裁裁决判断归属进行明定，现行法律与《纽约公约》等国际通行实践的不协调关系仍未消除。因此，我国《仲裁法》

① 参见高薇：《论仲裁裁决的国籍——兼论中国司法实践中的“双重标准”》，载《西北大学学报（哲学社会科学版）》2011年第5期，第158页。

② 傅攀峰：《未竟的争鸣：被撤销的国际商事仲裁裁决的承认与执行》，载《现代法学》2017年第1期，第165-166页。

③ 参见赵秀文：《论国际商会国际仲裁院裁决的国籍》，载《政法论丛》2005年第5期，第72页。

④ 参见薛源、程雁群：《论我国仲裁地法院制度的完善》，载《法学论坛》2018年第5期，第91页。

修改的当务之急是从立法层面将临时仲裁裁决在内的所有仲裁裁决的籍属判断标准进行统合，皆以“仲裁地”为衡量标准。

四、临时仲裁裁决的撤销事由

“仲裁裁决撤销制度的核心在于仲裁裁决撤销事由的各项规定。”[①]从程序正义的角度出发正确设置临时仲裁裁决撤销事由是司法能否对临时仲裁进行适当有效监督的关键所在。尽管我国现行《民事诉讼法》与《仲裁法》对仲裁裁决撤销事由制度进行了规定，但本身缺陷繁多，亟须改革完善，无法直接适用于临时仲裁。基于域外已有经验以及我国本土法治环境，通过当事人举证与法院主动查明的协同作用模式更能有效平衡双方当事人利益，实现临时仲裁裁决撤销制度的应有功能。

（一）可循的域外先例考察：《欧洲国际商事仲裁公约》与《示范法》下的仲裁裁决撤销事由

由于《纽约公约》并未对仲裁地法院撤销仲裁裁决的标准作出规定，因而多数缔约国认为应当尊重仲裁地法院依据内国法标准作出的撤销判决，但部分缔约国则是有条件地予以承认，这些国家以《欧洲国际商事仲裁公约》（以下简称《欧洲公约》）[②]的缔约国为典型代表。[③]《欧洲公约》的缔约国认为，仲裁地国法院有可能为保护本国当事人利益而滥用撤销权力。因此，如果仲裁裁决执行地有相较于《纽约公约》更为有利的规则，则可优先适用，以为申请执行人提供更好的保护。[④]

---

① 张卫平：《仲裁裁决撤销事由的解析及调整》，载《经贸法律评论》2018年第1期，第104页。

② 《示范法》与《欧洲公约》均明确承认临时仲裁。《欧洲公约》第4条（一）规定：“仲裁协议的当事人可自行决定将其争议提交于：1. 常设仲裁机构；在这种情况下，仲裁程序应按该机构的规则进行；2. 临时仲裁；在这种情况下，当事人自行决定：甲、指派仲裁员，或者确定如果发生争议时指派仲裁员的方法；乙、确定仲裁地点；丙、规定仲裁员遵循的程序。”北大法宝：《欧洲国际商事仲裁公约》，at http://pkulaw.cn/fulltext_form.aspx?Gid=100668976，2019年9月17日。

③ 参见薛源、程雁群：《论我国仲裁地法院制度的完善》，载《法学论坛》2018年第5期，第92–93页。

④ 参见薛源、程雁群：《论我国仲裁地法院制度的完善》，载《法学论坛》2018年第5期，第92页。

根据《欧洲公约》第9条[①]的规定，只有仲裁地国法院依据《欧洲公约》所规定的撤销理由作出的撤销判决，另一缔约国才会承认其效力。否则，执行地国仍可对已被仲裁地撤销的仲裁裁决予以承认和执行，以保护执行权利人利益。而根据《示范法》第34条[②]的规定，除申请方当事人可以提出证据证明仲裁裁决符合《示范法》规定的撤销情形外，仲裁地法院还需要主动查明仲裁裁决是否违背了仲裁地的公共政策。

① 《欧洲公约》第9条（一）规定："一缔约国撤销按本公约作出的仲裁裁决，只有在下列情况下，才构成另一缔约国拒绝承认和执行裁决的理由。即裁决是由在该国或按该国法律作出裁决的国家撤销的，并且具有下述理由之一：1.仲裁协议的当事人，按对其适用的法律规定是无能力人；或者按当事人所依据的法律，协议是无效的，如协议中未规定此项法律，依裁决地国家的法律规定，这项协议无效；2.请求撤销裁决的当事人，没有得到关于仲裁员任命或仲裁程序的正式通知，或者有其他理由未能出席仲裁；3.裁决涉及仲裁申请中没有提及的或不属于仲裁申请项目的一种争议，或者裁决中包含了超出仲裁申请范围的裁决事项；如果仲裁申请范围内的裁决事项可以同仲裁申请范围外的裁决事项分开，则申请范围内的裁决事项可以不予撤销；4.仲裁机构的组成和仲裁程序不是按照当事人的协议办理的，或者无此项协议，不是按照公约第四条的规定办理的。"北大法宝：《欧洲国际商事仲裁公约》，at http://pkulaw.cn/fulltext_form.aspx?Gid=100668976，2019年9月17日。

② 《示范法》第34条（2）规定："仲裁裁决仅在下列情况下才可以被第六条规定的法院撤销：（A）提出申请的当事一方提出证据证明：（a）第七条所指仲裁协议之当事人有某种无行为能力情形；或根据当事各方所同意遵守的法律，或未指明何种法律，则根据本国法律，该协议是无效的；或（b）提出申请的当事一方未接获有关委任仲裁员或仲裁程序之适当通知，或因他故致其不能陈述案件；或（c）裁决所处理之争议非为提交仲裁之标的或不在其条款之列，或裁决载有关于交付仲裁范围以外事项之决定，但交付仲裁事项之决定可与未交付仲裁事项之决定划分时，仅可撤销对未交付仲裁事项所作决定之部分裁决；或（d）仲裁庭的组成或仲裁程序与当事各方的协议不一致，除非此种协议与当事各方不能背离之本法规定相抵触，或当事各方无此协议时，与本法不符；（B）法院认定：（a）根据本国的法律，争议事项不能通过仲裁解决；或（b）该裁决与本国的公共政策相抵触。"联合国国际贸易法委员会：《贸易法委员会国际商事仲裁示范法》，at https://uncitral.un.org/sites/uncitral.un.org/files/media-documents/uncitral/zh/07-86997_ebook.pdf，2019年9月17日。

表 《欧洲公约》和《示范法》下的仲裁裁决撤销事由

<table>
<tr><th></th><th>《欧洲公约》</th><th colspan="2">《示范法》</th></tr>
<tr><td rowspan="2">仲裁裁决撤销事由</td><td rowspan="2">1. 仲裁协议无效；
2. 违反正当程序；
3. 仲裁庭越权；
4. 仲裁庭组成不当；
5. 仲裁程序不当。</td><td>提出申请的一方当事人提出证据证明</td><td>1. 仲裁协议无效；
2. 违反正当程序；
3. 仲裁庭越权；
4. 仲裁庭组成不当；
5. 仲裁程序不当。①</td></tr>
<tr><td>法院认定</td><td>1. 争议事项不具有可仲裁性；
2. 仲裁裁决与本国公共政策相抵触。</td></tr>
<tr><td>其他法域认可仲裁地法院作出的撤销仲裁裁决判决效力的情形</td><td>仲裁地法院基于公约规定的撤销事由撤销仲裁裁决</td><td colspan="2">1. 申请方当事人提出的证据足以证明一项或多项事由 + 法院查明仲裁裁决违背仲裁地社会公共政策；或
2. 申请方当事人提出的证据足以证明一项或多项事由 + 法院查明仲裁裁决并未违背仲裁地社会公共政策；或
3. 申请方当事人提出的证据无法证明撤销事由 + 法院查明仲裁裁决违背仲裁地社会公共政策。</td></tr>
</table>

通过对《欧洲公约》与《示范法》规定的仲裁裁决撤销事由进行比较分析发现，《欧洲公约》所规定的仲裁裁决撤销事由事实上只包括《示范法》中需要由提出申请的一方当事人提出证据予以证明的情形，而不包括法院主动认定之事项。而《示范法》中需要由法院主动查明的两种事由，本质上皆为仲裁地的社会公共政策事项。但即使二者存在此种差异，《欧洲公约》与《示范法》下仲裁裁决撤销事由制度的主要目的仍是一致的，均是为了避免仲裁地法院滥用撤销权力无限制保护其本国当事人利益而忽视执行权利人的合法权益，只是二者的路径不同而已。②《欧洲公约》主要是通过缔约国之间撤销理由的一致性来平衡双方当事人利益，而《示范法》则是通过法院依职权查明仲裁裁决是否违反本国社会公共政策事项来实现。

（二）本土化的合理选择：利益平衡下的临时仲裁裁决撤销事由

1. 既有仲裁裁决撤销事由制度无法适用于临时仲裁

在我国现行仲裁法体系下，实行的是国内机构仲裁裁决和涉外仲裁裁决

① 参见赵秀文：《论国际商会国际仲裁院裁决的国籍》，载《政法论丛》2005 年第 5 期，第 72–74 页。

② 参见薛源、程雁群：《论我国仲裁地法院制度的完善》，载《法学论坛》2018 年第 5 期，第 92–94 页。

不同撤销理由的“双轨制”。这种做法不仅与“当代世界各国仲裁立法的先进通例”完全背离，而且并不符合我国参加的有关仲裁的国际条约中的非歧视性规定，极不利于维护我国法律尊严。[①] 除“双轨制”做法的本身不合理因素外，现行仲裁法与民事诉讼法规定的仲裁裁决撤销理由制度也并不适用于临时仲裁。首先，“双轨制”下的国内仲裁裁决撤销事由仅含机构仲裁，未囊括临时仲裁，强行予以适用也是于法无据。其次，我国现行《民事诉讼法》第274条规定的涉外仲裁裁决撤销事由不仅过于简单早已无法适应国内外当事人的现实需求，并已脱离仲裁国际化的潮流，较为致命的则是我国对涉外仲裁裁决的撤销仅包括“涉外仲裁机构作出的裁决”，也并没有对国际社会更为常用的临时仲裁予以确认。

2.《示范法》的可资借鉴：基于利益平衡的当事人举证与法院主动查明

在既有规则无法适用的情况下，我们就需要在借鉴国际主流做法的基础上，从平等保护权利人与义务人合法权益角度出发，对以中国为仲裁地的临时仲裁裁决撤销事由进行合理选择。例如，在涉外临时仲裁案件中，既需要保护我国当事人的利益，也需要对域外当事人的合法权益给予充分保障，以维护我国司法应有尊严。笔者认为，对临时仲裁裁决的撤销，不再采用“双轨制”的做法，而应将国内外临时仲裁裁决撤销事由进行统一规定，具体事由则可借鉴《示范法》对仲裁裁决撤销事由的规定。也就是说，对临时仲裁裁决撤销事由仅需区分当事人需提出证据证明的情形与法院主动查明的情形，通过当事人与法院的协同作用有效平衡双方当事人利益。除了《示范法》本身的制度设计较为合理，充分体现了仲裁的核心价值，并在继承《纽约公约》的基础上契合经济全球化克服了《纽约公约》在统一法方面的不足之外，[②] 一个重要原因是，包括我国在内的世界上所有主要国家都已接受《纽约公约》所确立的规则机制。而《示范法》规定的仲裁裁决撤销事由完全来自《纽约公约》第5条规定的拒绝承认和执行外国仲裁裁决事由。[③] 因此，通过借鉴《示

① 参见张圣翠：《论我国仲裁裁决撤销制度的完善》，载《上海财经大学学报》2012年第1期，第40页。

② 参见王徽：《〈国际商事仲裁示范法〉的创设、影响及启示》，载《武大国际法评论》2019年第3期，第114–117页。

③ J. Brian Casey，*Arbitration Law of Canada：Practice and Procedure*（*Second Edition*），JurisNet，LLC，2011，p.415.

范法》的规则机制能够更快得到国内外民商事主体的认可，对于我国国际仲裁中心的打造亦是有益。

3. 撤销事由的完善："公共政策"的审慎适用

根据《示范法》第 36 条（1）款（A）项（e）的规定，仲裁地法院作出的撤销判决原则上都能够得到其他法域的认可。[①] 但是，随着我国对外开放的不断拓深以及海内外投资的不断扩大，涉及的法域越来越多，因而我国当事人履行义务的涉外仲裁裁决仍有可能会在其他法域被申请执行。而其他法域法院未必会承认我国法院撤销临时仲裁裁决的判决，特别是在仲裁裁决对我国当事人不利的情况下，仲裁裁决执行地法院极有可能认为撤销判决缺乏公平、公正而不承认其效力，依然对临时仲裁裁决进行承认和执行。[②] 为避免我国法院滥用与公共政策相冲突这一理由以尽可能减少这一情况的发生，仲裁地法院在适用"仲裁裁决与本国公共政策相抵触"撤销临时仲裁裁决时应当更加审慎。合理的做法是将《示范法》中的"仲裁裁决与本国公共政策相抵触"进一步限缩，将其修改为仲裁裁决明显与我国公序良俗相抵触。

首先要说明的是，虽然我国现行仲裁法通过"仲裁裁决违背社会公共利益"对仲裁裁决与公共政策（Public Policy）相抵触进行了类似规定，但这一表述远不足以涵盖"公序良俗"[③] 的内涵外延。再加上我国《民法总则》明确规定了"公序良俗原则"，[④] 因此，仲裁法作为规范民商事争议的程序法也理应与民法保持一致。[⑤] 同时，民法学者对公序良俗形成的实体认识也可弥补程序法适用时的无所适从，而反过来也可通过仲裁实践反哺公序良俗原则的程序价值。

---

① 《示范法》第 36 条（1）款（A）项（e）规定：不论在何国境内作出的仲裁裁决，仅在下列情况下才可拒绝承认和执行，裁决仅有受裁决援用之当事一方向申请承认或执行之管辖法院提出证据证明：裁决对当事各方尚无拘束力，或业经裁决地所在国或裁决所依据法律之国家的法院撤销或中止。联合国国际贸易法委员会：《贸易法委员会国际商事仲裁示范法》，at https: //uncitral.un.org/sites/uncitral.un.org/files/media-documents/uncitral/zh/07-86997_ebook.pdf，2019 年 9 月 17 日。

② 参见薛源、程雁群：《论我国仲裁地法院制度的完善》，载《法学论坛》2018 年第 5 期，第 93–94 页。

③ "公共政策"一般系英美法系国家使用，"公序良俗"一般为大陆法系国家所使用，二者本质内涵无所差异，仅用语不一。

④ 参见王利明等：《民法学》，法律出版社 2017 年版，第 32–33 页。

⑤ 参见张卫平：《仲裁裁决撤销事由的解析及调整》，载《经贸法律评论》2018 年第 1 期，第 110 页。

其次对于何为“明显与我国公序良俗相抵触”，由于本身较为模糊，难以通过立法或判例具体化。域外一些国家曾试图通过立法对“与公共政策相抵触”进行明晰，如澳大利亚在2010年修订其《国际仲裁法》时为限缩法官的自由裁量权而对“公共政策”作出的指引性解释：受到欺诈或腐败的诱导影响；涉及违反自然公正规则。[①] 但效果也并不明朗。通过分析国际上撤销仲裁裁决或拒绝承认和执行仲裁裁决的经典案例，一般而言，适用“违反公共政策”撤销或拒绝承认与执行仲裁裁决仅限于明显违反对该国至关重要的国家法律秩序的强制性法律规则的案件，换句话说，只有在仲裁裁决明显损害公共利益、公众对法治的信心等国家最基本的道德和正义理念时才能予以适用。[②] 需要重申的是，仲裁裁决是否明显违背了公序良俗，其最终决定权非在当事人或仲裁庭，而在裁决地法院。[③] 因而，为有效避免实务中出现扩大化的趋向，仍需要通过特定的程序规则以对法官的自由裁量权进行适当限缩与规范。仲裁地法院法官在适用时应当尽可能地充当“机械化”的角色。[④] 如果仲裁地法院法官在个案中结合公序良俗原则、比例原则等进行具体衡量后认为临时仲裁裁决明显违背了我国公序良俗，合议庭就应当在裁判文书中予以释法说理，清楚、明确地表明临时仲裁裁决是否明显违背了我国公序良俗。但与此同时，现行仲裁法制下针对撤销仲裁裁决的“报核制度”亦不再适用于临时仲裁。

从比较法上看，当前国际仲裁的趋势也在逐步对公共政策审查进行严格的限制。例如，作为仅认可临时仲裁合法性的西班牙，[⑤] 早在2011年修改其仲裁法时，就将2003年《西班牙仲裁法》规定的仲裁裁决撤销理由——“仲裁裁决与公共政策相冲突”修改为“仲裁裁决明显与公共政策相冲突”，其主要

---

① Alex Baykitch, *Arbitration Law of Australia: Practice and Procedure*, JurisNet, LLC, 2013, p.120.

② 参见案例：*Schreter v. Gasmac Inc.*, 1992, 7 O.R.（3d）608（C.A.）, p.623; *Boardwalk Regency Corp. v. Maalouf*, 1992, 6 O.R.（3d）737（C.A.）, p.742–748; *Rockeby Biomed Ltd v. Alpha Advisory Pte Ltd*, [2011] SGHC 1155, p.16; *Hardy Exploration and Production（India）, Inc v. Government of India, Ministry of Petroleum & Natural Gas*, Civil Action No.: 16–140（RC）.

③ J. Brian Casey, *supra* note 34, p.427.

④ *Xiamen Xinjingdi Group Ltd v. Eton Properties（Holdings）Ltd*, 2008, CACV 106 and 107, pp.28–29.

⑤ 参见张建：《中国自贸区临时仲裁规则的法律构建》，载《石河子大学学报（哲学社会科学版）》2017年第5期，第68页。

目的正是为了有效避免法官滥用“仲裁裁决与公共政策相冲突”，维护该国司法权威。[①]2019年修订的《瑞典仲裁法》第33条第2款更是规定，如果裁决或裁决作出的方式明显不符合瑞典法律制度的基本原则，则该仲裁裁决无效或部分无效。

结合上述分析，未来在对临时仲裁裁决撤销制度进行立法构建时，可借鉴《示范法》等国际主流做法，将临时仲裁裁决撤销事由具体区分为两类。第一类是需要由当事人提出证据予以证明的情形：临时仲裁裁决所依据的仲裁协议无效；违反正当程序；仲裁庭越权；仲裁程序不当；仲裁庭组成不当。第二类是需要由法院依职权查明的情形：争议事项不具有可仲裁性；仲裁裁决明显与我国公序良俗相抵触。只有在符合上述临时仲裁裁决撤销事由的情况下，仲裁地法院才可对临时仲裁裁决作出撤销判决，否则法院应予驳回。

五、撤销临时仲裁裁决判决之效力

一般而言，临时仲裁裁决被我国法院依法撤销后，原有临时仲裁裁决便不再具有法律效力，既无法再行约束当事人，也无法得到我国法院的强制执行。但更深层次的问题是，已被我国法院撤销的临时仲裁裁决是否还能够在其他国家或地区予以承认和执行？

（一）关于撤销仲裁裁决判决效力的争论

通过对域外仲裁制度体系和背景的研究，国际社会对已被仲裁地撤销的仲裁裁决的承认和执行问题主要存在“传统主义学派”“非国内化仲裁学派”“折中说”三种观点。传统主义学派认为，“如果裁决地国法院依其法律撤销了在其境内作出的仲裁裁决，则该裁决已经从法律上不复存在，而对于已经依法撤销的裁决，法院不应予以执行。”[②]这一观点也被称之为“属地主义”，大多数国家的立法例以及国际条约采取的都是这种观点。而以法国为典型代表的非国内化仲裁学派则认为，在国际商事仲裁中，当事人选择的仲裁地其实只是一种偶然性，仲裁地与仲裁案件并没有本质上的联系，因而仲裁并不隶属

① See Guillermo Bayas Fernández，The Amendment of Spain’s Arbitration Act：A Promising But Unfinished Agenda，at http：//nyujilp.org/the-amendment-of-spains-arbitration-act-a-promising-but-unfinished-agenda/.，Sept.16，2019.

② 赵秀文：《论国际商会国际仲裁院裁决的国籍》，载《政法论丛》2005年第5期，第76页。

于任何一个国家或地区的法律制度，仲裁裁决所具有的法律效力也仅是针对执行地法院而言，与仲裁地法院并无关系。换言之，在仲裁裁决被申请强制执行前，仲裁裁决“不受任何国家法院的监督，任何国家的法院均不能行使此项撤销仲裁裁决的权力”①。在他们看来，即使仲裁裁决被裁决地法院撤销，执行地法院仍然可以对该项仲裁裁决予以强制执行。②折中说则认为，应当根据具体的仲裁裁决撤销理由区别看待仲裁地法院撤销仲裁裁决的判决效力。《欧洲公约》就是如此，符合公约规定的撤销理由即予以承认，否则即使同是《纽约公约》的缔约国作出的撤销判决也仍可对该仲裁裁决予以承认和执行。③

（二）对撤销仲裁裁决判决效力的评价：传统主义学派的合理性

结合上文的探讨，一国或地区为了保证自己能够有效行使司法主权，大多数都选择通过“仲裁地”来确定仲裁裁决的籍属。而将“仲裁地”作为判断归属也就直接促使仲裁地法院享有撤销仲裁裁决之管辖权。对这一制度机理，我们可以作如下形象化的思考：如果国际仲裁特别是商事仲裁是一棵大树，那么这棵大树的根就是“地域”，而其枝叶——仲裁制度体系亦是通过“地域”而生发出来的。既如此，作为国际商事仲裁主要形式的临时仲裁自然也需要服从“仲裁地”的法律规则，其裁决结果也应构成仲裁地国法律秩序的应然部分。而非非国内化仲裁学派所认为的仲裁地的选择只是一种偶然现象，与一国利益及法律秩序等并无关联。事实上，这种观点不仅会严重侵害本国当事人合法权益，更会侵蚀国家司法主权，阻碍一国法律政策目标的实现。④试想一下，如果如非国内化仲裁学派强调的那样，执行地法院可以无视仲裁地法院作出的撤销临时仲裁裁决判决之效力，那么是否会造成双方当事人权利义务的不确定性，甚至是国际秩序的混乱？结论显然是肯定的。

相反，传统主义学派通过强调临时仲裁裁决的合法性植根于仲裁地国的法律则深刻地透析出了仲裁地国的法律秩序对临时仲裁这一非司法性纠纷解

---

① 刘晓红：《非内国仲裁裁决的理论与实证论析》，载《法学杂志》2013年第5期，第82页。

② See Jan Paulsson，Enforcing Arbitral Awards Notwithstanding Local Standard Annulments，*Asia Pacific Law Review*，Vol.6，1998，pp.27–28.

③ 参见赵秀文：《论国际商会国际仲裁院裁决的国籍》，载《政法论丛》2005年第5期，第77–78页。

④ 参见张美红：《法国国际商事仲裁程序完全“非国内化”模式及我国的选择》，载《社会科学家》2014年第9期，第109–110页。

决机制的深层影响，更为有效地保障了本国当事人利益以及司法主权的行使。因此，在传统主义学派看来，“仲裁地国是仲裁裁决效力的唯一赋予者，仲裁地国作出撤销判决就意味着原仲裁裁决已经‘死亡’，无法再被承认与执行。”[①] 作为国际商事仲裁的一大支柱——《纽约公约》第5条第1款第5项秉承的也是传统主义学派所强调的地域观念。简言之，“《纽约公约》并没有为被撤销的裁决获得承认与执行提供可能性。”[②] 在《纽约公约》下，“撤销某一仲裁裁决的判决具有普遍效力，一旦仲裁裁决被仲裁地国法院撤销，此项仲裁裁决便无法得到《纽约公约》缔约国的承认与执行。可以说，撤销仲裁裁决判决提供了一种法律意义上的确定性。”[③] 一言以蔽之，“如果裁决已被仲裁地法院撤销，执行地法院必须拒绝承认与执行之。”[④]

（三）我国法院撤销临时仲裁裁决后，其他法域不应再对原裁决予以承认和执行

即使“《纽约公约》没有为被撤销的裁决获得承认与执行提供可能性”，但出于对公约的不同理解以及本国利益的考虑，诸如《欧洲公约》等仍为这种可能打开了“缺口”。为了防止这种“缺口”的出现所带来的问题，上文对公共政策的审慎适用也进行了探讨。在对《示范法》规定的仲裁裁决撤销理由进行完善的基础上，我国所要构建的临时仲裁裁决撤销事由，已然能够有效避免诸如《欧洲公约》的缔约国所担忧的仲裁地国法院滥用撤销权力无限度保护本国当事人利益的情况，并且足以保护执行权利人的合法权益。在填补好这一“缺口”后，对于中国内地法院依法严格按照临时仲裁裁决撤销事由作出的撤销判决，其他国家或地区应当严格秉承传统主义学派的观点，对我国法院作出的撤销判决效力予以认可，不存在执行地法院无视以及自由裁量的空间。换句话说，对于以我国为仲裁地的临时仲裁案件，如果我国法院

---

① See Gary H. Sampliner，Enforcement of Nullified Foreign Arbitral Awards：Chromalloy Revisited，*Journal of International Arbitration*，Vol.14，1997，p.146.

② 傅攀峰：《未竟的争鸣：被撤销的国际商事仲裁裁决的承认与执行》，载《现代法学》2017年第1期，第164页。

③ Albert Jan van den Berg，*Enforcement of Arbitral Awards Annulled in Russia*：*Michael Dominique Case Comment on Court of Appeal of Amsterdam*，Journal of International Arbitration，Vol.27，2010，p.182.

④ 傅攀峰：《未竟的争鸣：被撤销的国际商事仲裁裁决的承认与执行》，载《现代法学》2017年第1期，第164页。

撤销了某一临时仲裁裁决，那么其他国家或地区就不应当再对已被撤销的临时仲裁裁决予以承认和执行。当然，根据国际礼让原则，我国也应如此。

六、结语

临时仲裁裁决撤销制度是仲裁司法监督的主要手段，也是保护双方当事人切身利益的主要途径，但临时仲裁裁决撤销制度的价值取向与功能，仲裁地的确定、仲裁裁决撤销事由的明晰等不可能仅由最高人民法院的宏观指向与地方法院的实践探索来予以规范。因此，未来在对1995年《仲裁法》进行修改时，需由立法机关将临时仲裁纳入，并细致规定符合中国国情的临时仲裁裁决撤销制度。限于本文篇幅，学界此后的理论研究应是将临时仲裁裁决撤销制度与现行的机构仲裁裁决撤销制度进行统合，如仲裁裁决撤销程序的审理规则等。

国际工程合同效力及相关争议解决机制选择

于雁翔*

● **摘　要**

随着国家“一带一路”倡议的实施，中国建筑企业“走出去”承接国际工程业务规模逐年上升，投资风险也随之增加。国际工程合同的履行不仅受到项目所在国的政策、法律、文化等方面的影响，还因我国法律否认转包、再分包合同效力而可能存在效力问题。本文从国际工程转包和分包合同切入，结合案例分析此类合同的效力认定问题，并提出在出现合同纠纷的情况下，中国建筑企业的争议解决机制选择及其对纠纷处理结果的影响。

● **关键词**

国际工程　转包　分包　合同效力　争议解决机制

Abstract: With the implementation of “The Belt and Road Initiative”, the scale of Chinese construction companies “going abroad” to undertake international projects has increased year by year. And investment risks have also increased. The performance of international engineering contracts is not only affected by the policies, laws, and culture of the country where the project is located, but there may also be validity issues

* 于雁翔，广西水利电力建设集团有限公司法律顾问。

because Chinese laws deny the validity of certain forms of subcontracting. This article, focused on international engineering subcontracts, with analysis on the validity of such contracts by case study, proposes options of dispute resolution mechanism for Chinese construction companies and their impact on the outcome of dispute resolution in the event of contract disputes.

Key Words: international engineering projects, overall subcontracting, partial subcontracting, contract validity, dispute resolution mechanism

一、概述

（一）问题由来

近年来，随着越来越多的中国建筑企业“走出去”承揽国际工程项目，中国建筑企业面临的国际工程相关法律纠纷数量也在逐年攀升，尤其是涉及国际工程合同效力的纠纷频繁发生。国际工程合同效力相关纠纷频繁发生的原因在于：首先，国际工程合同的履行往往受到项目所在国的政策、法律、文化等方面的极大影响。如果在签订合同前没有对项目做好尽职调查，则很有可能在履行过程中遇到阻碍从而影响施工进度、增加成本，造成履约困难甚至不能继续履约。其次，我国法律否认转包、再分包合同的效力，但是，按照项目所在国的法律，或许转包、再分包合同是有效的，由此又涉及国际工程合同的法律适用可能影响国际工程合同效力的问题。

（二）国际工程合同分类

中国建筑企业“走出去”承接国际工程项目主要采用两种合作方式，第一种是中国建筑企业从境外项目业主或境外总承包商处承接项目，此种是典型的国际工程合同；第二种是中国建筑企业从境外项目业主或境外总承包商处承接项目后，再将承接的项目转包或分包给其他国内施工企业，此种是非典型的国际工程合同。因第二种模式的主体均为中国企业，且一般适用中国法律，涉及的转包、分包行为与我国现行法律规定存在冲突，而导致其效力认定存在一定程度的不确定性，是中国企业“走出去”普遍面临的问题。因此，本文主要针对第二种模式下涉及的国际工程合同及后续转包、分包合同的效力进行讨论。

二、国际工程合同的效力

（一）国际工程合同的法律适用问题

国际工程合同的法律适用相对灵活，以充分尊重当事人的意思自治或遵循“最密切联系”为原则。例如，《中华人民共和国涉外民事关系法律适用法》第41条规定：“当事人可以协议选择合同适用的法律。当事人没有选择的，适用履行义务最能体现该合同特征的一方当事人经常居所地法律或者其他与该合同有最密切联系的法律。”世界各国在确定涉外民事关系适用法律时，也多以尊重合同当事人的意愿为原则。因此，国际工程合同当事人可以协商选择适用项目所在国法律，发包人或承包人所在国法律，也可以共同选择适用第三国法律。然而，意思自治原则也并非完全不受限制。例如，我国《最高人民法院关于适用〈中华人民共和国涉外民事关系法律适用法〉若干问题的解释（一）》第11条规定：“一方当事人故意制造涉外民事关系的连结点，规避中华人民共和国法律、行政法规的强制性规定的，人民法院应认定为不发生适用外国法律的效力。”

此外，一些国际仲裁机构的规则也会对法律适用问题作出指引，如2014年版《伦敦国际仲裁院仲裁规则》第16.4条[①]规定，在当事人未进行书面选择时，适用仲裁地法；2017年版《国际商会仲裁规则》第21条第1款[②]规定，在当事人未就仲裁实体问题适用的法律进行约定时，仲裁委员会应当决定适用合适的法律。

（二）国际工程转包、分包合同的效力

在具体分析国际工程转包、分包合同的效力之前需要说明，尽管国际工程合同的法律适用可以通过当事人选择、仲裁机构选择等多种方式确定，无

---

① The law applicable to the Arbitration Agreement and the arbitration shall be the law applicable at the seat of the arbitration, unless and to the extent that the parties have agreed in writing on the application of other laws or rules of law and such agreement is not prohibited by the law applicable at the arbitral seat, LCIA ARBITRATION RULES, effective 1 October 2014, http: //www.ci-ca.org/FileUPLoad/CaseFile/636473750916432055.pdf.

② 当事人有权自由约定仲裁庭处理案件实体问题所应适用的法律规则。当事人对此没有约定的，仲裁庭将决定适用其认为适当的法律规则，《国际商会仲裁规则》2017年版，https: //iccwbo.org/content/uploads/sites/3/2017/02/ICC-2017-Arbitration-and-2014-Mediation-Rules-chinese-version.pdf。

论国际工程合同适用的是哪个司法管辖区域的法律，国际工程合同都要符合项目所在国法，尤其不能违反项目所在国法中的强制性规定，否则可能导致国际工程合同难以履行。原因在于，建设工程可能影响到项目所在国的土地开发、经济规划、政策实施等多个关系国计民生的重大问题，若国际工程合同违反项目所在国法律，则项目所在国必然会对项目施工设置诸多阻碍，使国际工程合同当事人遭受损失。因此，中国建筑企业在签订、履行国际工程合同过程中，既要注意不能违反国际工程合同所适用法律的规定，也不能违反项目所在国法。

1. 国际工程转包合同的效力

如前所述，本文所讨论的国际工程转包合同，是指中国建筑企业与境外项目业主或境外总承包商签订承包合同后，将其承接的工程整体转包给其他国内施工企业具体负责施工的合同（以下简称“转包合同”）。国际工程承包市场中，部分与境外项目业主或境外总承包商签订承包合同的中国建筑企业属于商务管理型企业，其经营能力、商务能力较强，但施工能力不足，也缺乏管理施工的能力，有的甚至无法组建项目工程管理团队。而有的中国建筑企业则出于经营战略方面的考虑，在中标后会将项目转包或分包给其他国内施工企业。

根据我国现行法律，中国建筑企业与境外项目业主或境外总承包商签订承包合同后，再转包给国内施工企业的，属于我国法律禁止的转包行为，该等转包合同应当认定为无效。但是，如果合同当事人均不对合同的效力表示异议，在司法实践中该合同存在被认定为有效的可能性。

案例一：

在中国地质矿业有限公司（以下简称中矿公司）与中国十五冶金建设集团有限公司（以下简称十五冶金公司）建设工程施工合同纠纷一案[①]中，中矿公司与十五冶金公司间签订了转包合同且双方同意该转包合同适用中国法。因该转包合同违反了我国法律关于转包的禁止性规定，法院认定该转包合同无效。

① 参见北京市高级人民法院（2019）京民终849号民事判决书。

【案情简介】

沙特 AL–MASANE 铜锌矿项目位于沙特阿拉伯王国纳季兰省 AL–MASANE 矿区，项目业主方为 Masane 公司（境外公司），承包商为 Nesma 公司（境外公司），中矿公司系从承包商 Nesma 公司处分包取得相应工程。中矿公司将其分包取得的工程整体转包给十五冶金公司进行施工，即全部施工工作均由十五冶金公司完成。

【法院观点】

北京市第四中级人民法院（一审法院）认为，涉案工程建设单位（业主）为 Masane 公司，总承包单位（承包商）为 Nesma 公司，中矿公司将其从总承包单位 Nesma 公司分包取得的工程项目整体转包给十五冶金公司进行施工，上述情形直接违反了《建筑法》关于转包、分包的禁止性规定，违反了法律、行政法规的强制性规定，据此，认定中矿公司与十五冶金公司签订的数份施工合同均应属无效合同。北京市高级人民法院（二审法院）维持了一审法院的观点，认定合同无效。

【案例评析】

中国建筑企业从境外项目业主或总承包商处承接工程后，转包给其他国内施工单位的，在适用我国法律的情况下，尽管国家鼓励对外承包工程，该等转包合同也不能违反我国法律的强制性规定，不能因案件存在涉外因素而视为有效，因此法院应当依法否认该等转包合同的效力。本案的中矿公司与十五冶金公司间合同的转包性质十分明确，所以认定该转包合同无效并不存在疑难。

案例二：

在中国四川国际合作股份有限公司（以下简称中川国际）与四川东嘉建筑工程有限公司（以下简称东嘉公司）建设工程施工合同纠纷一案[①]中，在以转移全部施工任务为内容的合同当事人未就合同效力表示异议时，法院肯定了该等转移全部施工任务合同的效力。

【案情简介】

乌干达欧文电站扩建工程 OFE–1 土建工程施工项目（以下简称 OFE–1 工

---

① 参见四川省高级人民法院（2012）川民终字第 146 号民事判决书。

程）的建设单位为乌干达电力局，1993年11月5日，中川国际与乌干达电力局签订了OFE-1工程的施工合同。在乌干达电力局不知晓的情况下，中川国际与四川省广汉市第一建筑公司（以下简称广汉一建，东嘉公司后对广汉一建清算并注销，原广汉一建的债权债务由东嘉公司承担）签订《房建分部工程内部分包合同》，以内部承包的名义将房建分部工程转包给广汉一建，合同约定：中川国际将OFE-1项目的房建分部工程切块分包给广汉一建实施，由广汉一建以中川国际欧文电站房建经理部名义进行施工，并按中川国际与乌干达电力局的合同规定承担全部实施工作及义务。

【法院观点】

四川省德阳市中级人民法院（一审法院）认为，中川国际与广汉一建是在平等、自愿的基础上签订的《房建分部工程内部分包合同》，该合同内容是双方当事人的真实意思表示、不违反我国法律的禁止性规定；且因广汉一建在该房建工程施工过程中，一直是以中川国际欧文房建经理部名义施工，并无分包商的法律地位，双方当事人所签《房建分部工程内部分包合同》应认定为内部承包合同，故中川国际与广汉一建所签《房建分部工程内部分包合同》应属有效合同。四川省高级人民法院（二审法院）认为，本案系建设工程分包合同纠纷，原判认定《房建分部工程内部分包合同》有效，双方当事人均无异议，本院予以确认。

【案例评析】

尽管笔者对上述案例中法院对合同效力的说理分析持保留意见，但考虑到国际工程合同的特点，以及从促进交易、尊重合同当事人意思自治、不轻易否定合同效力的角度，法院对该案的处理结果是合适的。在实践中，中国企业与境外项目业主或境外总承包单位签订承包合同后，再整体转包或变相转包的合同，按照中国法律判断，其应当属于无效合同。但合同当事人并未就合同效力提出主张，并且能够证明该等转包合同在本质上属于内部承包合同而非对外转包的情况下，法院也可能认定该等转移工程承包的合同有效。这对鼓励更多的中国建筑企业通过签订“内部承包合同”的方式转移合同履约风险，从而能够更安全、更高效地参与“一带一路”国家战略，具有重要启示和参考作用。

2. 国际工程分包合同的效力

我国法律关于分包合同效力的规定主要包括《中华人民共和国建筑法》

（以下简称《建筑法》）、《中华人民共和国合同法》（以下简称《合同法》）及其司法解释、《最高人民法院关于审理建设工程施工合同纠纷案件适用法律问题的解释》（以下简称《建设工程施工合同司法解释》）、《房屋建筑和市政基础设施工程施工分包管理办法》《建筑工程施工发包与承包违法行为认定查处管理办法》等，上述规定囊括了实践中较为常见的违法分包的情形，为司法审判查清违法分包行为提供了明确的方法与路径。

中国建筑企业与境外项目业主或境外总承包商签订承包合同后，出于转移履约风险、提高施工效率等因素考虑，通常会将部分工程分包给其他国内施工企业。若承包合同是与境外总承包单位签订，则其分包行为是否构成再分包在司法实践中仍存在争议。

案例三：

在江河创建集团股份有限公司（以下简称江河创建公司）与中国建设银行股份有限公司徐州城中支行（以下简称建行城中支行）、鑫宏达集团有限公司（以下简称鑫宏达公司）建设工程施工合同纠纷一案[①]中，沙特分公司与总承包方 ELSELF 工程承包公司签订施工合同，由沙特分公司承包车站幕墙工程。随后，沙特分公司后与鑫宏达公司签订钢结构分包合同，由鑫宏达公司分包沙特分公司合同范围内的幕墙工程的钢结构工程。法院认为，该行为并不违反《对外承包工程管理条例》第 14 条第 4 款的禁止性规定，双方签订的钢结构分包合同有效。

【案情简介】

2011 年 8 月 14 日，江河创建公司的沙特分公司（以下简称沙特分公司）与涉案工程的总承包方 ELSEIF 工程承包公司签订施工合同，约定由沙特分公司分包其中的幕墙工程部分。2011 年 11 月 21 日，鑫宏达公司通过招投标方式中标沙特分公司分包的幕墙工程中的钢结构工程，2011 年 12 月 7 日，沙特分公司与鑫宏达公司签订分包合同，约定沙特分公司（甲方）将幕墙钢结构工程施工分包给鑫宏达公司（乙方）。

【法院观点】

江苏省徐州市中级人民法院（一审法院）认为本案适用中国法律。沙特

---

① 参见江苏省高级人民法院（2015）苏民终字第 00384 号民事判决书。

分公司从涉案工程总承包商分包幕墙工程后，又将其中的钢结构工程分包给鑫宏达公司，违反了《建设工程质量管理条例》第78条、《建设工程施工合同司法解释》第4条关于违法分包的规定，系再次分包行为，因涉违法分包应认定无效。

江苏省高级人民法院（二审法院，以下简称“江苏高院”）认为一审法院以中国法律作为本案准据法并无不当。2008年《对外承包工程管理条例》第14条第4款规定：“分包单位不得将工程项目转包或者再分包。对外承包工程的单位应当在分包合同中明确约定分包单位不得将工程项目转包或者再分包，并负责监督。”该规定是禁止分包单位再分包，即禁止鑫宏达公司再予分包，而非禁止对外承包工程的中国企业或其他单位从境外分包承揽工程后在国内再行分包。因此，沙特分公司从境外总承包单位处分包幕墙工程后，将其中的钢结构工程再行分包给境内的鑫宏达公司施工，并不违反上述规定，双方签订的钢结构分包合同应为有效。

【案例评析】

如前所述，我国法律禁止的是分包单位将其承包的工程再分包，但沙特分公司并不属于分包单位。尽管沙特分公司对外承包的工程是从境外承包商处分包而来的，但从本案来看，这并不是我国违法分包相关禁止性规定规制的对象。

本案能够带来的启发在于，我国对中国建筑企业对外承包工程后分包给国内施工企业的做法持支持、鼓励的态度。即使该承包合同是与境外总承包单位的分包合同，其再分包的行为也不会因违反我国法律关于再分包的强制性规定而被认定为无效。

3. 国际工程转包、分包合同无效的法律后果

根据《合同法》第58条之规定，合同无效后，财产应予返还；不能或没有必要返还的，应折价补偿；有过错一方应赔偿对方的损失，双方均有过错的各自承担责任。对于工程合同尚未履行的，双方当事人均不继续履行，并根据上述规定分别承担过错责任；而对于工程合同已经履行或履行完毕的，则需通过折价补偿方式平衡双方利益，《建设工程施工合同司法解释》第2条和《民法典》第793条对此予以明确，且不以“竣工”为必要条件。

三、国际工程合同争议解决机制选择

根据《合同法》第57条规定，合同无效、被撤销或者终止的，不影响合

同中独立存在的有关解决争议方法的条款的效力。《民法典》第 507 条取消了“独立存在的”表述，进一步确保了争议解决条款的当事人意思自治在合同无效情况下的效力。目前，国际工程领域已形成较为健全和成熟的争端解决机制，一般包括替代性争端解决机制（Alternative Dispute Resolution，ADR）、仲裁、诉讼三种，其中替代性争端解决机制包括多级争议解决机制、早期中立评估、调停 / 调解、迷你法庭、争议避免 / 裁决委员会（DAB）等。

（一）争议解决机制之 DAB

DAB 作为国际工程领域内常见的替代性争端解决方式之一，是一种准仲裁的非法律程序争端解决机制，属于私法的范畴。国际咨询工程师联合会（以下简称 FIDIC）在 1999 年版合同条件中引入了 DAB 的相关条款，旨在通过比仲裁、诉讼更为友好的方式解决国际工程相关争议。[①] 由于 DAB 也存在保密性、程序方面的灵活性、效力对合同当事方具有约束力等特征，因此具有准仲裁性质。

第一，关于 DAB 的设立与委任。国际工程合同中约定采取 DAB 方式解决争议的，可依据合同中关于 DAB 的相关条款设立委员会，包括约定委员会的意向性成员名单、数量等。合同没有约定的，争端双方在施工合同履行之前就共同确定委员会成员，以保证委员会的中立和公正。争端解决实体法规则也是由当事人进行选择。

第二，关于 DAB 的程序规则。DAB 的程序规则适用 FIDIC 合同条件，包括委任方式、裁决程序等。以 FIDIC 在 1999 年版红皮书中的规定为例，任一方可以将争端事宜提交争端裁决委员会，在争端裁决委员会收到争端事宜的提交后 84 天内或者双方批准的其他时间内作出裁决，该裁决具有约束力。任一方不满意该裁决，可在收到裁决的 28 天内，向对方发出不满事宜通知，该方有权在之后提出仲裁。

第三，关于 DAB 裁决的效力问题。与争端评审委员会（以下简称 DRB）不同，DRB 仅能作出推荐性意见，但 DAB 作出的裁决对于双方当事人具有约束力，除非该裁决在友好解决或仲裁裁决中被予以修改。但由于 DAB 属于民间纠纷解决机制，且缺乏法律的认可和授权，因此其效力容易被否定，不具有强制执行力。这一点与具有强制执行力的仲裁裁决、诉讼的裁判结果不同。

---

① 参见张浩:《国际工程法务管理》，法律出版社 2017 年版，第 509 页。

（二）争议解决机制之仲裁

相较于DAB，仲裁裁决具有强制性、仲裁裁决能够得到国际上的广泛承认和执行、一裁终局等优势，在国际工程争议解决领域占据重要位置。相较于诉讼，仲裁又在程序上如选择仲裁员、仲裁机构等方面，给了当事方较大的自主选择空间。在协商、签订国际工程合同的过程中，合同当事人通常会设置仲裁条款，或者另行签订仲裁协议。当事人选择仲裁方式解决争议的，应当谨慎选择管辖的仲裁地及仲裁机构，以下两方面需要予以重点考虑：

一是仲裁地的法制环境。其一，仲裁地的建设工程领域的法律体系应较为完善和成熟。其二，若仲裁地的仲裁法律体系的运行已经较为成熟，应当再考察该地仲裁法是否承认临时仲裁、允许外国律师代理仲裁案件等因素。其二，仲裁地的仲裁裁决能够获得与所签订国际工程合同相关的国家的承认和执行。仲裁裁决在后续可能会涉及项目所在国、合同当事人注册国等法院的承认和执行问题，因此要考虑仲裁地是否与所签订国际工程合同相关的国家同属于国际性或者地区性公约的成员，以保证仲裁裁决的执行力。

二是仲裁机构的权威性和专业性。对于国际工程合同纠纷仲裁，仲裁机构需具备熟悉国际工程领域实务和法律的仲裁员，能够保证仲裁裁决的中立性、准确性和高效性。此外，仲裁机构的地理环境、硬件设备等方面也需要进行考察。

（三）争议解决机制之诉讼

尽管争议当事方越来越倾向于选择仲裁，但诉讼仍然是解决国际工程合同纠纷最传统的争议解决机制，其裁决效力也往往会得到争议当事方最大程度上的信赖。

目前存在争议较多的问题是，当国际工程合同当事人起诉到我国法院，因国际工程合同所涉的项目所在地并非中国，我国法院在该种情况下是否享有管辖权？

笔者认为，若国际工程合同中明确约定由项目所在国法院管辖，则我国法院不享有管辖权。例如，在济宁鑫晨自控工程有限公司与江阴市华燕石化机械装备有限公司建设工程施工合同纠纷[①]中，法院认为，争议双方约定发生争议由项目所在地有管辖权的人民法院裁决，该管辖条款系双方当事人的真

① 参见江苏省无锡市中级人民法院（2015）锡民辖终字第0175号民事裁定书。

实意思表示，应为真实有效，因此应当向更方便的、项目所在的巴基斯坦有管辖权的法院提起诉讼。笔者认同该案法院的裁定结论，理由在于，根据《最高人民法院关于适用〈中华人民共和国民事诉讼法〉的解释》（以下简称《民事诉讼法解释》）第532条的规定，巴基斯坦有管辖权的法院显然在处理本案争议上更加方便，且争议当事方并未选择我国法院管辖、本案不属于我国法院专属管辖、不涉及国家利益、我国法院审理案件在认定事实和适用法律方面存在困难，因此应当由巴基斯坦法院审理。

但当国际工程合同当事人不能同时满足《民事诉讼法解释》第532条[①]中的全部六个条件时，我国法院可以享有管辖权。例如，在中国中元国际工程有限公司与北京中建华辰建筑安装有限公司建设工程分包合同纠纷一案[②]中，涉案工程位于乌兹别克斯坦共和国境内，但双方在合同中明确约定“发生争议的向北京市海淀区人民法院提起诉讼”，且中国中元国际工程有限公司的住所地位于北京市海淀区，二审北京市第一中级人民法院认为北京市海淀区人民法院对本案有管辖权。

通常，从程序和效率来讲，DAB和仲裁相较于诉讼具有更大的灵活性、程序也更加简便，有利于节约资源、成本，也更有利于彻底解决双方争议；从判决、裁定和决定的效力上来讲，诉讼判决和仲裁裁决的效力与DAB决定的效力相比，具有终局性和权威性的优点；从对合同效力的认定来看，DAB和仲裁对国际工程转包、分包后再分包合同效力的认定更加“宽容”，而诉讼则相对严格。从实践来看，DAB和仲裁在国际工程合同争议解决中应用最为广泛。但是，DAB和仲裁并不必然具有优先适用的效力，当事人仍需要熟悉每

---

① 《民事诉讼法解释》第532条：

“涉外民事案件同时符合下列情形的，人民法院可以裁定驳回原告的起诉，告知其向更方便的外国法院提起诉讼：

（一）被告提出案件应由更方便外国法院管辖的请求，或者提出管辖异议；

（二）当事人之间不存在选择中华人民共和国法院管辖的协议；

（三）案件不属于中华人民共和国法院专属管辖；

（四）案件不涉及中华人民共和国国家、公民、法人或者其他组织的利益；

（五）案件争议的主要事实不是发生在中华人民共和国境内，且案件不适用中华人民共和国法律，人民法院审理案件在认定事实和适用法律方面存在重大困难；

（六）外国法院对案件享有管辖权，且审理该案件更加方便。”

② 参见北京市第一中级人民法院（2018）京01民辖终212号民事裁定书。

一种争议解决机制的优势与不足、根据具体案情去选择法律风险最小、可能获利益最大的争议解决机制，避免因争议解决机制的选择不当而承担不必要的法律风险。

四、总结

在“一带一路”倡议下，中国建筑企业“走出去”参与国际工程的机会越来越多，但由于国际工程项目与国际工程市场的复杂性、缺乏国际工程管理经验以及国内外法制环境的差异等原因，中国建筑企业“走出去”的过程并非一帆风顺，项目亏损的案例时有发生。总结中国企业对外承包工程的成功案例，做好法律风险的识别、分析与控制是项目成功的关键因素与难点，如直接关系企业项目收益的合同内容、效力等问题均可能出现法律风险，中国建筑企业在“走出去”承接国际工程时必须对此给予足够的重视与关注。积极、有效地预防与应对法律风险，选择最有利于降低法律风险的争议解决机制，也是增强中国企业抵抗国际工程经营风险、保证项目盈利水平的重要保障。

仲裁裁决书的撰写

卢　松*

北京仲裁委员会/北京国际仲裁中心（以下简称北仲）近年来举办了一系列关于如何撰写仲裁裁决的网络视频研讨会，请若干北仲的仲裁员介绍他们在这方面的经验。也是应北仲的盛情邀请，我写了这篇短文，谈谈自己在仲裁裁决书撰写方面的一些个人想法和体会，供大家参考。不对之处，敬请批评指正。

一、写得好的仲裁裁决的标准

关于什么是写得好的仲裁裁决，可以从不同的角度（如内容与形式）列出若干标准，不同的专业人士也会有不同的见解。根据我个人的体会：能使案外读者很容易看懂的仲裁裁决就是写得好的裁决。简单地说，判断的标准就是裁决写得是否通俗易懂。

有个广为流传的说法：好的仲裁裁决应使案外的专业人士一看就明白。我觉得，这个专业人士指的是法律专业人士以及裁决涉及的相关领域中的专业人士。也就是说，写得好的裁决对案外的专业人士来说通俗易懂。有些裁决写得貌似非常专业和深奥，但读起来难懂甚至使人头疼。在我看来，这类裁决远非写得好的裁决。仲裁裁决不是哲学著作，也不是要读者从字里行间细细体会才能懂得作者真实意图的文学作品。裁决应当通俗易懂。

---

* 卢松，外交学院教授，北京仲裁委员会/北京国际仲裁中心仲裁员。

为达到通俗易懂的程度，仲裁裁决应使用比较通俗的语言写明：当事人的争议是什么，当事人的观点是什么，仲裁庭的决定是什么，以及仲裁庭决定的理由，等等。做到这些听上去好像并没有多少难处，但对于一个涉及较多事实争议与法律问题的复杂案件来说，写出来的裁决能达到通俗易懂的程度还是要下一番功夫的。

一份好的裁决书应当记录仲裁庭对当事人之间争议的公正裁判结果，但这更多的是与裁决的内容有关，与裁决写得好坏有时没有太大的关系。正如一份被改判的下级法院的判决，仍然可以是一份写得很好的判决书一样。

二、裁决的形式/格式

1. 裁决的形式

由于仲裁裁决是对特定争议的裁判记录，裁决可以依据有关国家的国内法和国际条约予以强制执行，因此其写作需要符合一些基本的形式要求。这些要求通常是仲裁地法律规定的。裁决书的形式与格式的概念比较接近，但仍可以区别。法律通常仅对仲裁裁决的形式作出规定，对其格式并无要求。

关于仲裁裁决形式的基本要求，可以参照联合国国际贸易法委员会《国际商事仲裁示范法》（以下简称《示范法》）第31条的规定办理，该规定代表了国际通行做法。符合该条规定形式的裁决书依照《纽约公约》执行时，将不会存在裁决形式方面的障碍。《示范法》第31条规定裁决需要符合以下要求：

—采用书面形式并经仲裁员签署；

—说明裁决理由；

—注明时间和地点。

就我个人看到的仲裁裁决来说，目前我国的仲裁裁决和国际上的仲裁裁决在形式方面，均符合上述形式要求。

2. 裁决的格式

仲裁裁决没有统一的格式要求，关键是格式的安排应便于读者理解裁决的内容。现今我国的仲裁裁决的格式与国际上仲裁裁决的格式还是有比较明显的差别的。

（1）目前我国仲裁裁决的主流格式

目前我国仲裁裁决的主流格式为四段式：

—程序历史

—案情（或者是案情 + 当事人请求 + 当事人主张）

—仲裁庭意见

—裁决

这种格式显示出受法院判决书影响的痕迹，也是半个多世纪以来我国仲裁机构一贯和基本统一采用的裁决格式。采用这种格式可以写出好的裁决，其中的关键之一是处理好第二部分（案情）与第三部分（仲裁庭意见）的关系。

目前，许多仲裁裁决在第二部分中，大量地引用当事人各方的主张，甚至不加删减地复制当事人的书面意见。这种写法不值得推荐。对此，下文还要进一步分析。

（2）国际上仲裁裁决的格式

国际上仲裁裁决的格式一般将裁决内容分得更加细致一些，并通常使用目录。比如，一些仲裁裁决会采用如下的格式来阐述裁决内容：

—当事人及其代理人

—仲裁庭

—仲裁协议和仲裁规则

—仲裁管辖权

—程序历史

—争议背景

—当事人请求的救济

—需要决定的问题

—责任

—赔偿数额

—仲裁费用

—利息

—最终裁决

我个人感觉，这样的编排方便读者理解裁决思路和内容。尤其是当读者想去阅读裁决中相关的内容时，他能比较容易地找到相关的部分。

（3）自然段和句子的长短

我国现在有些仲裁裁决和法院判决的行文，自然段落很长。有时一页纸都写不完一个自然段。如此长的自然段，其中往往包含多层意思。过长的自然段妨碍读者抓住重点，分散读者的注意力。国际上的仲裁裁决，许多采用较短的自然段。每一段集中表达一个意思，一个自然段经常只有几行。

此外句子的长短对于读者理解裁决的内容也会产生影响。记得上大学时有一门课叫作“国家与法”，包含阅读恩格斯的原著。也许是德语翻译成中文的缘故，也许是由于德语句式和语法本身的特点，不少句子冗长，读起来颇为费劲。我觉得裁决不应当让读者“攻读”，过长的句子妨碍裁决达到通俗易懂的目的。

（4）自然段编号和小标题

除标注页码外，为每个自然段编号，是国际商会仲裁院（以下简称ICC）对其仲裁裁决格式的强制性要求（如参见ICC对裁决更正和解释的检查清单），也是当今国际法律文书的通用格式。中国外交部条法司撰写的有关南海仲裁案的中国政府立场文件也采用了自然段编号的格式。

我个人赞成裁决采用这种格式，并也在我国机构管理的仲裁案件中，在草拟仲裁裁决中使用过这种格式。实际情况告诉我，用英文撰写的裁决，采用自然段编号的格式比较容易被机构接受。同时使用中英文的裁决，如果英文本的自然段编了号，为了使两种文本一致，机构也能够接受中文本自然段编号。但仲裁语言为中文的裁决，有几次我以自然段编号的方式草拟。在有些机构核阅的过程中，还是建议我把自然段的编号去掉（在北仲实践中，允许并鼓励使用这种格式）。

自然段编号，有个是否习惯的问题，但归根结底，还是个效率问题。自然段编号不仅对读者方便，仲裁庭在讨论裁决草稿内容的时候，也更容易直接找到与裁决相关的部分。

（5）脚注和主文中的注释

仲裁裁决是否要加注？我认为是应当的。哪些内容需要以注释的方式标明？裁决中引用的证据、当事人的主张和法律规则等，都可能或需要加以注释。

裁决中的注释有两种方法，一是在每页上做脚注，这是国际上通行的做法。另一种是在主文中直接加注，但用括号将注释的内容括起来。这种做法在我国仲裁裁决中更为常见，我个人也经常使用，原因是脚注的格式有些仲裁机构不太习惯。

国际仲裁裁决采用脚注形式，也许是希望不打断主文引领读者的思路，裁决看上去也更整洁漂亮。

在我国的裁决格式上，我个人对采用上述两种注释方式中的任何一种均无异议，但认为裁决中没有注释则是不可取的。注释可增加裁决的说服力，告诉读者仲裁庭的这个说法或那个决定是有根据的。

（6）裁决书的长短

当今的效率社会，人人都希望用尽量短的时间获得最大量的信息。这对仲裁裁决也适用。能够用较短的篇幅阐明问题，就不要拖长。在国际仲裁中，仲裁庭限制双方律师提出书面意见篇幅的做法，绝非罕见。

裁决再短小精练也不能写成一首小诗，但应当尽可能将与裁判当事人争议及仲裁请求无关或无足轻重的内容舍去。裁决的长短取决于裁决内容的需要。比如，有的建筑工程仲裁案件中，当事人双方提出大大小小几十项具体的仲裁请求及反请求，仲裁庭必须一一作出决定。这种案件的裁决篇幅较长是自然的。我见过的一个仲裁裁决的脚注有约1500个。为确保程序公正，叙述清楚仲裁的程序历史、交易背景和当事人的争议，并对当事人的请求和相应观点作出分析和决定，一般案件裁决的长度至少也要一二十页。

三、裁决的内容

1. 裁决第二部分与第三部分关系的处理

上文提到，我国裁决通常采用四段式写法。第一段（程序历史）有些机构常常由案件秘书协助草拟（在北仲实践中，由仲裁庭自行拟写），因为中国机构仲裁实践的关系，秘书比仲裁庭更熟悉程序的历史。第四段（应执行的裁决决定）的书写一般也不成问题。仲裁裁决写得好坏关键看第三部分（仲裁庭意见），也要看第二部分（案情），以及两部分之间的呼应关系。

多年前，中国国际经济贸易仲裁委员会内部曾对裁决的第二部分“案情”内容的性质进行过讨论。有的人认为这部分内容仅是当事人的陈述，像中国法院判决书中“原告诉称”、“被告答辩称”那样。有的人则认为这部分内容实际上已经是被仲裁庭认定的事实，有点类似于美国联邦法院判决书中关于事实的描述那样。从今天的实际情况看，还是中国法院司法实践的影响占了上风。现在我国仲裁机构的裁决格式，更像中国法院判决书的格式。仲裁裁决的第二部分，现在实际上写成了“案情、当事人的请求及各方的意见”。

即使如此，这个第二部分的写法仍然呈现出不同的情况。在一些裁决中，“案情”部分毫无删减地复制当事人提交的各次书面意见内容，使得这部分的内容大大多于“仲裁庭意见”的内容，裁决显得头重脚轻。在另一些裁决中，仲裁庭提炼和总结当事人对事实的主张，相当程度上缩短了这一部分的篇幅。还有少数裁决在“案情”部分不再叙述或总结当事人的观点，而把那些内容全部留到“仲裁庭意见”部分中再加以引用和分析。

我个人认为，在“案情”部分集中援引当事各方的观点不是好的裁决的写法。因为在“仲裁庭意见”部分中，当分析每一个焦点问题时，仲裁庭不得不再次引用当事人的观点，如此造成重复，并使“案情”部分中对当事人观点的堆积性引述显得多余，造成裁决不必要的冗长。上文中举的那个国际仲裁裁决内容的例子中，仲裁庭没有专门对当事各方观点的集中引述，而是分散到每一个问题中再加以引述和讨论。

2. 裁决中分析争议问题的写法

裁决的“仲裁庭意见”部分最直接影响到裁决书写得好与坏。在国际上，对双方争议问题进行分析和决定的裁决写法，一般首先采用小标题列明问题，其次引述当事各方的主张。通常先引用申请人的观点，然后是被申请人的观点。（但对由被申请人提出的争议问题，应先引述被申请人的观点。）最后明确仲裁庭同意哪一方的主张和观点，以及同意的理由。在非典型的情况下，对方没有提出反驳的主张（如缺席仲裁），当然只引用一方的观点并作出分析。

关于仲裁庭对争议问题的分析，前面提到《示范法》要求裁决必须说理，但没有具体要求说理的充分程度。通常情况下，仲裁庭的说理应当结合证据、合同条款和/或法律规则进行阐述，应针对将被否认的当事人一方的观点进行分析。

仲裁庭的说理分析部分可按照法律逻辑的三段式进行，起点是合同的约定或法律、规则的规定（大前提），然后是仲裁庭认定的相关事实（小前提），最后是仲裁庭的结论。

说理分析应使用法律概念，采用专业术语，但裁决的撰写总体上应尽量使用通俗和平实的语言，以达到通俗易懂的目的。不建议用写学术论文的方法写裁决，对每个法律问题所涉及的各种国内外学说都进行比较分析。更不必探讨超出解决当事人争议范围的法律问题。只要对争议问题作出足以得出结论的分析说理就可以了。

3. 正当程序要求与避免“意外的裁决”

正当程序的要求一般包含给予当事人仲裁程序的每个步骤的通知、给予当事人发表意见的合理机会，以及平等对待双方当事人三层意思。说到裁决的写法时，关键是写明仲裁庭已经在争议问题上给予双方当事人，尤其是败诉一方发表意见的合理机会。援引将被驳回一方的观点本身就证明给予了该方合理的机会。

仲裁实践中有所谓 surprise award，即“意外的裁决”。这种裁决指的是包含当事人对仲裁庭据以作出决定的法律问题、规则或事实，没有获得发表意见机会的裁决。这常常因是仲裁庭疏忽造成的。在一定程度上，这个当事人没有专门发表意见的问题也许可以包含在当事人已被给予发表意见机会的另一个更大的问题之内，这在裁决的表述上也许有一点点处理的余地。当然，最佳的解决办法是就相关问题再专门征求当事人的意见，然后再在裁决中写明。

四、写好裁决的两个最基本的能力

我个人经验认为，写好裁决需要综合的能力，但最重要的能力有两项：第一项是法律逻辑思维能力。这个能力将确保裁决写出来条理清楚，问题的前后顺序安排合理。没有正确的法律思维能力，难以表达出具有充分说服力的观点，想写出好的裁决很难。相应地，在许多案件中，仲裁员也需要有正确的商业思维、商业判断。毕竟商业判断和法律规则通常是一致的。

第二项是语言能力。仲裁员应具有比较扎实的语言功底，能够用通俗的现代语言把比较复杂的问题讲得浅显易懂。工作多年的人常常会忽略汉语的语法，我们常用的一些口头表达有时不符合书面语言的语法。如果仲裁的语言是英文或其他语言，语言能力问题就会更加突出。用外文撰写的裁决，文字不地道情有可原，但如果意思表达错了，则可能给当事人带来麻烦。

最后再次强调，仲裁裁决应当写得通俗易懂，让专业人士一看就明白，用平实的语言正确地表达仲裁庭的意思。

征稿启事

《北京仲裁》由北京仲裁委员会/北京国际仲裁中心主办，主要刊登中外仲裁、调解、工程评审等与多元化纠纷解决机制相关的民商事理论性、实践性的论文或者介绍性文章以及符合前述范围的翻译文章。本出版物每年出版四辑，下设“主题研讨”“专论”“仲裁讲坛”“比较研究”“ADR专栏”“案例评析”“办案札记”等栏目。

编辑部热诚欢迎广大读者投稿，投稿前请仔细阅读以下注意事项：

1. 来稿应符合本出版物网站（www.bjac.org.cn /magazine/）的投稿要求及注释体例，并按要求写明作者信息、中英文题目、内容摘要、关键词等信息。

2. 来稿应严格遵守学术规范，如出现抄袭、剽窃等侵犯知识产权的情况，由作者自负责任。

3. 为扩大本出版物及作者信息交流渠道，本出版物已经委托博看网数字发行，并已被CNKI中国期刊全文数据库收录。凡向本出版物投稿的稿件，即视作作者同意独家授权出版其作品，包括但不限于纸质图书出版权、电子版信息网络传播权、无线增值业务权等权利，授予本出版物授予合作单位再使用、授予相关数据库收录之权利，作者前述相关的著作权使用费将由编辑部在稿酬内一次性给付。若作者不同意前述授权的，请在来稿时书面声明，以便做适当处理；作者未书面声明的，视为同意编辑部的前述安排。

4. 投稿方式：请采用电子版形式，发送至电子邮箱bjzhongcai@bjac.org.cn。如在两个月内未发出用稿或备用通知，请作者自行处理。

5. 所有来稿一经采用，即奉稿酬（400元/千字，特约稿件500元/千字）。

《北京仲裁》编辑部

图书在版编目（CIP）数据

北京仲裁．第113辑／北京仲裁委员会（北京国际仲裁中心）组编．—北京：中国法制出版社，2020.12

ISBN 978-7-5216-1540-1

Ⅰ．①北…　Ⅱ．①北…　Ⅲ．①仲裁–司法监督–中国–文集　Ⅳ．①D925.7-53

中国版本图书馆CIP数据核字（2020）第262303号

策划编辑：马　颖

责任编辑：侯　鹏　　封面设计：李　宁

北京仲裁（第113辑）

BEIJING ZHONGCAI（DI 113 JI）

组编／北京仲裁委员会（北京国际仲裁中心）

经销／新华书店

印刷／河北鑫兆源印刷有限公司

开本／787毫米×960毫米　16开　　印张／12.75　字数／206千

版次／2020年12月第1版　　2020年12月第1次印刷

中国法制出版社出版

书号 ISBN 978-7-5216 1540-1　　定价：30.00元

北京西单横二条2号　邮政编码100031　　传真：010-66031119

网址：http://www.zgfzs.com　　**编辑部电话：010-66060794**

市场营销部电话：010-66033393　　**邮购部电话：010-66033288**

（如有印装质量问题，请与本社印务部联系调换。电话：010-66032926）